Macromedia
Flash MX 2004 Killer Tips

Les meilleurs trucs et astuces inédits pour Flash

MACROMEDIA® FLASH™ MX 2004 KILLER TIPS

PUBLISHER
Stephanie Wall

PRODUCTION MANAGER
Gina Kanouse

SENIOR ACQUISITIONS EDITOR
Linda Anne Bump

EXECUTIVE DEVELOPMENT EDITOR
Lisa Thibault

SENIOR PROJECT EDITOR
Sarah Kearns

COPY EDITOR
Ben Lawson

SENIOR INDEXER
Cheryl Lenser

COMPOSITION
Gloria Schurick

MANUFACTURING COORDINATOR
Dan Uhrig

COVER DESIGN AND
CREATIVE CONCEPTS
Felix Nelson

MARKETING
Scott Cowlin
Tammy Detrich
Hannah Onstad Latham

PUBLICITY MANAGER
Susan Nixon

PUBLISHED BY
New Riders Publishing

www.newriders.com

Edition française

Publié par CampusPress
47 bis, rue des Vinaigriers
75010 Paris
01 72 74 90 00

Flash MX 2004
Collection: Killer Tips
ISBN : 2-7440-1788-4
Traducteur : Thomas Secaz
Réalisation PAO : Sampeur !

Auteur US : Shane Elliott
Titre US : Flash MX 2004
ISBN US : 0-7357-1383-9

A ma mère, Cheryl, dont l'amour et le soutien
ont fait de moi un homme meilleur.

A Chad et Stephanie, pour la joie et la fierté d'être leur frère.

A Mammaw, enfin, dont le soutien inconditionnel
m'a permis de trouver la force de continuer.

REMERCIEMENTS

Chaque fois que je vois ce mot dans un livre, je ne peux m'empêcher de penser : « Allez donc ! Nous voilà partis pour une session de léchage de bottes. » Maintenant que c'est mon tour, je m'aperçois que je n'ai pas vraiment le choix. Il y a tellement de gens à remercier que cela finit par ressembler à un discours pour les Oscars. Je vais donc commencer par remercier les personnes qui ont permis à ce livre de voir le jour… Tout d'abord, Linda Bump, responsable des acquisitions chez New Riders, qui m'a soutenu du début à la fin, qui m'a inspiré et avec qui j'ai eu plaisir à travailler. J'aimerais aussi remercier Lisa Thibault, responsable développement, Robert M. Hall et Kim Cavanaugh, éditeurs techniques, pour leur chaleureux soutien.

Toutes les personnes avec qui j'ai eu l'occasion de collaborer au sein d'OTX Research. Shelley Zalis, Kristin Luck, Amit Kzemian et toute l'équipe du département Ingénierie, qui ont réussi l'exploit de me faire apprécier l'idée de passer une journée au bureau.

David Fugate, mon agent littéraire chez Waterside Productions, qui a réussi à me convaincre de me lancer dans l'aventure de l'écriture, à une époque où mon emploi du temps ne me le permettait pas vraiment. David, tu m'as poussé à aller jusqu'au bout de ce voyage, et je t'en remercie. On s'appelle et on se fait une bouffe. Cochon qui s'en dédit.

J'aimerais également remercier l'équipe de Macromedia, en particulier Henriette Cohn et Heather Holleeter, qui ont eu la gentillesse de me fournir toutes les informations qui ont été nécessaires à l'élaboration de ce livre. Il m'aurait été difficile de parler de Flash MX 2004 sans l'aide des ingénieurs et des développeurs de cette société.

J'ai gardé le meilleur pour la fin. Aucun défi ne peut être accompli dans la vie sans l'encouragement et le soutien de ses proches. Je tiens donc à remercier tout spécialement Wendy Donovan pour son honnêteté et sa patience. Merci également à Frank Krueger, Chris Pauley, Trevor Boelter, Greg Adler, Martin Barter et tous mes amis pour m'avoir permis, à coups de sushi, de garder mon inspiration et ma créativité éveillées des nuits entières.

A PROPOS DE L'AUTEUR

Shane Elliott

Après une longue carrière d'étudiant en informatique dans différentes universités, Shane, poussé par son insatiable curiosité, s'est dirigé vers un univers auquel il n'était pas prédestiné. Bien qu'ayant toujours fait preuve d'une grande créativité visuelle, ses compétences principales l'avaient toujours orienté vers les aspects les plus techniques du Web et du développement multimédia.

Le tournant s'est opéré à l'époque où Shane travaillait pour Rampt, une société spécialisée dans le développement Web. Le produit phare de la société, un moteur de recherche complet, avait alors été construit en grande partie sur Flash 4. Dès lors, Shane n'a jamais cessé de travailler sur Flash et de suivre les différentes évolutions du logiciel. Cette constance lui a notamment valu d'être sélectionné lors du festival Flash Forward à New York et d'être récompensé par les prix « Site du jour » de Macromedia, Invision 2000 et The Beties 2000.

Etant donné les connaissances de Shane en matière de programmation et de design, il n'a pas fallu longtemps avant que des sociétés telles que Moviola et American Media Training ne lui proposent un poste de formateur Flash. Ayant pris goût à ce métier, Shane a ensuite participé, en tant qu'intervenant, aux ouvrages *Flash MX Bible, ActionScript MX Bible* et *The Flash Animator*. Il est ensuite passé lui-même à l'écriture avant de participer, plus récemment, au développement de cours en ligne destinés à l'apprentissage de Flash MX et utilisés par un grand nombre d'universités nord-américaines.

Dans un passé récent, Shane a mis son talent au service d'annonceurs aussi divers qu'Infiniti, Energizer, Crest National, Toyota et TBWA Chiat / Day. Il continue d'élargir son champ de compétences en développant quantité d'applications Flash pour différents clients.

Si vous souhaitez connaître les projets actuels de Shane, visitez son site Web à l'adresse suivante : **www.timberfish.com**.

A PROPOS DES INTERVENANTS TECHNIQUES

Les intervenants ont largement contribué à la création de ce livre. Lors de l'écriture de ce dernier, ces professionnels dévoués ont assuré la prise en charge de l'ensemble du contenu technique, garantissant ainsi la cohérence de l'ouvrage.

Kim Cavanaugh est professeur titulaire du district du comté de Palm Beach (Floride). Depuis 1999, il forme ses étudiants à l'utilisation de Dreamweaver, Fireworks et Flash. Kim est également professeur adjoint au lycée de la communauté de Palm Beach, pour lequel il assure des formations sur Dreamweaver et Flash.

Auteur de deux ouvrages consacrés à Dreamweaver et à Fireworks (Osborne/McGraw-Hill), Kim a aussi développé une série de cours pour le compte de la Learning Library (GB) et participé à la création du livre *Macromedia Studio MX Bible* (Wiley). Kim a en outre collaboré à de nombreux articles consacrés à l'ensemble des produits de la gamme Studio MX, pour le compte de Macromedia DevNet et de Community MX.com.

Avant de démarrer sa carrière de formateur, Kim a travaillé pendant dix ans dans le domaine de la conception et de la fabrication de meubles. Diplômé en science politique de l'université Stetson (Delet, Floride), il a également servi comme officier d'artillerie dans l'armée américaine.

Kim habite à Palm Beach avec sa femme et sa fille. Il se passionne pour la Floride du Sud, son doux climat, ses dauphins, ses coins de pêche et les tubes de Jimmy Buffett.

Natif de Fort Lauderdale, en Floride, **Robert M. Hall** a consacré plus de vingt années de sa vie à l'informatique et à ses applications, du design prépresse à l'architecture en passant par la programmation de machines ATM et les solutions sans fil pour entreprises. Robert possède sa propre société, Feasible Impossibilities, et s'occupe du site Web **www.impossibilities.com** (**www.impossibilities.com/blog** pour la version html), sur lequel on peut trouver, en plus de ses propres projets, de nombreux articles consacrés à Flash. Robert a contribué à l'écriture des ouvrages *Flash MX Magic* et *Flash Enabled*, tous deux publiés chez New Riders. On lui doit aussi un des chapitres de *Flash MX Bible*, publié chez Wiley ; et de nombreux articles publiés par **InformIt.com**. Robert a également participé au développement des examens utilisés par Macromedia pour ses programmes de formation professionnelle Flash 5 et Flash MX. Ses travaux les plus récents peuvent être consultés sur le site de Macromedia : **www.macromedia.com/devnet/mx/flash/articles/amfphp.html**.

CHAPITRE 1

Arranger son espace de travail

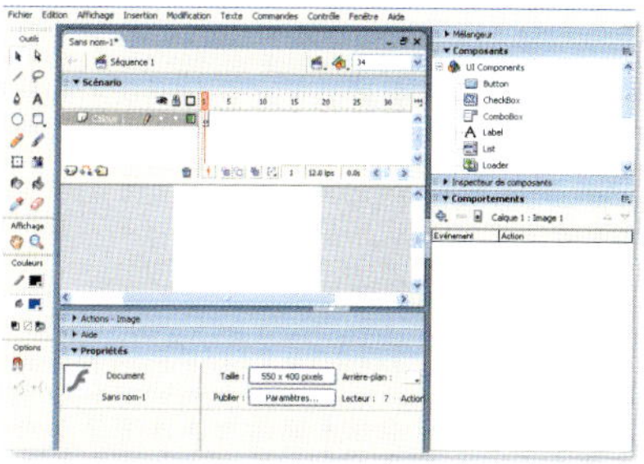

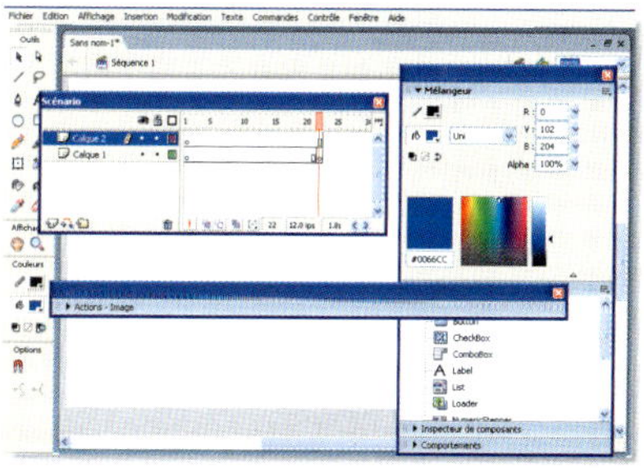

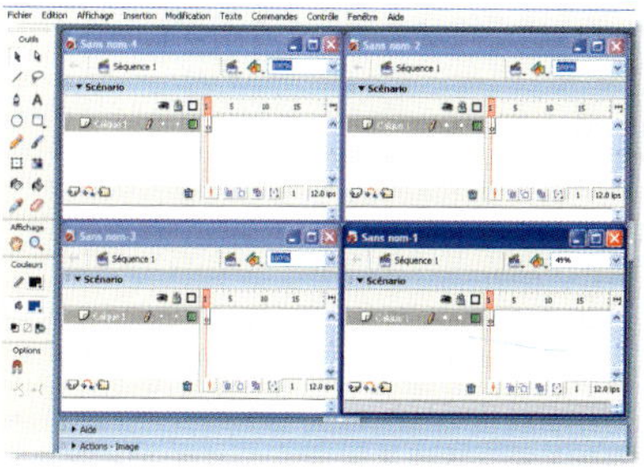

SOMMAIRE

CHAPITRE 2

Maîtriser l'usage de la boîte à outils

CHAPITRE 3

Mieux gérer ses scènes et son scénario

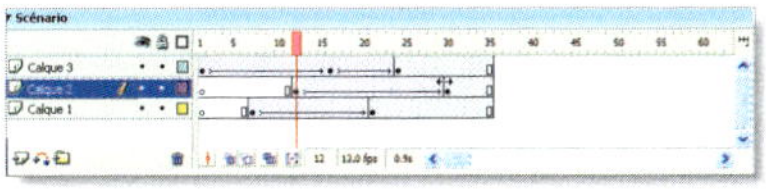

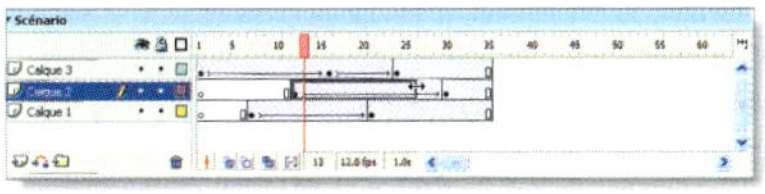

SOMMAIRE

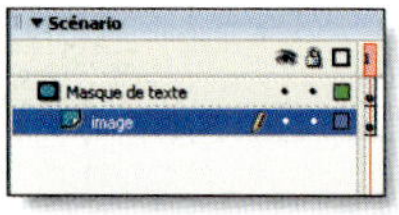

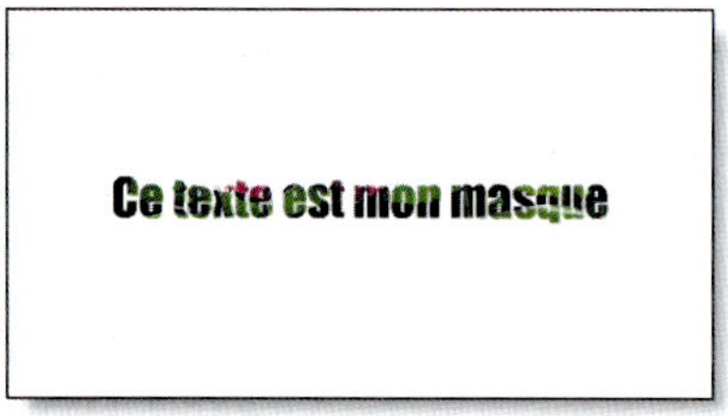

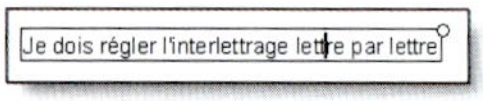

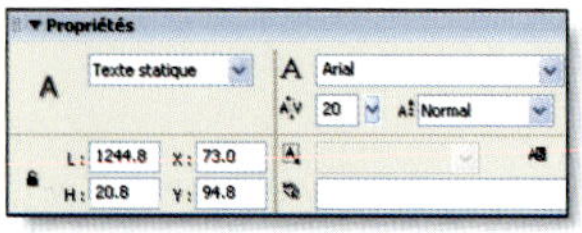

CHAPITRE 4

Créer de meilleurs effets et de meilleures animations

CHAPITRE 5

Travailler (encore) plus vite

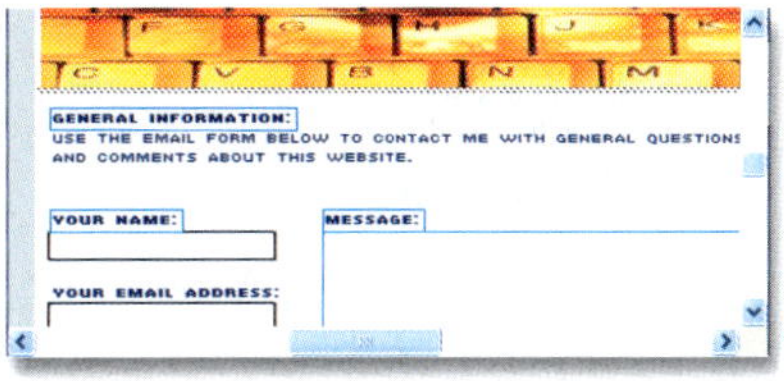

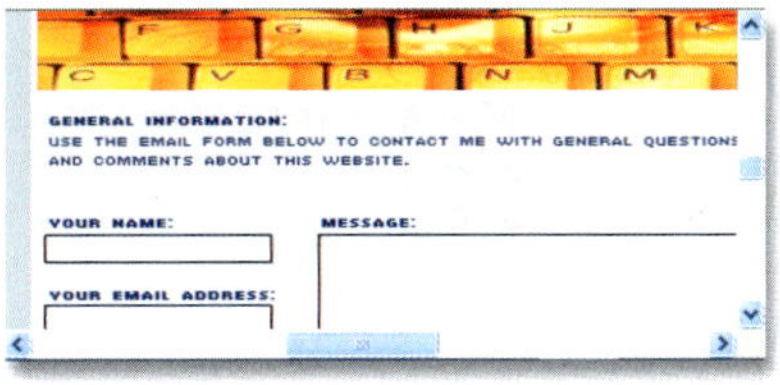

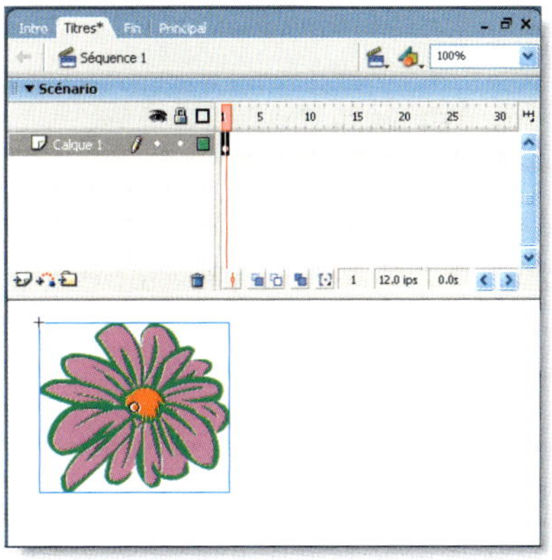

SOMMAIRE

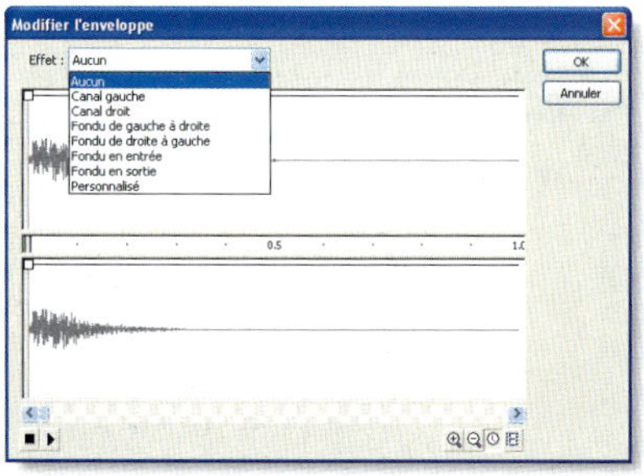

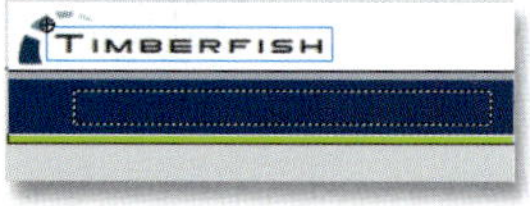

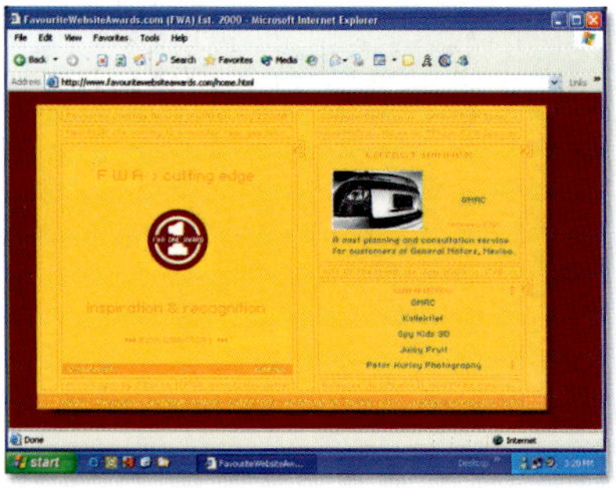

CHAPITRE 6

Pénétrer les secrets de Flash

CHAPITRE 7

Importer et exporter sans encombre

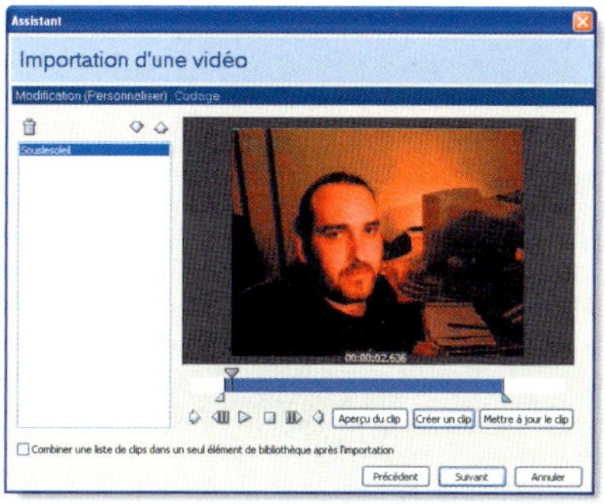

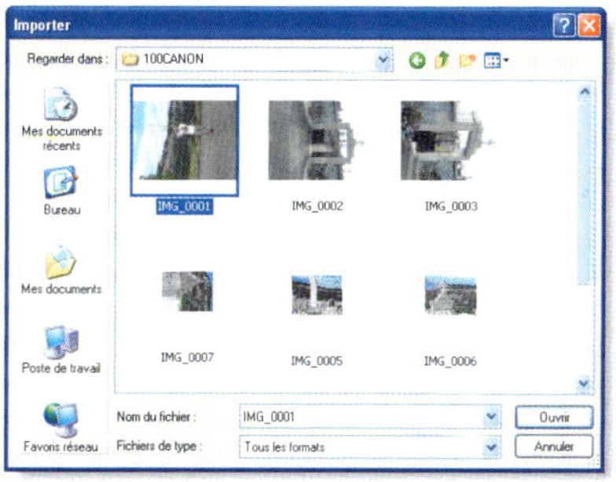

SOMMAIRE

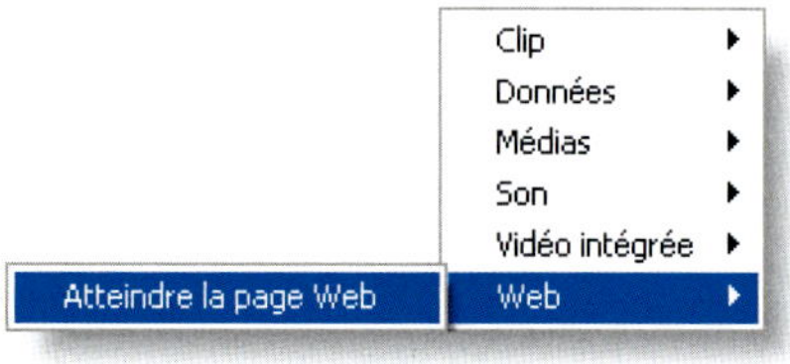

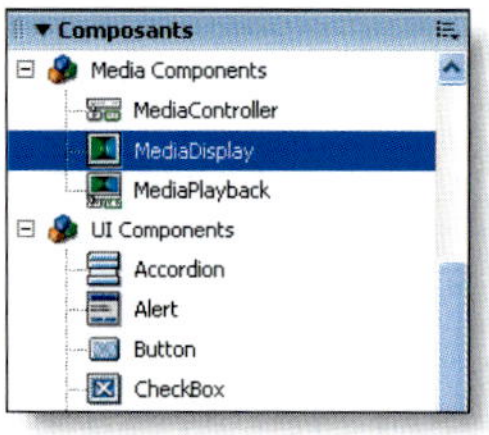

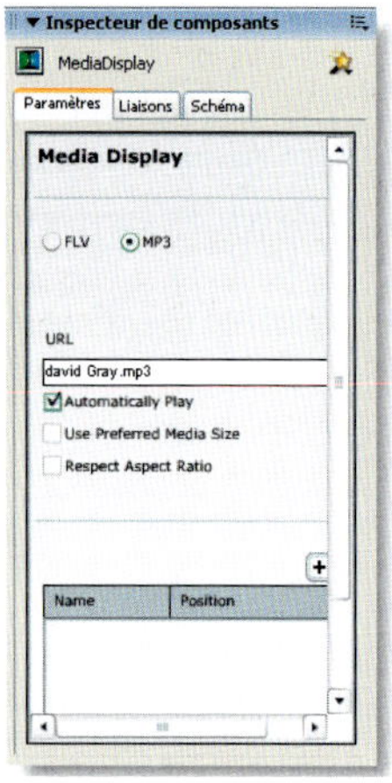

CHAPITRE 8

Mieux exploiter les éléments existants

CHAPITRE 9

S'y retrouver avec ActionScript

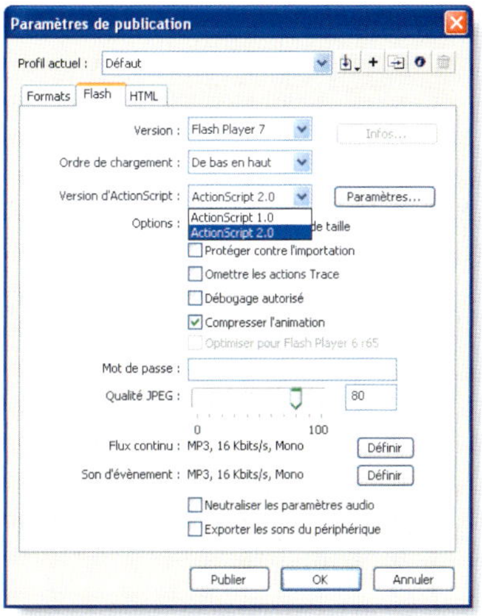

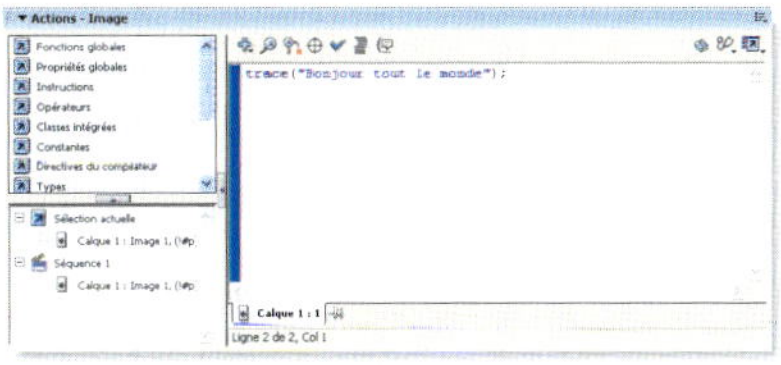

SOMMAIRE

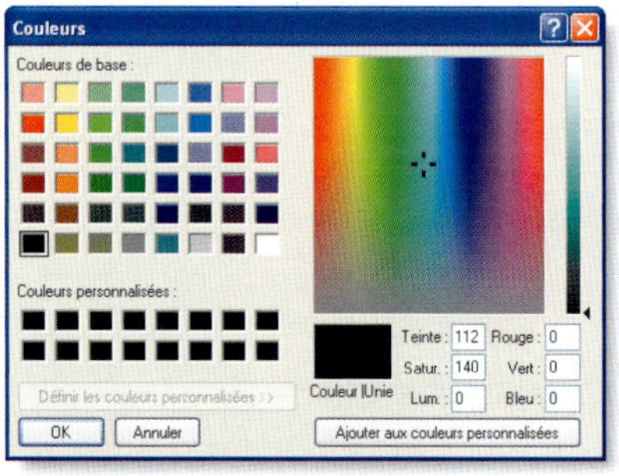

CHAPITRE 10

Insérer un clip Flash sur votre site

INTRODUCTION

Pourquoi ai-je écrit ce livre ?

En fait, c'est une anecdote assez amusante. J'étais tranquillement assis dans mon appartement en train de regarder l'intégrale des *Feux de l'amour* pour la cinquième fois lorsque le téléphone a sonné. C'était, à l'autre bout de la ligne, le président. « Shane, j'ai une faveur à vous demander. Il me faut un livre capable de changer la face du monde, et j'ai besoin de vous pour l'écrire », m'a-t-il dit. Je lui ai répondu : « D'accord, mais j'exige trois choses : 100 000 dollars en petites coupures, un plan détaillé de la zone 51 et un abonnement à vie à *Marie Claire*. » Il n'en a accepté qu'une. J'ai cédé, et ce n'est qu'après avoir longuement contemplé les corps des extraterrestres de Roswell que j'ai commencé à écrire ce livre.

Plus sérieusement, il se trouve qu'à l'époque où l'on m'a confié la rédaction de cet ouvrage je n'avais lu aucun des livres de la série Killer Tips créée par Scott Kelby. Je n'avais aucune idée de leur contenu ni de ce que je devrais moi-même écrire. Puis, en parcourant le catalogue, deux titres ont retenu mon attention. Ils étaient consacrés à Dreamweaver et à Photoshop, deux programmes dont je me sers régulièrement. Après les avoir parcourus, ma conclusion fut sans appel : les utilisateurs de Flash ont besoin d'un tel ouvrage ! C'était, en plus, l'occasion idéale de réaliser un vieux rêve : compiler toutes les astuces accumulées tout au long de ma carrière de designer. Avouons-le, quand nous feuilletons un magazine, par exemple *Marie Claire*, les premières choses qui retiennent notre attention sont les photos et les encadrés dans les marges. Rendez-vous compte : ce livre en est rempli ! La collection d'astuces qu'il renferme vous aidera à maîtriser Flash, à travailler plus vite et plus efficacement et, en fin de compte, qui sait, peut-être finirez-vous aussi par recevoir un appel du président !

Ce livre est-il fait pour vous ?

Comment pourrait-il ne pas l'être ? Je sais, tous les auteurs ont tendance à prêcher pour leur paroisse ; mais, honnêtement, si quelqu'un d'autre avait écrit ce livre, je n'aurais pas hésité à l'acheter ! Les programmes en perpétuelle évolution comme Flash s'accompagnent d'un lot de fonctions et de raccourcis toujours plus grand. Or il est assez difficile, même si l'on se sert quotidiennement du logiciel, de retenir l'ensemble de ces manipulations. A vrai dire, c'est un peu pour moi que j'ai écrit ce livre. C'est une sensation étrange, d'ailleurs, d'être l'auteur de son propre livre de référence.

Je sais ce que vous vous dites : « Si Flash est aussi gigantesque qu'il l'affirme, pourquoi n'a-t-il pas mis plus d'astuces dans son livre ? » J'aurais pu, en effet. J'aurais pu consacrer une astuce au moindre raccourci du programme mais, alors, 3 000 pages auraient à peine suffi pour tout contenir, et le livre n'aurait pas été des plus commodes à manipuler. Il a donc fallu faire un choix. Ne retenir, selon ma propre expérience, que les astuces dignes de figurer parmi les *Killer Tips*. Cette sélection a même été l'occasion de redécouvrir des astuces que je n'avais que trop rarement utilisées. La somme d'astuces retenue dans ce livre s'adresse aussi bien aux débutants qu'aux experts et, pour cette raison, je l'affirme, ce livre est pour vous.

Par où commencer ?

Une chose est sûre, ce livre n'a pas été conçu pour être lu d'une seule traite. Au contraire, il doit être perçu comme un ouvrage de référence pouvant être librement consulté. Les astuces se suffisant à elles-mêmes, je n'ai pas jugé nécessaire d'ajouter de didacticiels compliqués. Par conséquent, ce livre n'est accompagné d'aucun CD-ROM.

Les utilisateurs Flash expérimentés s'irriteront peut-être de la mention systématique des raccourcis clavier de chaque action. Là encore, le souci d'expliciter le moindre détail d'une manipulation n'a d'autre but que de rendre chaque astuce indépendante du reste du livre. Le lecteur doit pouvoir ouvrir le livre, choisir une astuce et l'appliquer. C'est aussi simple que cela.

Ce livre est-il orienté Windows, Macintosh ou les deux ?

Ce livre est destiné à l'ensemble des utilisateurs de Flash MX 2004. C'est une des raisons pour lesquelles j'ai choisi de ne pas inclure de CD-ROM. Les seuls logiciels dont vous aurez besoin pour utiliser pleinement ce livre sont Windows et Mac OS X. Les utilisateurs Mac trouveront certainement des différences entre leur version du logiciel et ce qu'ils verront dans le livre. Mais cela n'a pas d'importance, l'essentiel étant que Macromedia ait tout fait pour que Flash fonctionne de manière identique sur Mac et Windows. La seule différence de taille réside dans les raccourcis clavier. Mais ne vous en faites pas, vous trouverez au côté de chaque raccourci clavier Windows son équivalent Mac.

Comment utiliser ce livre ?

Les possibilités d'utilisation de ce livre ne manquent pas. Vous pouvez le laisser traîner sur votre bureau pour épater vos amis. Ou vous en servir pour caler une table branlante. Ou encore le rouler et assommer quelqu'un avec. Vous pouvez même l'ouvrir si l'envie vous prend, et en lire quelques passages. Je vous recommande la dernière possibilité. Personnellement, je ne me sens bien au travail que lorsque je le vois posé à côté de moi. J'espère que vous finirez vous aussi par le trouver indispensable.

Pour plus d'informations en anglais concernant ce livre, n'hésitez pas à visiter régulièrement le site **www.killerflashtips.com**.

Ce qu'il ne faut pas faire

Il y a une chose que vous ne devez jamais faire lorsque vous lisez ce livre. C'est très important. Sinon vous risquez de ne plus jamais être la même personne. Un jour, j'ai vu un type le faire. Il a passé le restant de sa vie seul, assis dans son fauteuil, le regard vide, à baver à longueur de journée. C'était vraiment bizarre, croyez-moi. Alors je vous assure, ne cherchez pas d'encadré dans ce livre. Il n'y en a pas.

AVANT-PROPOS

Killer Tips Flash MX 2004

Collection dirigée par Scott Kelby

Bienvenue dans *Killer Tips Flash MX 2004*. Je ne vous cache pas ma joie, en tant que directeur de la collection Killer Tips, de voir le concept de mon premier livre *Killer Tips Photoshop*, exclusivement fait d'astuces, étendu à l'univers de Flash grâce à ce nouveau titre, *Killer Tips Flash MX 2004*.

L'idée de cette collection m'est venue en me baladant dans les rayons informatique d'une librairie à la recherche du dernier ouvrage sur Photoshop. J'ai pris un livre et j'ai commencé à chercher, comme je le fais toujours avec ce genre d'ouvrage, le premier encadré intitulé « Astuce ». Après l'avoir lu, j'en ai cherché un autre. J'ai alors réalisé que c'était la seule chose qui m'intéressait. D'ailleurs si j'avais moi-même écrit ce livre, c'est sans aucun doute dans ces astuces que j'aurais placé les passages les plus importants. Réfléchissez : si vous étiez amené à écrire un ouvrage et que vous ayez une astuce fabuleuse, un truc incroyable, une technique secrète ou un super-raccourci à y consigner, vous ne l'enterreriez certainement pas parmi des dizaines de paragraphes de texte. Au contraire, vous feriez tout pour qu'on la remarque ! Et, pour attirer l'attention de tous, vous l'intituleriez « Astuce » !

Apparemment, je ne suis pas le seul à apprécier les astuces, car tous les livres d'informatique en regorgent. Il n'y a qu'un problème : il n'y en a jamais assez ! Je me suis alors dit : « Ne serait-il pas merveilleux s'il existait un livre qui ne serait composé que de ces petites astuces ? » C'était ce que je souhaitais réaliser, et c'est le livre que New Rider m'a permis de faire, en collaboration avec mon ami Felix Nelson. Le fruit de notre association, *Killer Tips Photoshop*, est rapidement devenu un best-seller. Ce succès, je l'attribue en grande partie à l'objectif que Felix et moi nous nous étions fixé : faire en sorte que le lecteur s'exclame à la lecture de chaque astuce : « Ah, c'est donc comme cela qu'il fallait faire ! »

Il n'y a pas de secret : si les professionnels travaillent si rapidement, c'est qu'ils se soucient toujours de trouver le moyen le plus efficace d'effectuer une action. Ils connaissent tous les raccourcis utiles, toutes les astuces et tous les tours qui permettent de créer sans perdre de temps.

Vous avez entre vos mains l'une des dernières nouveautés de la série Killer Tips : un livre rempli, de la première à la dernière page, de super-astuces concoctées et rassemblées par Shane Elliot. Attachez vos ceintures, Shane prend le volant de son bolide pour vous emmener à toute allure vers les cimes de Flash MX 2004 !

Bon voyage et amusez-vous bien !

Cordialement,

Scott Kelby, directeur de collection

Mon espace de travail

Vous est-il déjà arrivé, en ouvrant votre placard, de réaliser que la seule façon que vous aviez de choisir un costume était de

Arranger son espace de travail

Chapitre 1

tendre votre bras en espérant attraper le dernier restant sur la tringle ? Non ? Alors, vous devez être un peu mieux organisé que moi. De toute façon, ce chapitre s'adresse tout autant aux allergiques du rangement qu'aux maniaques de la propreté. Vous y trouverez bon nombre d'astuces dont le seul but sera de vous aider à utiliser au mieux l'espace dont vous disposez. Car, il faut l'admettre, l'interface de Flash ne plaît pas à tout le monde. A vrai dire, elle a même poussé les plus dépressifs de mes amis à s'adonner à la boisson. A moins que ce ne soit moi qui les y aie poussé. En tout cas, que vous aimiez ou non cette interface, vous adorerez ce chapitre, car il vous donnera le pouvoir de faire de Flash un outil très personnel.

OÙ RANGER LA FENÊTRE SCÉNARIO ?

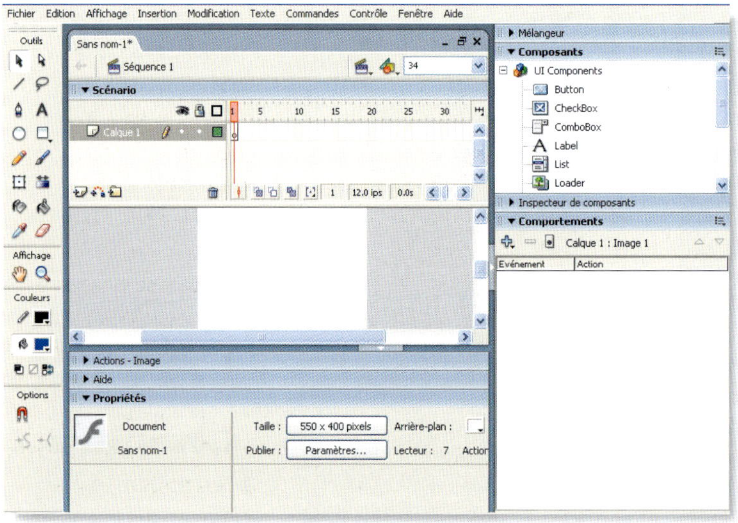

Que vous ayez choisi de personnaliser votre espace de travail ou préféré garder l'un des arrangements prédéfinis de Flash, peut-être avez-vous trouvé, comme beaucoup d'entre nous, que la fenêtre Scénario n'avait pas l'air d'être à sa place. Si tel est le cas, voici une petite suggestion.

Placez votre scénario en hauteur, de manière que seules apparaissent sur sa gauche la barre d'outils et sur sa droite les principales colonnes de panneaux. Cela vous permettra de vous déplacer plus facilement dans la fenêtre Scénario, en vous servant de la barre de défilement. Plus la fenêtre est large, plus le confort de travail est grand, en particulier lorsque l'on a à gérer les centaines d'images que compte une animation. L'autre solution consiste à modifier le placement des fenêtres à chaque fois que l'on se sert du scénario, mais c'est un peu plus laborieux…

J'AI BESOIN D'ESPACE !

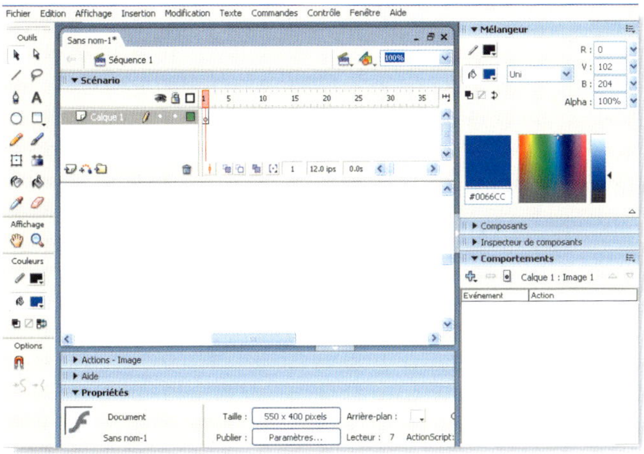

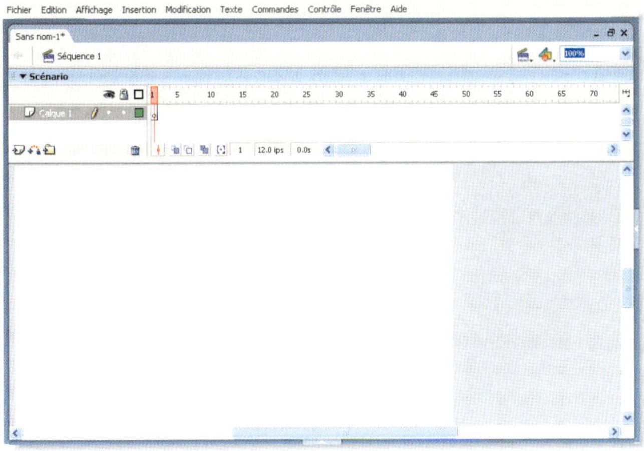

Les panneaux sont des éléments que nous devrions toujours avoir à portée de main. Ou presque. En effet, si votre espace de travail est réduit ou si vous travaillez en grand format, il se peut que vous soyez obligé d'en écarter quelques-uns. Pour ce faire, appuyez sur la touche F4. Les panneaux seront cachés, à l'exception de votre scène et de l'indispensable fenêtre Scénario (que vous pouvez masquer de la même façon). Le plus fantastique, dans l'histoire, c'est qu'il suffit d'appuyer une fois de plus sur F4 pour tout faire réapparaître. Je ne me lasse pas de cette astuce.

C'EST MOI QUI DÉCIDE

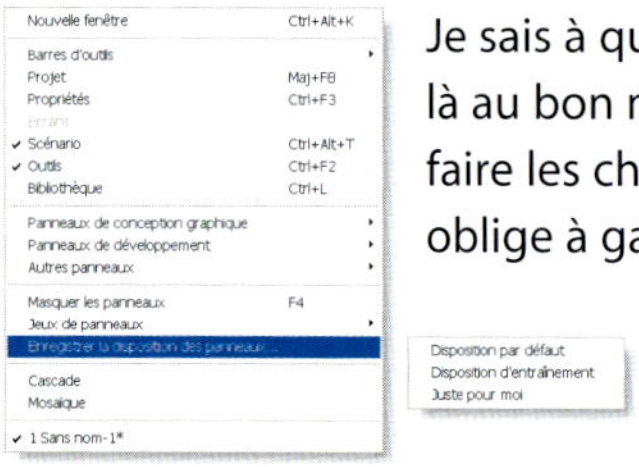

Je sais à quel point vous tenez à vos petits panneaux. Ils sont toujours là au bon moment, toujours bien placés. Mais, pour ceux qui aiment faire les choses à leur façon, tout n'est pas si simple. Rien ne vous oblige à garder la disposition par défaut de l'espace de travail. Il est possible de créer son propre arrangement. Tout ce que vous avez à faire, c'est de charger les panneaux dont vous avez besoin, de les disposer comme bon vous semble, puis de sauvegarder votre création en choisissant Fenêtre > Enregistrer la disposition des panneaux. Attribuez un nom à votre nouvel arrangement, puis cliquez sur OK. La prochaine fois que vous ouvrirez le menu Jeux de panneaux, vous y trouverez votre jeu personnalisé.

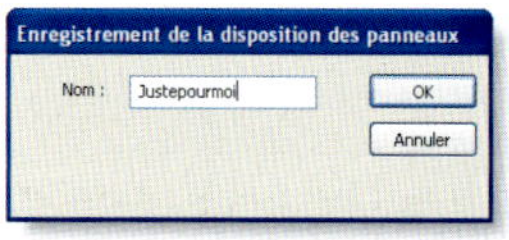

La suppression de l'un de ces jeux de panneaux est un peu plus compliquée. Il faut en effet aller chercher ces derniers dans le dossier Configuration > Jeux de panneaux. Or l'emplacement de ce dossier dépend du système d'exploitation dont vous vous servez. Sous Windows 2000 ou XP, vous le trouverez *a priori* à l'adresse C:\Program Files\Macromedia\FlashMX2004\fr\FirstRun\Panel Sets. Sous Windows 98 ou Me, vous le trouverez à l'adresse C:\WINDOWS\Application data\Macromedia\FlashMX2004\fr\FirstRun\Panel Sets.

Sous Macintosh OS X, enfin, vous le trouverez à l'adresse <Macintosh HD>:<nom d'utilisateur>:Bibliothèque:Application:SupportMacromedia: FlashMX2004\fr\FirstRun\Panel Sets.

AU REVOIR ET BYE-BYE

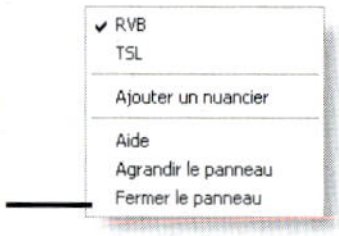

L'ajout de panneaux est une manipulation assez simple, ce qui n'est pas le cas de l'opération inverse. Bien sûr, il y a toujours la possibilité de décocher celui qu'on veut dans le menu Fenêtre. Le problème, c'est qu'ils n'y sont pas tous répertoriés. Au lieu de chercher partout où se trouve ce fichu panneau, allez donc directement à la source du problème. Sélectionnez le panneau voulu dans votre espace de travail et cliquez sur l'icône située sur sa droite. Dans le menu déroulant, choisissez Fermer le panneau. Et voilà !

DES ÉLÉMENTS RÉTRACTABLES

Etirez/ Rétractez les éléments grâce à cette flèche

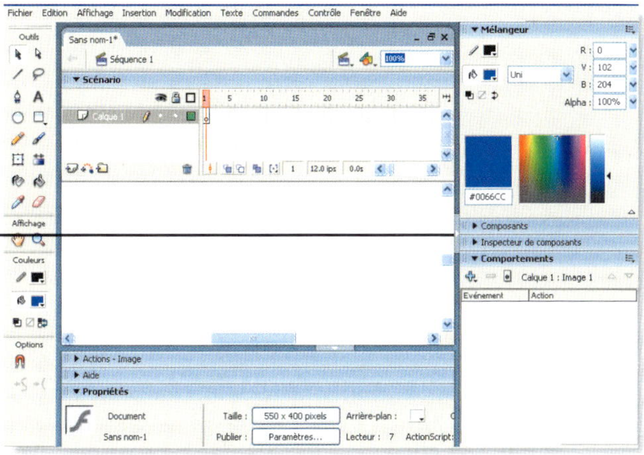

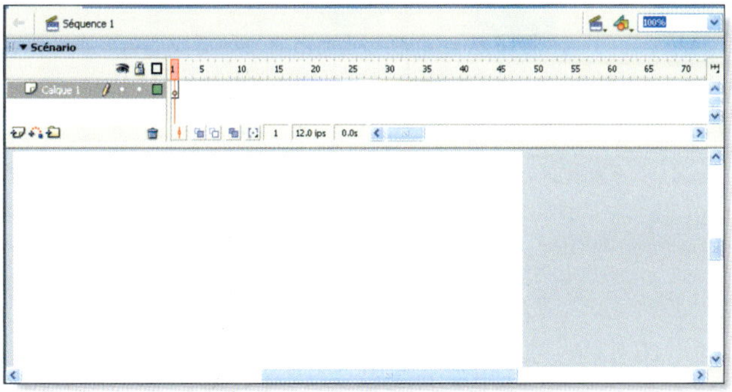

L'introduction de panneaux compilables constituait l'une des innovations les plus marquantes de Flash MX. Mais ce n'était pas encore assez. Il était impossible, par exemple, de se débarrasser de la colonne principale sans être obligé de retirer tous les panneaux qui s'y trouvaient. Pour corriger cet inconvénient, après les panneaux compilables, Flash MX 2004 a introduit le concept de panneaux rétractables. Vous noterez que les barres de séparation situées entre chaque élément sont équipées de petites flèches. C'est grâce à elles que vous pourrez faire varier à votre guise la géométrie de votre interface.

TOUT LE MONDE À FLOT

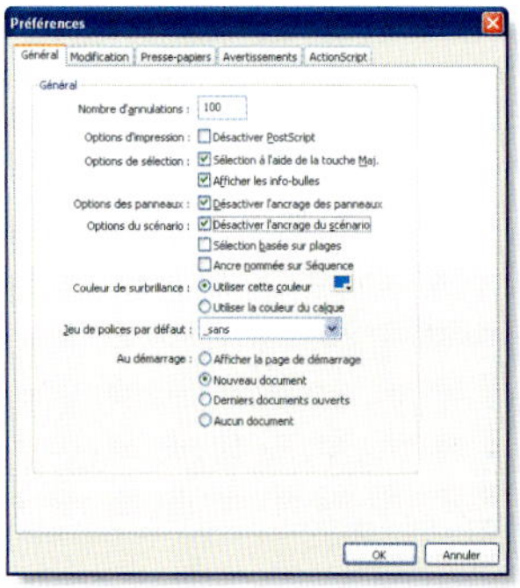

Certaines personnes regrettent l'ancienne interface, où les panneaux flottaient à l'intérieur de l'application au lieu de s'écraser les uns contre les autres. Comme nous l'avons dit précédemment, il existe plusieurs façons de libérer de l'espace, soit en cachant soit en rétractant les panneaux. Mais, si vous tenez vraiment à retrouver le principe des panneaux flottants, sachez qu'il existe encore une solution.

Choisissez Edition > Préférences (Ctrl+U) pour faire apparaître la boîte de dialogue du même nom. Dans l'onglet Général, cochez les options Désactiver l'ancrage des panneaux et Désactiver l'ancrage du scénario. Validez les changements en cliquant sur OK. Les panneaux sont devenus flottants. Seule la barre d'outils est encore ancrée, mais il suffit de la saisir par son bord supérieur et de la glisser sur le côté pour la transformer elle aussi en fenêtre flottante. Sachez cependant que cette astuce n'a d'intérêt que si votre résolution d'écran est supérieure à 1024 × 768. Pour revenir aux réglages par défaut, décochez les options citées plus haut, puis choisissez la disposition par défaut dans le menu Jeux de panneaux.

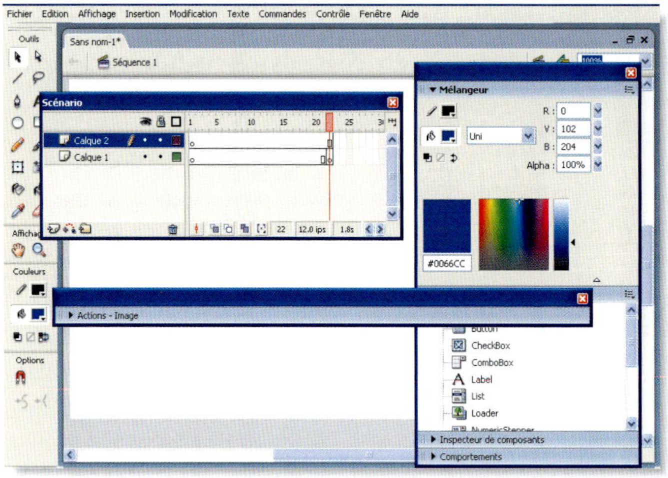

CHANGER DE SCÉNARIO

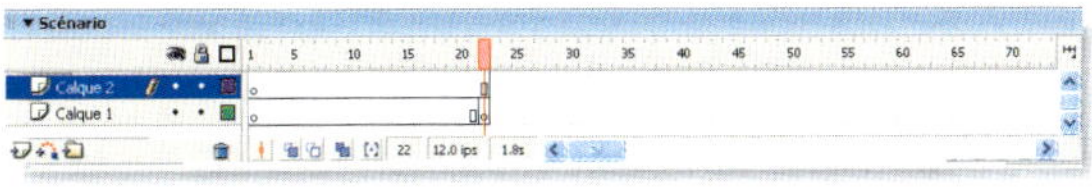

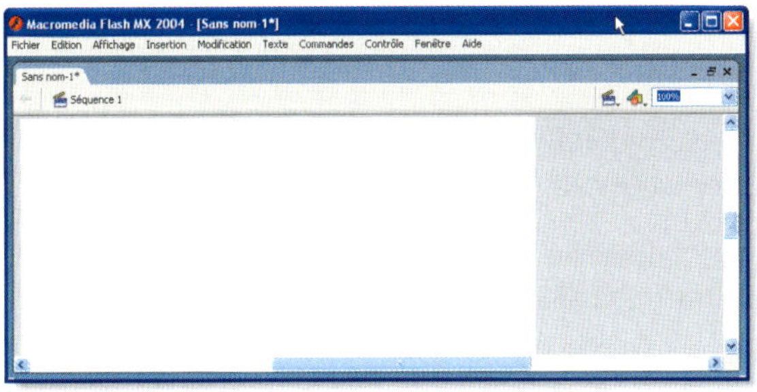

Il arrive parfois que l'on ne se serve pas de Flash pour faire de l'animation. Dans ce cas, la fenêtre Scénario ne sert pas à grand-chose ; pire, elle est encombrante, il faut donc la retirer. Il n'existe qu'un moyen pour cela, utiliser le raccourci clavier : Ctrl+Alt+T (Cmd+Opt+T sur Mac) pour la masquer temporairement.

LA BIBLIOTHÈQUE FAIT DES SIENNES

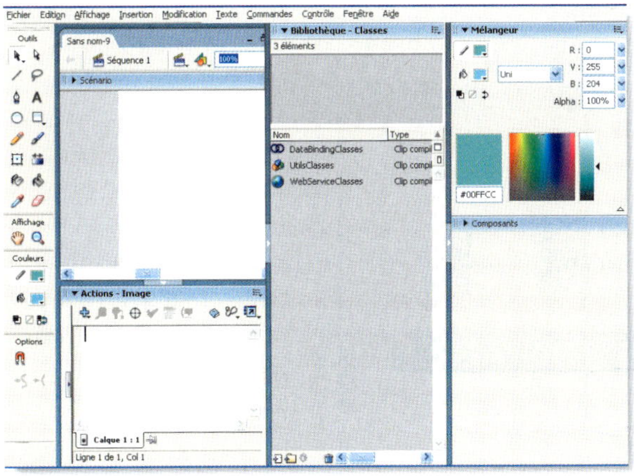

Normalement, lorsque vous appelez la bibliothèque (Ctrl/Cmd+L), celle-ci apparaît sous forme de fenêtre flottante, masquant par là même une partie des informations relatives à votre travail en cours. Ne vous laissez pas gâcher votre espace de travail par cette fenêtre impertinente, faites-la rentrer dans le rang en l'intégrant au reste des éléments rétractables. Saisissez-la par le col (les petits points à gauche de l'intitulé de la fenêtre) et glissez-la à l'intérieur de l'un des panneaux de l'interface. Vous pouvez même, si vous avez assez de place pour cela, la caler sur le côté gauche de la colonne de droite. Quel que soit votre choix, cela vaudra toujours mieux que de passer son temps à la déplacer d'un côté à l'autre de l'écran pour pouvoir travailler.

NOMMER SES CALQUES

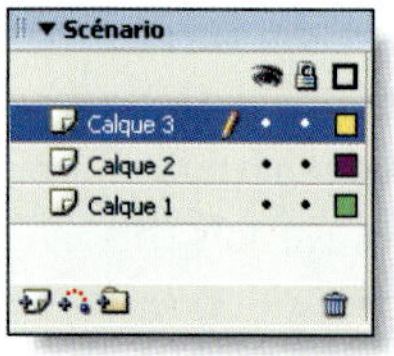

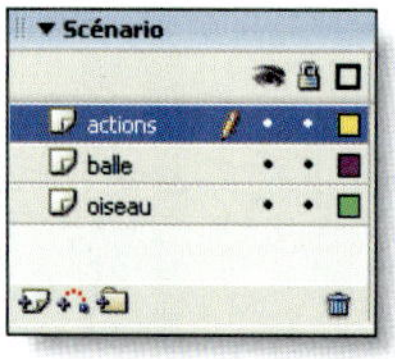

Plus il y a de calques dans un document, plus il est important de pouvoir les distinguer. Flash se charge de leur attribuer un numéro (par exemple Calque 1; Calque 2...) mais, parfois, cela ne suffit pas. Vous pouvez, dans cette optique, leur attribuer un nom contenant une description succincte de leur contenu. Si, par exemple, le calque contient une balle qui rebondit, appelez-le « Balle rebondissante ». Pour changer un nom de calque, il suffit de cliquer deux fois dessus dans la fenêtre Scénario, puis d'entrer votre choix au clavier.

Croyez-moi, après avoir renommé une vingtaine de calques dans votre scénario, vous repenserez à cette astuce, et vous vous direz : « Shane, tu avais raison ! » Ou alors vous me maudirez.

DES CALQUES MASQUÉS

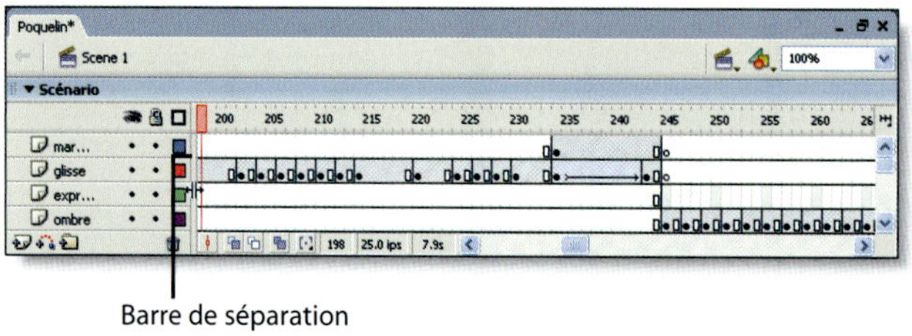

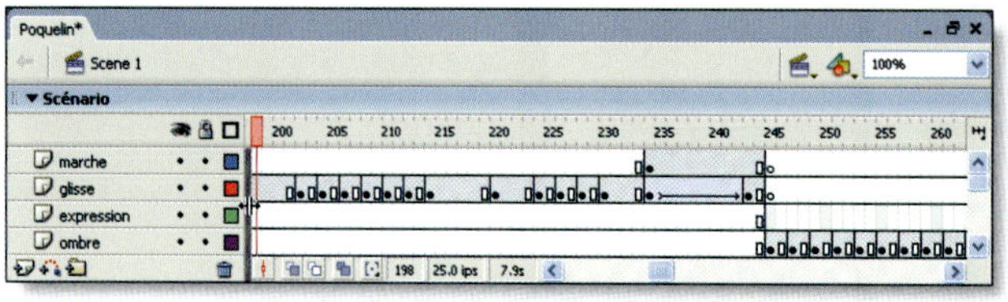

Comme nous venons de le voir, il est bon de nommer un calque en fonction de son contenu. Les noms trop longs risquent de ne pas apparaître en entier dans la fenêtre Scénario. Ne vous sentez pas obligé de les raccourcir pour autant : il vous suffit de déplacer la barre de séparation vers la droite jusqu'à ce que le nom apparaisse entièrement.

Le seul inconvénient, c'est que vous devrez refaire cette petite opération à chaque nouvelle ouverture de votre scène. Et ne vous fatiguez pas à enregistrer la disposition des panneaux, cela n'y changera rien...

JUXTAPOSITION

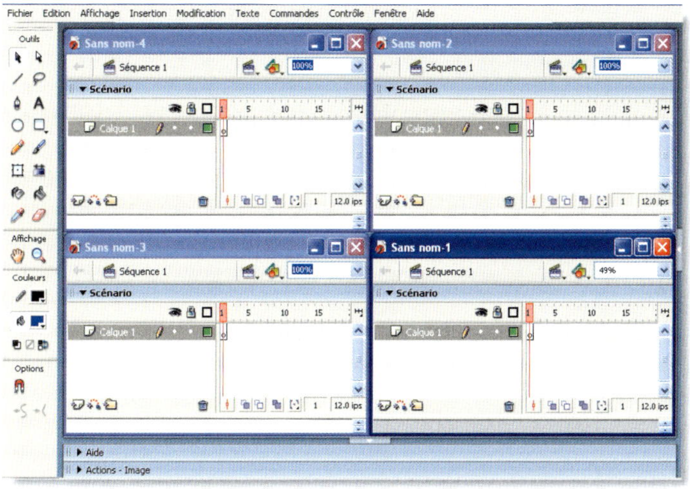

Pourquoi, me direz-vous, vouloir juxtaposer plusieurs fenêtres alors que Flash MX 2004 dispose d'un système d'onglets (non disponible sur Macintosh) qui permet de passer d'un document ouvert à un autre avec une relative rapidité ? Pour pouvoir visualiser et comparer plusieurs documents en même temps, et pour faciliter les manipulations de type « glisser-déposer ». Choisissez Fenêtre > Mosaïque pour disposer vos documents en fenêtres juxtaposées. Je vous conseille de ne pas dépasser les huit fenêtres ouvertes, à moins que vous ne disposiez d'un écran grand comme un stade de foot. Toute fenêtre réduite au moment d'exécuter cette commande ne sera pas incluse dans la mosaïque.

UNE CASCADE D'EFFETS

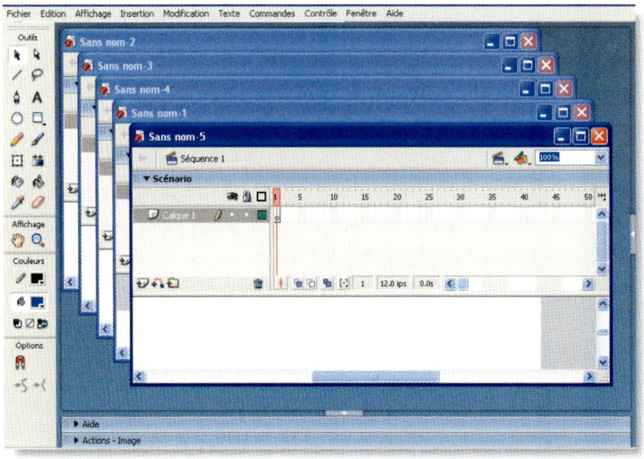

Peut-être cette manière de disposer vos documents vous conviendra-t-elle mieux. Choisissez Fenêtre > Cascade. Flash empilera alors les fenêtres les unes sur les autres, avec un léger décalage à chaque fois, de façon à faciliter leur sélection. Tout document sélectionné prendra place au premier plan ; ainsi, vous n'aurez pas à redimensionner la fenêtre correspondante pour visualiser votre travail. Pour retourner à l'affichage par défaut, il suffit d'agrandir la fenêtre de votre choix. Essayez, cela vaut le coup, même si personnellement je préfère le nouveau système d'onglets !

AFFICHAGE EXPRESS

Même les machines perfectionnées dont nous disposons aujourd'hui peuvent éprouver des difficultés à traiter certaines scènes complexes dans Flash. Si votre scène comprend un grand nombre d'éléments multimédias assez lourds, cela doit être le cas.

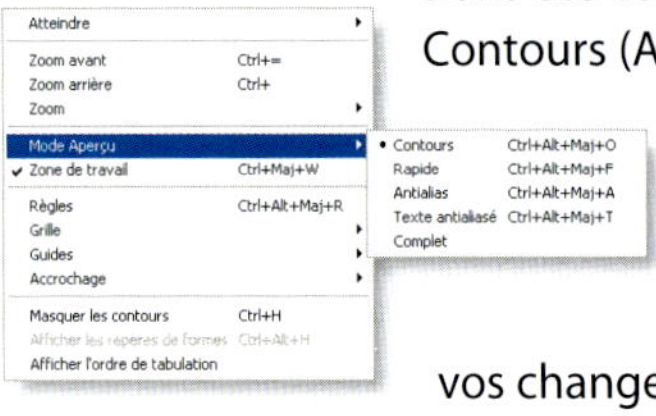

Dans ces conditions, remplacez le mode d'aperçu par défaut par le mode Contours (Affichage > Mode Aperçu > Contours). Tous les éléments graphiques de votre scène s'afficheront sous la forme de contours, accélérant de ce fait leur affichage et leur manipulation. Si vous travaillez avec une vieille machine, vous apprécierez à coup sûr cette astuce. Après avoir effectué vos changements, vous pouvez passer à un autre mode d'aperçu pour mieux visualiser l'aspect final de votre travail. Ce type d'affichage est destiné au mode Auteur et n'aura aucune incidence sur le rendu de votre document SWF publié. Essayez tous les modes d'aperçu pour déterminer celui qui correspond le mieux à vos besoins et aux performances de votre système.

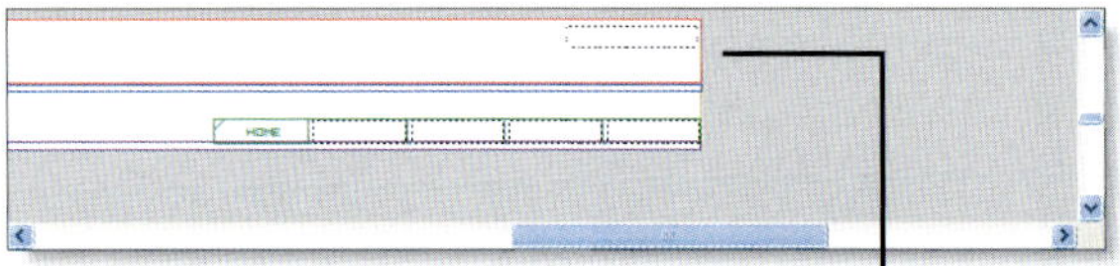

La scène, en mode d'aperçu Contours

RANGÉ/DÉRANGÉ

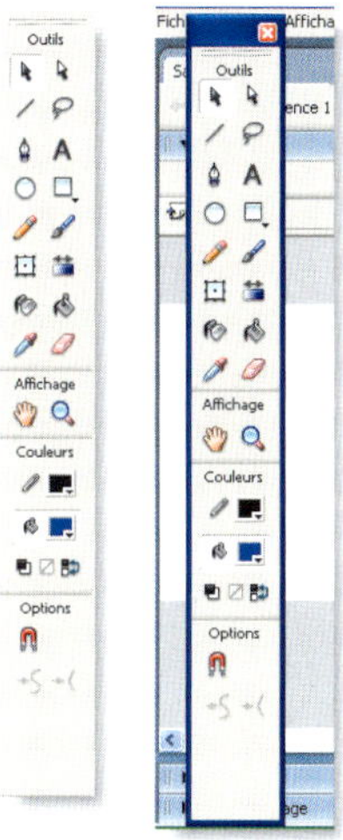

J'ai eu la chance, il y a quelque temps, alors que j'étais employé pour une société de design, de travailler sur un superbe Pentium 4 équipé d'un écran 24 pouces. Bien que cette situation rêvée n'ait pas duré plus de deux semaines, je me rappelle encore une chose troublante : à aucun moment, durant cette période, je n'ai ressenti le besoin ou la nécessité de modifier l'interface de Flash. Tout était visible du premier coup d'œil, et il y avait assez d'espace pour tout. Malheureusement, pour un designer, les conditions de travail sont en général loin d'être aussi idéales.

Sur la surface de votre écran, dans votre espace de travail, chaque pixel compte. Or, s'il est un élément auquel on peut reprocher de gâcher l'espace, c'est bien à la barre d'outils. Qu'on le veuille ou non, elle s'étend jusqu'au bas de l'interface. Si vous voulez la mettre ailleurs, double-cliquez sur sa petite poignée et déplacez-la. Pour la réintégrer à l'ensemble des panneaux, double-cliquez une nouvelle fois. Elle reviendra automatiquement à la dernière place où vous l'aviez rangée.

Désolé pour les utilisateurs Mac, mais cette option ne concerne que la version Windows. La barre d'outils Flash sur Mac apparaît toujours sous la forme d'une fenêtre flottante.

CES BONS VIEUX OUTILS

Ce livre s'attache à proposer quantité d'astuces et de raccourcis en tout genre. Mais cela ne doit pas être une raison pour négliger un élément ô combien familier pour la plupart d'entre nous : la barre d'outils ! Je ne parle pas seulement de la barre d'outils de dessin. Allez donc chercher dans le menu Fenêtre > Barres d'outils les deux barres supplémentaires, Etat et Contrôleur.

Ces deux barres d'outils proposent certaines commandes comme les classiques Ouvrir, Enregistrer ou encore la série de petits boutons de magnétoscope bien utiles pour lancer la lecture d'une animation sans avoir à exporter ou à publier. Cela fait parfois du bien de retrouver de vieux amis.

DES CALQUES EN HAUTEUR

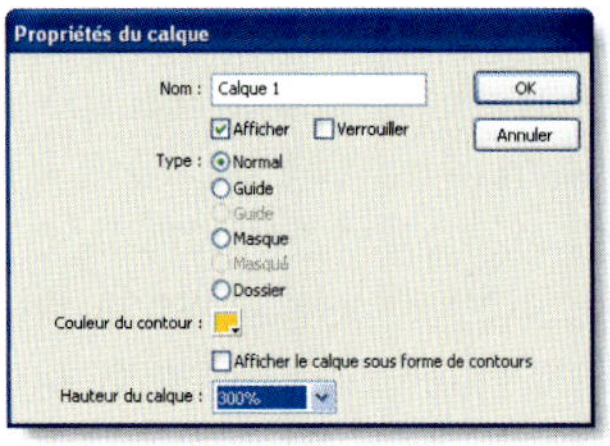

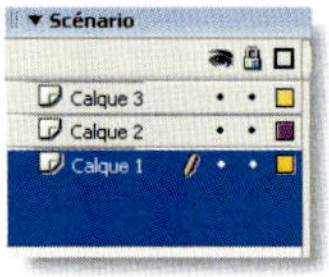

Nous avons déjà parlé de la présentation des calques dans le scénario et de la manière de changer leur affichage vertical. Il y a une chose que nous n'avons pas encore abordée : le réglage de leur hauteur.

Double-cliquez sur l'icône d'un calque pour faire apparaître la boîte de dialogue de ses propriétés. Tout en bas de celle-ci se trouve une option qui vous permet, comme son nom l'indique, de faire varier la hauteur du calque. C'est une bonne manière, notamment, de mettre en évidence l'un de vos calques ou encore d'améliorer sa lisibilité.

SIMPLIFIER LE MÉLANGEUR DE COULEUR

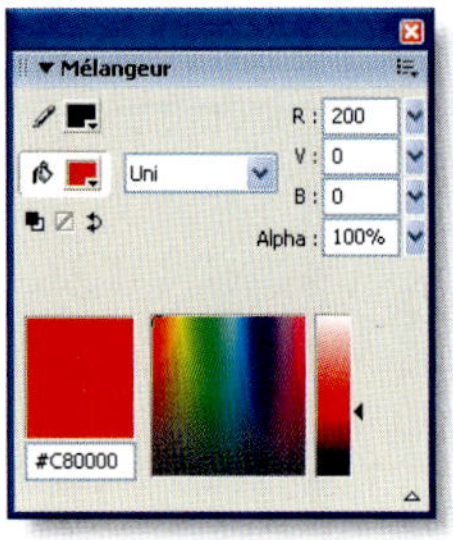

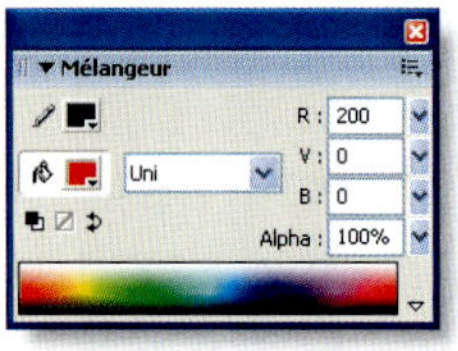

Lorsque l'on ouvre pour la première fois Flash MX 2004, on ne s'aperçoit pas de l'existence du mélangeur de couleurs (Fenêtre > Mélangeur de couleurs). A moins d'être designer et de vouloir le trouver. Auquel cas on ne manque pas de constater à quel point ce panneau empiète sur l'espace de travail. Bien sûr, il y a toujours la possibilité de le réduire en cliquant sur sa barre de titre, mais c'est une manipulation supplémentaire dont on peut aisément se passer.

En bas à droite du mélangeur de couleurs se trouve une petite flèche. Il suffit de cliquer dessus pour réduire de moitié la taille du panneau, sans avoir à masquer ses précieuses informations. Pour retrouver l'intégralité des données, un clic supplémentaire sur la petite flèche, et le tour est joué.

AGRANDIR L'INSPECTEUR DES PROPRIÉTÉS

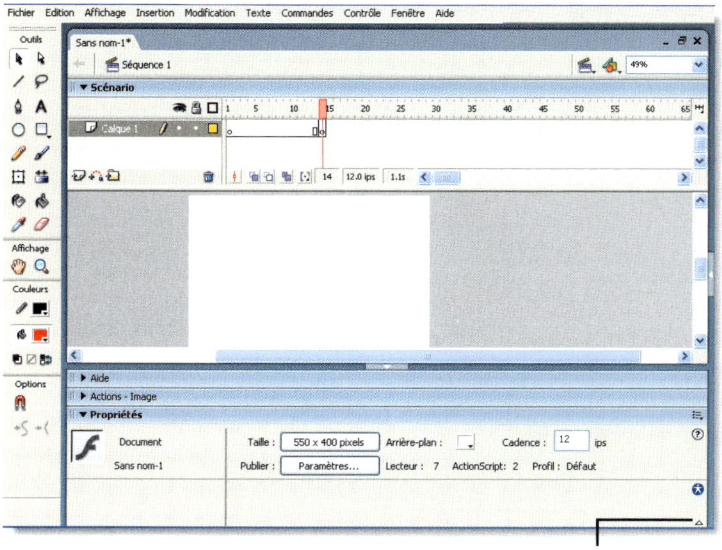

Flèche d'agrandissement

L'inspecteur des propriétés n'est rien d'autre qu'une feuille de contrôle affichant les paramètres de l'élément Flash sélectionné. Il arrive parfois que l'espace imparti à ce panneau ne suffise pas pour visualiser l'ensemble de ces informations. Là encore, un simple clic sur la petite flèche située en bas à droite permet de résoudre ce problème.

Pour illustrer ce cas de figure, il faudrait sélectionner un bloc de texte dans une scène pour constater que seule la moitié des options typographiques sont accessibles lorsque le panneau des propriétés est minimisé. Au démarrage, celui-ci est présenté dans sa totalité. Il vous faut donc, si vous en ressentez le besoin, le réduire vous-même, toujours grâce à la petite flèche.

NOUVELLE FENÊTRE

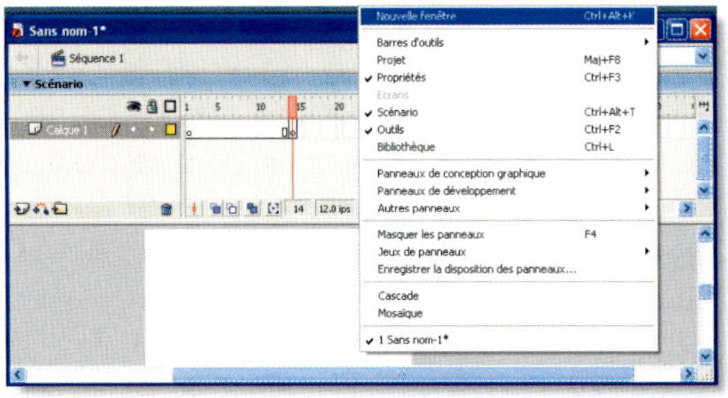

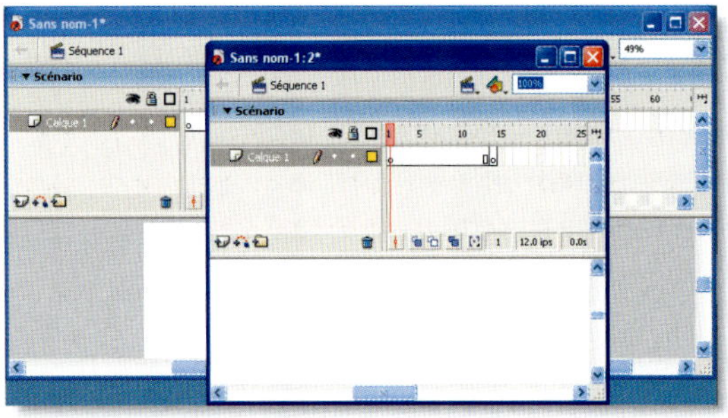

Tout le monde sait comment créer un nouveau document, il suffit de choisir Fichier > Nouveau. Pour générer une nouvelle fenêtre, c'est un peu différent. Une nouvelle fenêtre n'est rien d'autre qu'une vue supplémentaire d'un document déjà ouvert.

Ouvrez n'importe quel document Flash et appuyez sur Ctrl+Alt+K (Cmd+Opt+N sur Mac), ou allez dans Fenêtre > Nouvelle fenêtre. Vous verrez apparaître une nouvelle fenêtre affichant la même scène. Je me sers parfois de cette astuce pour repérer des petits changements effectués sur un scénario, en passant d'une fenêtre à l'autre. En fait, je dois avouer que ça ne m'arrive pas très souvent mais, maintenant que j'en parle, ça me fait envie. J'adore me rappeler ce genre de choses.

OÙ SONT PASSÉS MES PANNEAUX ?

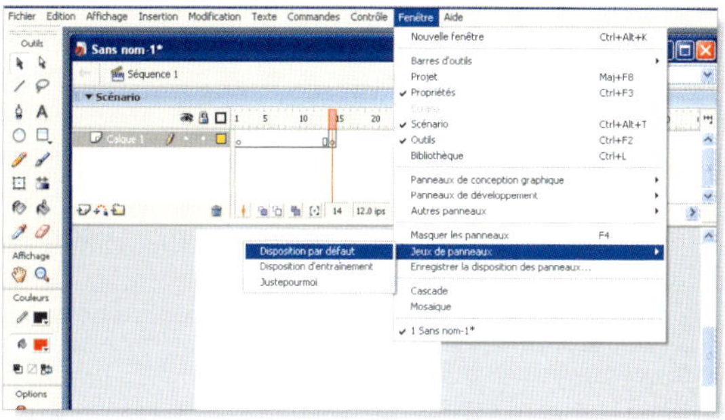

C'est le genre de chose qui arrive. Vous êtes tranquillement en train de travailler quand tout à coup vous vient l'idée saugrenue de diminuer votre résolution d'écran. Problème : les panneaux flottants de l'interface Flash disparaissent durant l'opération, et vous ne trouvez aucun moyen de les faire réapparaître. Ils se cachent dans cet espace incertain situé au-delà des frontières de votre écran et que je me plais à désigner du nom de « territoire du panneau invisible ». Quel que soit le nom de cet endroit, rassurez-vous, il existe un moyen assez simple d'en sortir. Allez dans Fenêtre > Jeux de panneaux, et choisissez Disposition par défaut.

Si, pour une raison ou pour une autre, vous ne parvenez pas à rétablir la situation de cette manière, vous devez vous débarrasser de vos préférences (voir l'adresse du dossier de configuration dans l'astuce suivante). Redémarrez ensuite Flash. Si malgré cela les panneaux refusent de réapparaître, il ne vous reste qu'une solution : réinstaller le logiciel.

LE BON CHEMIN

Ce livre repose en grande partie sur les capacités de réglage et de personnalisation de Flash. Parfois, lorsqu'une erreur inconnue survient, il peut vous être conseillé d'effacer vos préférences pour résoudre le problème. Il est donc bon de savoir à quel endroit se trouve stocké l'ensemble de vos réglages personnels. Leur emplacement dépend de votre système d'exploitation.

Windows 2000 ou XP : C:\Documents and Settings\<nom de l'utilisateur>\Local Settings\Application Data\Macromedia\Flash MX 2004.

Windows 98 ou Me : C:\Application Data\Macromedia\Flash MX 2004.

Macintosh OS X : Hard Disk/Users/<nom de l'utilisateur>/Library/Application Support/Macromedia/Flash MX 2004.

Désormais, lorsqu'on vous demandera où sont passés les réglages de configuration, vous saurez exactement où les trouver.

Ma boîte à outils

Maîtriser l'usage de la boîte à outils

Chapitre 2

Imaginez que quelqu'un vous demande de construire une maison. Je sais, vous n'êtes pas entrepreneur, mais faites un effort. Vous arrivez sur le chantier et trouvez une énorme boîte à outils, une trentaine d'ouvriers casqués attendant vos ordres et deux ados affalés dans un coin, luttant visiblement pour se remettre de leur beuverie de la veille. Non, ce n'est pas ça, attendez. Zappez les travailleurs. En fait, vous avez pour mission de construire une maison à l'aide d'une boîte à outils et de deux ados imbibés. Comment vous y prendrez-vous ? A présent, lisez ce chapitre. Il ne vous sera peut-être pas d'une grande utilité dans ce cas précis, mais au moins il ne vous fera pas de mal. Flash est avant tout un outil et, comme tout outil, avant d'espérer construire une maison avec vous devez commencer par apprendre à vous en servir. Voilà l'objectif de ce chapitre : vous offrir un maximum de pistes possibles pour utiliser au mieux l'ensemble des fonctions du logiciel. Dites-vous qu'ensuite vous pourrez la construire, cette fameuse maison !

PEINDRE UNE IMAGE BITMAP

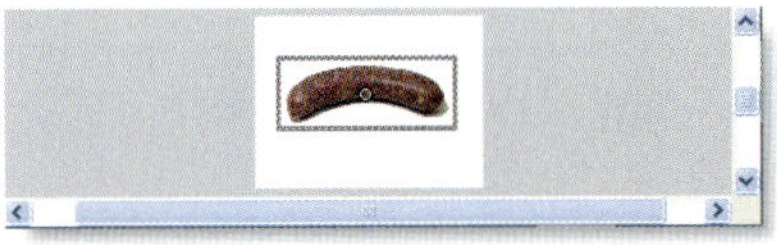

Il existe dans Flash une fonction très intéressante qui permet d'utiliser une image bitmap comme motif, soit de remplissage à l'intérieur d'une forme soit de peinture, à la manière d'une forme de pinceau. Commencez par importer l'image de votre choix, placez-la sur la scène, séparez-la à l'aide du raccourci clavier Ctrl+B, puis servez-vous de l'outil pipette pour récupérer l'image. Vous remarquerez, dans la barre d'outils, que la couleur de remplissage est remplacée par le motif que vous venez de sélectionner. Vous pouvez à présent faire ce que vous voulez avec ce motif, créer des formes, les remplir ; alors, amusez-vous !

Attention, cependant, si vous retirez votre image de la bibliothèque, vous la perdrez aussi en tant que motif ! Alors, si vous voulez mon avis… ne le faites pas.

OUTILS SECRETS

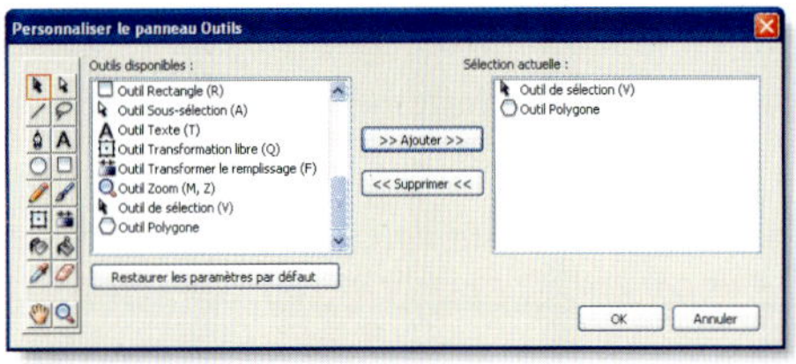

Bon, ils ne sont peut-être pas si secrets, mais ce qui est sûr, c'est que vous ne pouvez pas y accéder d'un simple clic droit dans la boîte à outils. Flash MX 2004 intègre une nouvelle barre d'outils personnalisable truffée d'outils cachés. Certes, la barre d'outils classique est suffisante dans la plupart des cas, mais il serait dommage de passer à côté de ces super-gadgets. Pour y accéder, allez dans Edition > Personnaliser le panneau Outil (Ctrl+clic sur Mac). Dans la boîte de dialogue, vous pouvez sélectionner vos nouveaux outils dans la liste de droite et les ajouter à la liste de gauche. Autrement dit, vous avez la possibilité de réarranger la barre d'outils comme bon vous semble.

LA SÉLECTION MAGIQUE

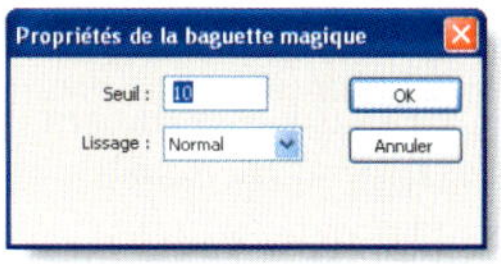

On peut faire pas mal de choses avec une image bitmap importée dans Flash. Admettons par exemple que vous souhaitiez éditer une image de ce type. Impossible, dites-vous ? Pas complètement. Bien que vous ne disposiez pas d'énormément d'options, cela reste faisable. Importez d'abord une image et séparez-la (Ctrl+B). Ensuite, activez l'outil Lasso, puis la baguette magique. Cliquez à présent sur un point de l'image pour sélectionner la zone de couleur environnante. Les possibilités d'édition de cette forme sélectionnée sont aussi vastes que pour toute autre forme Flash.

Vous pouvez encore modifier les propriétés de cet outil. Cliquez pour cela sur l'icône située à droite de la baguette magique. Changez la valeur de Seuil pour déterminer la quantité de nuances à inclure dans la sélection, ou bien encore choisissez le type de lissage approprié pour les contours de votre sélection. La baguette magique ne fonctionne que sur une image préalablement séparée.

ON EFFACE TOUT !

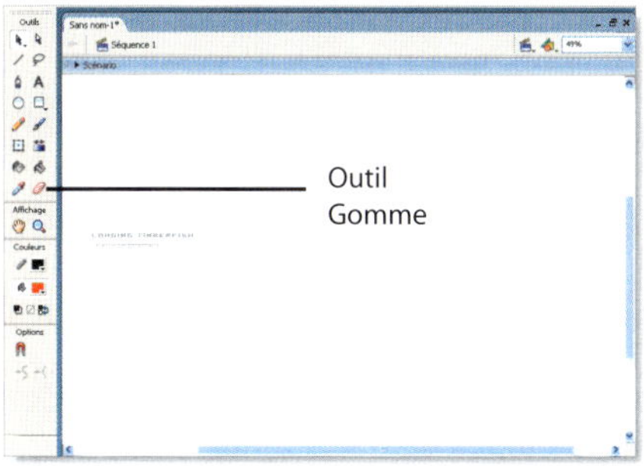

La frustration, l'envie de tout effacer et de repartir à zéro sont des émotions que nous connaissons tous. Or nous ne devrions pas avoir, dans ces moments de détresse, à cliquer, à déplacer, à appuyer sur telle ou telle touche pour transformer notre scène en page blanche. Heureusement, dans Flash, il suffit de double-cliquer sur l'outil Gomme pour vider à tout instant votre scène de son contenu. N'oubliez pas, quelle que soit la méthode employée, vous ne réussirez à effacer que les calques qui ne sont pas verrouillés au moment de l'opération.

CONTRÔLE DE L'ÉCHELLE

Mise à l'échelle par défaut

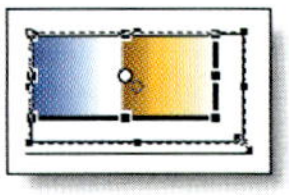

Mise à l'échelle centrée

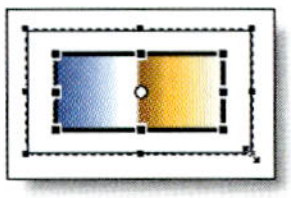

Placez une forme et un symbole côte à côte dans votre scène. Sélectionnez la forme, et appuyez sur Q pour activer l'outil de transformation libre. Pour redimensionner la sélection, déplacez l'une des poignées dans la direction souhaitée. La sélection prend pour point d'ancrage le côté opposé à la poignée de transformation. Pour redimensionner à partir du centre du cadre, appuyez sur la touche Alt. Pour une mise à l'échelle en proportions fixes, appuyez sur la touche Maj. Sélectionnez à présent le symbole. Appuyez sur Q. Vous noterez que, par défaut, le redimensionnement de la sélection s'effectue à partir du centre de celle-ci. La touche Alt produit donc l'effet inverse. Grâce à ces petites astuces, vous devriez être en mesure de mieux contrôler les modifications d'échelle des éléments de votre scène.

CADRAGE EXPRESS

Double-cliquez pour cadrer à 100 %

Double-cliquez pour tout afficher

Il y a plusieurs façons de cadrer une zone de travail. Vous pouvez soit entrer des valeurs numériques, soit faire un zoom, soit encore choisir parmi une liste de pourcentages prédéfinis. Parmi ces réglages, les deux les plus usités sont 100 % et Tout afficher. Or il existe, fort heureusement, un raccourci pour chacun d'eux. Double-cliquez sur l'outil Zoom pour cadrer votre scène à 100 %. Double-cliquez sur l'outil Main pour tout afficher. On peut difficilement faire plus simple.

DES COULEURS RIEN QUE POUR MOI

Admettons que vous ayez un site ou un projet quelconque doté d'une charte couleur particulière et destiné à être consulté par plusieurs personnes à différents endroits. Il y a peu de chances de trouver l'ensemble de ces couleurs dans la palette par défaut, et la perspective d'ajouter une à une les couleurs supplémentaires aux palettes de chaque utilisateur n'est pas des plus réjouissantes. Flash permet de tout remettre à plat pour développer votre propre palette de couleurs, puis d'enregistrer celle-ci sur un fichier qui pourra par la suite être partagé avec chaque utilisateur.

Ouvrez le panneau Nuanciers (Maj+F9), cliquez sur le bouton Menu option puis choisissez l'option Effacer les couleurs dans la liste pour créer votre propre palette. Ajoutez maintenant des couleurs et des dégradés. Pour cela, choisissez-les dans le mélangeur de couleurs, et importez-les dans le panneau Nuanciers en cliquant à l'intérieur de celui-ci.

Une fois votre palette complétée, sauvegardez-la dans un fichier spécifique en choisissant, dans le menu Options du panneau Nuanciers, la commande Enregistrer les couleurs.
A présent, n'importe qui peut, grâce à la commande Ajouter des couleurs, importer votre palette personnalisée et profiter pleinement de votre création.

POUR LES PETITS

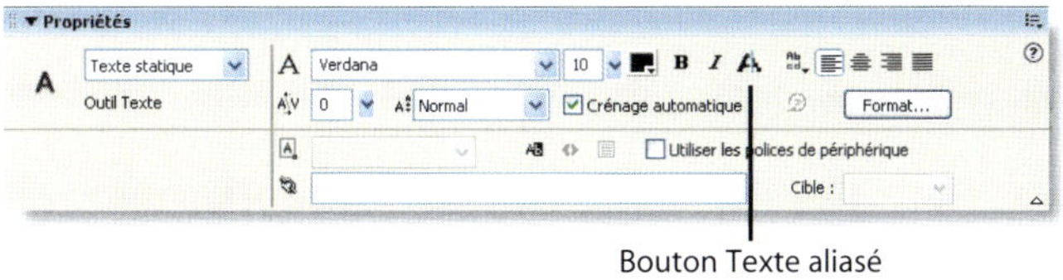

Les designers ont tendance à utiliser des polices de caractères de plus en plus petites. Aussi bien en raison du gain d'espace que cela apporte que pour le plaisir d'obliger

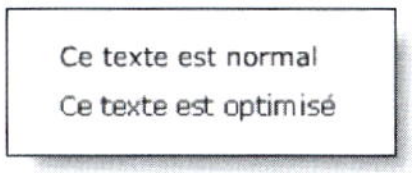

le spectateur à lire leur prose à la loupe. Si vous approuvez ce genre de pratiques, vous serez ravi d'apprendre que Flash MX 2004 intègre désormais une nouvelle technique d'optimisation du texte de petite taille.

Si vous sélectionnez un bloc de texte dans votre scène et que vous jetiez un coup d'œil à votre inspecteur des propriétés, vous noterez la présence d'un nouveau bouton à droite du bouton Italique. Ce bouton sert à améliorer la lisibilité des petits caractères en désactivant le lissage induit par l'option d'anticrénelage, qui n'est recommandée que pour des textes d'une taille supérieure à 11 points.

SUPPRIMER LES CONTOURS

Contour

Suite à une fausse manipulation, il arrive qu'une forme et son contour prennent des chemins séparés, à tel point que l'un et l'autre n'aient plus grand-chose à voir ensemble. Heureusement, le contour et l'intérieur d'une forme sont deux choses indépendantes, ce qui permet de les supprimer séparément.

Une fois votre forme dessinée, double-cliquez sur son contour pour le sélectionner entièrement. Pour l'effacer, appuyez sur la touche Suppr.

AUTOCOPIE

La pipette effectue une copie des attributs du contour

Copie de la couleur de remplissage

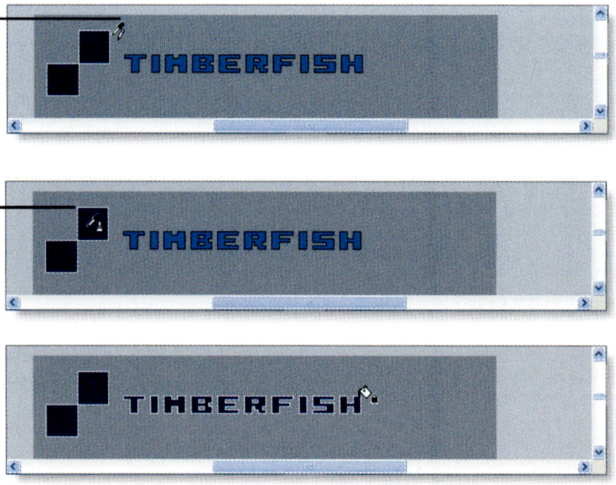

Voici un moyen simple et rapide de copier les attributs de contour et de forme d'un objet à l'autre. Activez la pipette et placez-la au-dessus de la forme ou du contour que vous voulez copier. Si vous cliquez sur le contour, Flash active l'outil Encrier et mémorise les attributs de l'élément sélectionné. Vous n'avez plus qu'à cliquer sur le contour que vous souhaitez modifier pour terminer la copie. Faites de même pour la couleur de remplissage. Vous serez ainsi parvenu, sans grande difficulté, à copier le style d'un objet vers un autre. La pipette ne copie que les styles des formes, pas les formes elles-mêmes.

POINT DE PIVOT

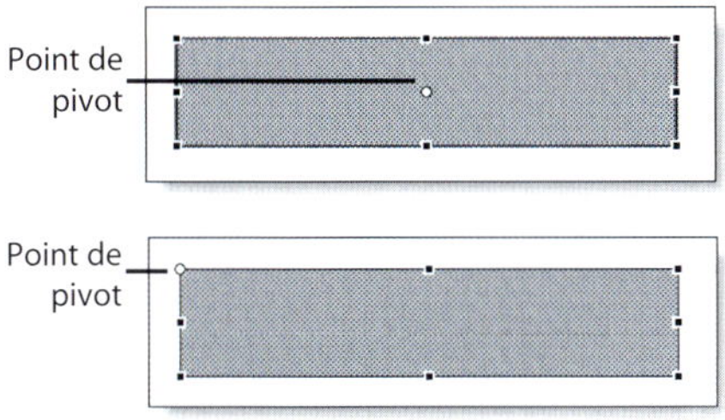

Par défaut, toute rotation d'élément sous Flash s'effectue autour de son centre. Pour changer cela, sélectionnez l'objet que vous souhaitez faire pivoter, activez l'outil de transformation libre et déplacez le point de pivot (le petit cercle au centre du cadre). Si vous déplacez le point de pivot d'un objet, sa nouvelle position deviendra permanente et remplacera la position par défaut. En revanche, si vous déplacez le point de pivot d'une forme, son nouvel emplacement ne sera valable que tant que la forme restera sélectionnée. Après cela, à la sélection suivante, le point de pivot reprendra sa position centrale.

MOT DE PASSE

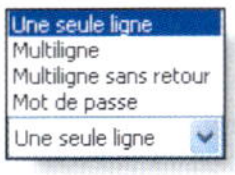

L'accès au contenu de certains sites nécessite parfois la création d'un compte. Dans ce cas, deux choses vous sont demandées : votre pseudonyme et votre mot de passe. En général, seul votre pseudonyme apparaît de façon lisible dans le champ approprié, alors que les lettres de votre mot de passe apparaissent sous la forme d'astérisques (*). Le but de ce petit jeu est bien entendu d'assurer le caractère privé de ce type de données.

Inutile de préciser que Flash offre la possibilité de créer tout cela soi-même. Créez un champ de texte dans votre scène et choisissez l'option Texte de saisie dans l'inspecteur des propriétés. Cliquez ensuite sur l'option Une seule ligne pour ouvrir la liste déroulante et choisir l'option Mot de passe. Lancez une prévisualisation du résultat (Ctrl+Entrée ; Cmd+Entrée sur Mac) et tapez quelques mots dans le champ de saisie que vous venez de créer. Tous les caractères sont remplacés par des astérisques. Vous pouvez donc créer une page de connexion semblable au HTML mais entièrement sous Flash. N'est-ce pas merveilleux ?

SÉLECTION D'UNE FORME ENTIÈRE

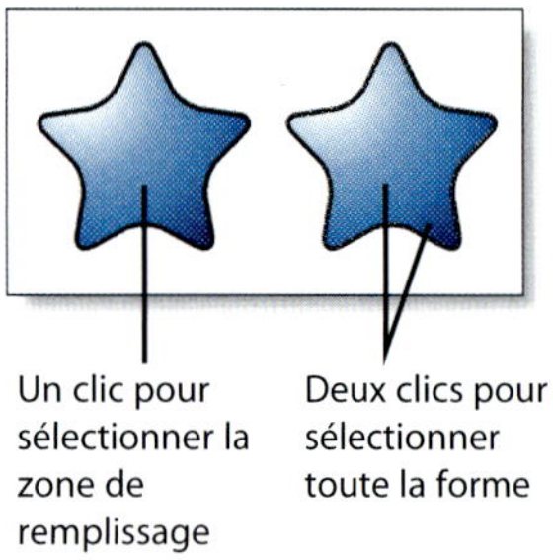

Il faut savoir que Flash considère une forme comme un ensemble composé d'un contour et d'une zone de remplissage. Si vous cliquez sur la zone de remplissage d'une forme et que vous la déplaciez, vous verrez que son contour ne se joint pas au mouvement. Pour déplacer une forme en entier, contour compris, vous devez double-cliquer dans la zone de remplissage de cette forme. Il faut un peu de temps pour s'y habituer mais, à la longue, cela devient une technique de base extrêmement efficace.

ARRONDIR LES ANGLES

Vous savez déjà comment créer un rectangle simple à l'aide de l'outil Rectangle. Si vous désirez adoucir la dureté des coins de votre rectangle, cette astuce est pour vous.

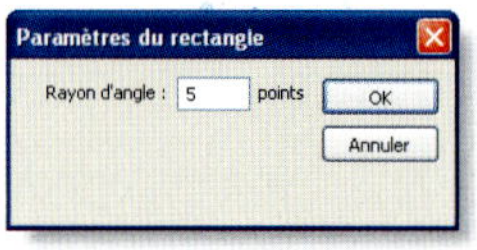

Sélectionnez l'outil Rectangle puis appuyez sur le bouton Rayon de rectangle arrondi, situé en bas de la barre d'outils. Une boîte de dialogue apparaît dans laquelle vous pouvez entrer la valeur d'arrondi souhaitée. Réglez-la sur 10 points pour cet exemple, puis dessinez un rectangle dans votre scène. Comme vous le constatez, ses angles sont automatiquement adoucis. Attention, cependant, lorsque vous redimensionnez ce type de rectangle, en particulier si vous ne le faites que dans une seule direction, à ne pas effacer l'effet d'arrondi en écrasant ou en étirant trop la forme originale !

COMMENCER À MI-CHEMIN

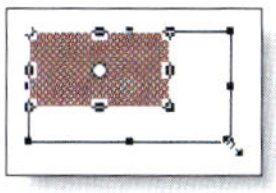

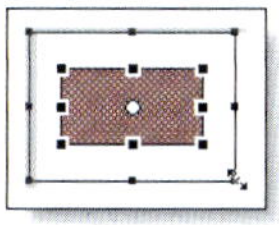

Si vous appuyez sur la touche Alt (Opt sur Mac) de votre clavier en même temps que vous créez une forme, vous noterez une petite différence. La forme est créée à partir de son centre, qui est lui-même déterminé par l'emplacement de votre curseur au moment du clic. C'est une nouveauté exclusive de Flash MX 2004.

ORIENTER SON TEXTE

Texte horizontal par défaut

Texte vertical par défaut

Texte vertical avec l'option Rotation

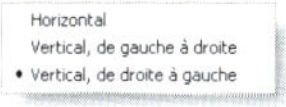

Le réglage de l'orientation d'un bloc de texte est une manipulation assez simple. Sélectionnez votre bloc de texte, allez dans l'inspecteur des propriétés, appuyez sur le bouton Direction du texte, et choisissez l'une des options de la liste. Votre texte bascule à la verticale, et le bouton Rotation devient actif. Ce dernier permet de faire pivoter les lettres elles-mêmes, non plus seulement le bloc de texte.

Quelle que soit l'orientation ou la rotation que vous déterminerez, le bloc de texte restera toujours éditable.

Un bémol, cependant, tout cela ne fonctionne qu'avec du texte statique.

LIBRE OU FIXE

Poignée de texte

Poignée de texte

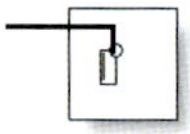

Lorsque vous entrez du texte statique dans votre scène, vous avez le choix de l'insérer soit sous forme de bloc de texte à largeur fixe, soit sous forme de bloc de texte de taille variable, capable de s'adapter automatiquement à l'évolution de votre texte.

Vous pouvez facilement passer d'un mode à l'autre en manipulant la petite poignée du cadre. Lorsque la poignée est ronde, le bloc est en mode variable. Lorsqu'elle est carrée, le bloc est fixe. Pour passer du bloc fixe au bloc variable, double-cliquez sur la poignée. A l'inverse, pour rendre le bloc fixe, déplacez la poignée jusqu'à la largeur voulue.

Il vous arrivera peut-être instinctivement de redimensionner votre champ de texte à l'aide de l'outil Transformation libre. Bien que ce soit faisable, n'oubliez pas que cela aura pour effet de déformer votre texte.

MANIER LE LASSO

Sélection avec le Lasso

Sélection avec le Lasso+Alt

Je vais vous parler non pas de rodéo, mais de quelque chose de tout aussi amusant. Enfin, presque ! Utiliser l'outil Lasso revient à se servir d'un crayon pour dessiner une sélection. Et, si vous préférez obtenir une sélection polygonale, vous n'avez qu'à appuyer sur Alt (Opt sur Mac) pendant l'opération. Vous obtiendrez ainsi un ensemble de lignes droites, en lieu et place des courbes épousant tant bien que mal la trajectoire hésitante de votre souris.

Pour la sélection polygonale, pas besoin de cliquer-glisser. Il suffit de cliquer une fois, au départ, puis à chaque changement de ligne. Pour terminer la sélection, double-cliquez ou relâchez la touche Alt (Opt sur Mac). Oui, je sais, on pourrait tout aussi bien cliquer sur le bouton Mode Polygone, mais cela représente deux fois plus de manipulations. Et vous savez ce que je pense de l'excès de travail…

L'UN OU L'AUTRE

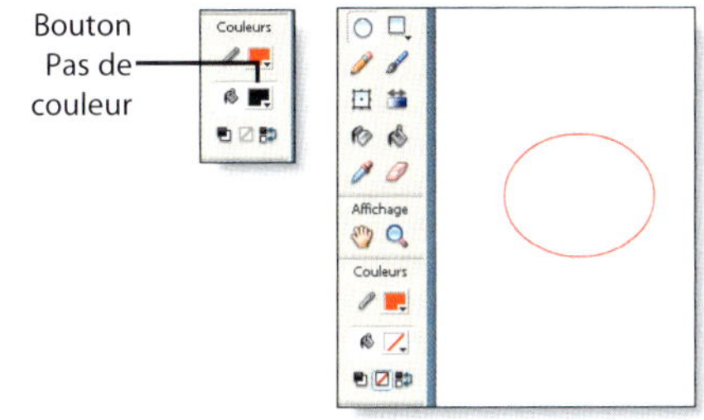

Par défaut, Flash attribue aux formes que vous dessinez (cercle, rectangle ou autre polygone) une couleur de remplissage et une couleur de contour. Je vais vous demander de faire quelque chose de délirant. Vous allez sélectionner l'outil Cercle, activer l'option Couleur de remplissage et cliquer sur le bouton Pas de couleur (le bouton au centre, juste sous la couleur de remplissage). Grâce à cette option, vous pouvez dessiner soit une forme pleine sans contour, soit un contour sans rien à l'intérieur.

N'essayez pas de faire ça avec l'outil Crayon. Cette astuce ne fonctionne qu'avec des formes constituées au départ d'un contour et d'une zone de remplissage.

EN NOIR ET BLANC

S'il y a bien deux couleurs que tout le monde connaît, ce sont le noir et le blanc. On a toujours besoin d'y revenir à un moment donné. Or il n'y a rien de plus simple que de repasser en noir et blanc. Vous trouverez un petit bouton Noir et Blanc, soit dans le mélangeur de couleurs soit dans la barre d'outils, situé juste sous la couleur de remplissage. Cliquez dessus et, comme par magie, toutes les formes que vous créerez par la suite apparaîtront en noir et blanc.

COMPLÈTEMENT TORDU

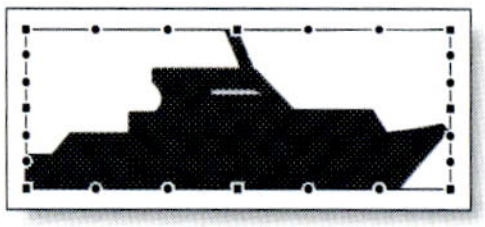

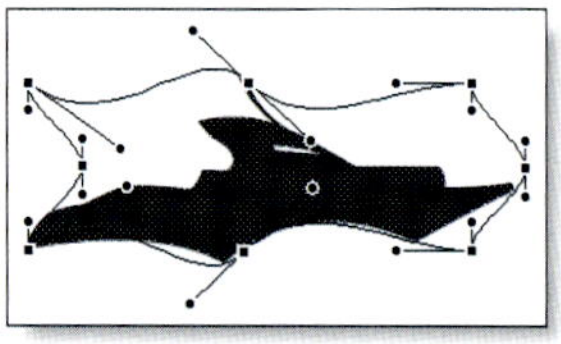

La manipulation et la modification de formes est une des actions de base de Flash. On se surprend même parfois à les tordre dans tous les sens, par pur sadisme. Si vous voulez vraiment vous amuser avec vos formes, comme s'il s'agissait de morceaux de pâte à modeler, sélectionnez-en une, choisissez l'outil Transformation libre, puis activez l'option Enveloppe (l'une des quatre options situées sous la barre d'outils). Un cadre apparaît alors autour de votre forme, parsemé de petites poignées. Sélectionnez-en une et déplacez-la pour voir le résultat. En jouant avec les unes et les autres, on parvient à créer des torsions très originales. Cerise sur le gâteau, quel que soit le degré de torsion, la forme apparaît toujours lissée.

VERROUILLER LES DÉGRADÉS

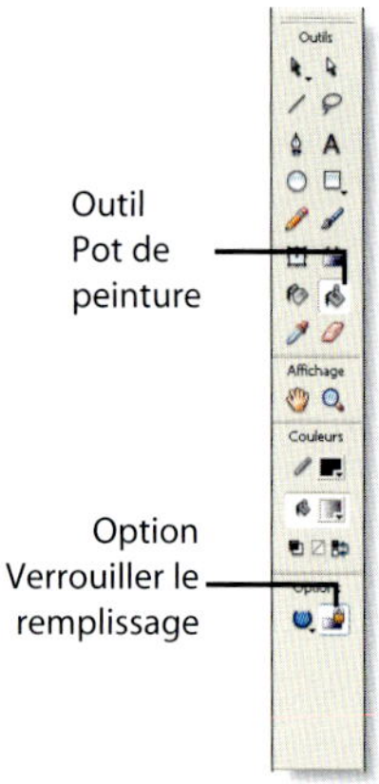

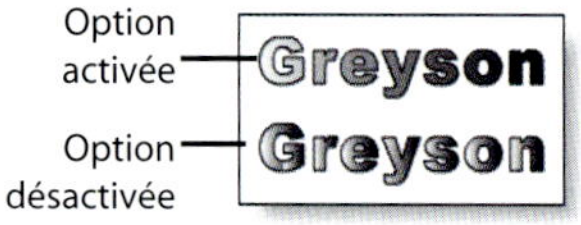

Naturellement, lorsque vous remplissez une forme avec l'outil Pot de peinture, la zone de remplissage correspond à la forme à laquelle l'action est appliquée. Mais ce n'est pas la seule option possible. Dessinez quelques formes de tailles variées dans votre scène. Peu importe, pour le moment, le motif ou la couleur de remplissage. Activez l'outil Pot de peinture et choisissez un motif dégradé. Cliquez sur l'option Verrouiller le remplissage, située en bas de la barre d'outils. Continuez en cliquant sur chacune des formes de votre scène. Vous verrez qu'il s'agit non plus vraiment de remplir l'intérieur d'une forme, mais plutôt de révéler un motif présent sur la totalité de la surface de la scène. Cette option est aussi disponible pour l'outil Pinceau.

ACCROCHEZ-VOUS

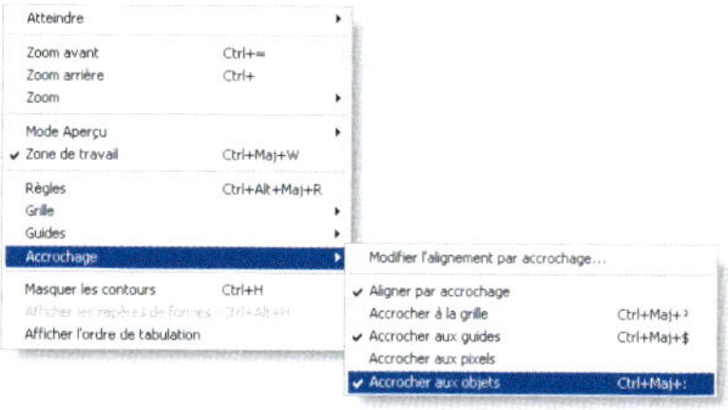

Les déplacements d'objets nécessitent parfois un minimum de précision. C'est le cas notamment lors des opérations d'alignement. Flash permet d'aligner plusieurs objets entre eux, en calant leurs points de référence respectifs. Pour activer cette fonction, cliquez sur l'outil de sélection situé dans la barre d'outils, puis vérifiez que l'option Accrocher aux objets (l'aimant en bas de la barre d'outils) est active. Vous pouvez également l'activer en choisissant Affichage > Accrochage > Accrocher aux objets. Une fois l'option activée, vous noterez, lors d'un déplacement d'objet, que le point d'ancrage s'affiche sous la forme d'un petit cercle situé sous le curseur et dont la forme change lorsqu'un accrochage est effectué. Pour une utilisation optimale, déplacez toujours un objet en cliquant soit sur son centre, soit sur l'une de ses extrémités.

UN PAR UN

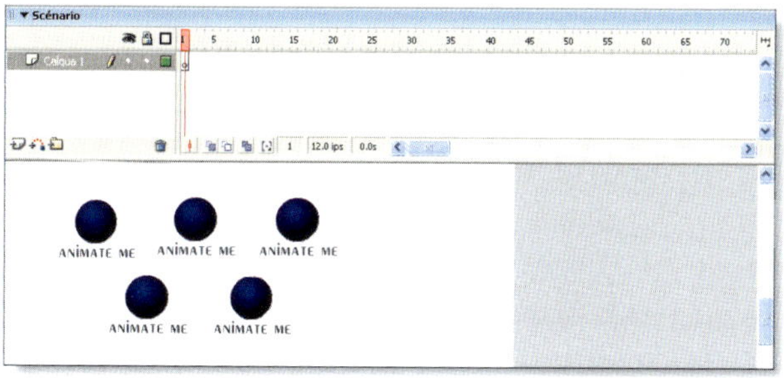

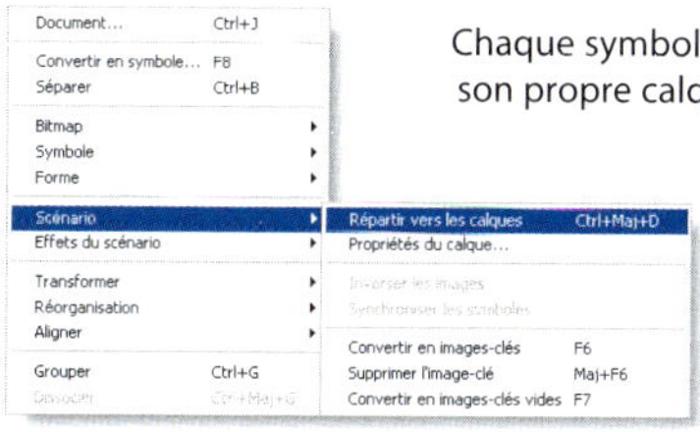

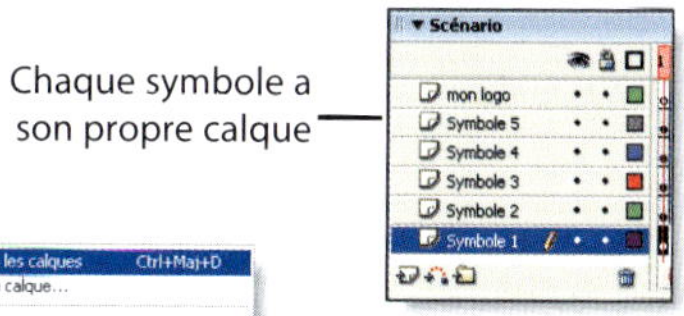

Comme vous l'aviez peut-être constaté, avant de pouvoir animer un symbole, vous devez l'isoler sur un calque. Bien. Mais alors, que faire lorsque l'on a déjà fixé quinze symboles sur un même calque et que l'on souhaite malgré tout les animer ? Le meilleur moyen de s'en sortir est encore de sélectionner toutes les occurrences que vous désirez animer, puis de choisir Modification > Scénario > Répartir vers les calques (Ctrl+Maj+D ; Cmd+Maj+D sur Mac). Chaque élément sélectionné sera ainsi placé sur son propre calque, ce qui vous permettra de les animer individuellement. Flash se chargera même d'attribuer un nom aux nouveaux calques.

SÉLECTION MULTIPLE

Sélection multiple à l'aide de la touche Ctrl (ou Cmd)

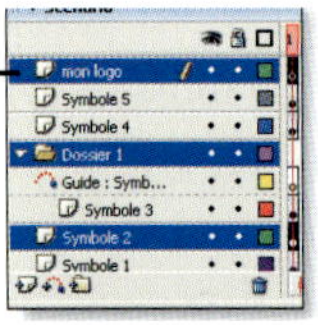

Sélection multiple à l'aide de la touche Maj

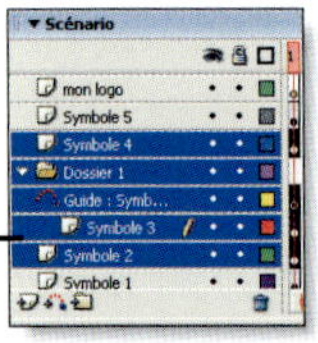

Nous avons tous ressenti, assis devant notre ordinateur, dans un moment de détresse, les yeux rivés sur la fenêtre Scénario, l'envie de sélectionner une bonne partie des calques et de les supprimer. Rassurez-vous, il existe un moyen simple de vous en débarrasser. Au lieu de les glisser un par un vers l'icône Poubelle, il suffit d'effectuer une sélection multiple. Pour cela, vous pouvez choisir entre deux méthodes.

Vous pouvez soit appuyer sur la touche Ctrl (Cmd sur Mac) tout en sélectionnant vos calques l'un après l'autre, soit appuyer sur la touche Maj et sélectionner un ensemble de calques en cliquant uniquement sur le calque du début et le calque de fin. Il ne reste plus ensuite qu'à cliquer sur l'icône Poubelle pour voir disparaître votre sélection.

DE DEUX CHOSES L'UNE

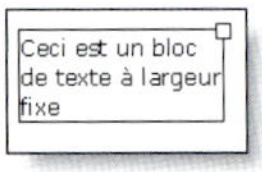

Il existe deux façons de créer du texte dans Flash. Vous pouvez cliquer n'importe où dans la scène et entrer votre texte ou bien cliquer-glisser pour créer un bloc de texte. La première méthode génère un bloc qui s'adapte automatiquement au texte, la seconde permet de déterminer un bloc de texte à largeur fixe. A vous de voir.

TRAIT POUR TRAIT

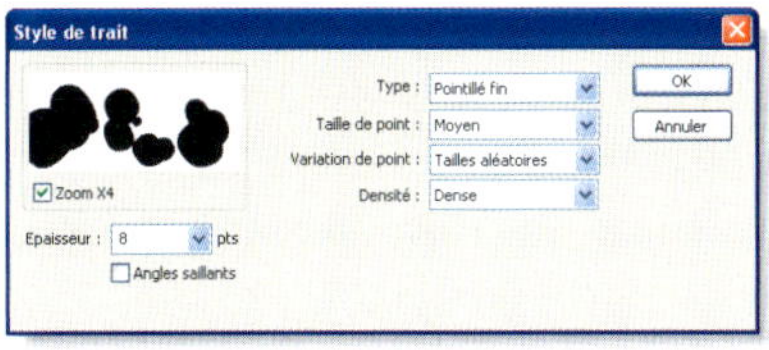

Flash propose un certain nombre de styles de traits prédéfinis, destinés aux contours de formes, dont la plupart d'entre nous se contentent. En revanche, si vous êtes comme moi un acharné du réglage, vous chercherez toujours un moyen de créer vos propres outils. Dans le cas présent, c'est possible.

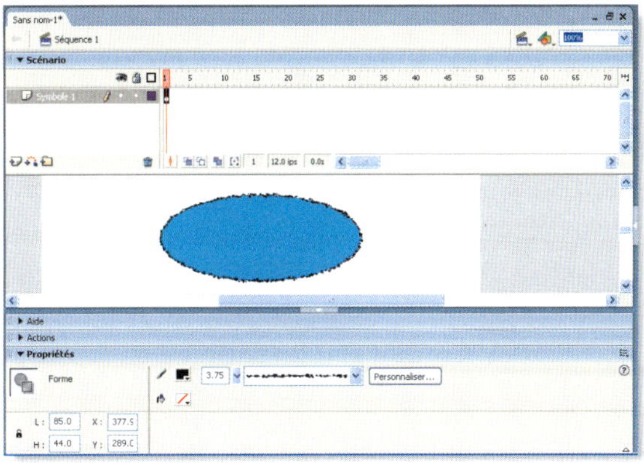

Activez l'outil Encrier, allez dans l'inspecteur des propriétés, et cliquez sur le bouton Personnaliser. Dans cette boîte de dialogue, vous pourrez définir votre propre style. Les variations sont presque infinies, n'hésitez donc pas à tester les commandes disponibles pour trouver votre bonheur. Je vous conseille également de cocher de temps à autre l'option Zoom 4× pour regarder d'un peu plus près le style que vous créez.

FILET

Aviez-vous déjà remarqué les distorsions qui apparaissaient sur les contours lorsque vous agrandissiez une forme convertie en symbole ? Par défaut, les contours sont des traits continus d'une épaisseur de 1 pixel. Or, si vous prévoyez de convertir vos formes en symboles, cela peut poser un problème. Surtout si vous comptez les redimensionner par la suite.

Pour atténuer au maximum ce phénomène de distorsion, réglez votre trait en mode Filet. Vous pouvez faire cela au moment de créer un contour ou lorsque vous utilisez l'outil Encrier. Mais alors, quel est l'intérêt du mode Trait continu ? A vrai dire, je m'en sers rarement. On peut au moins lui reconnaître le mérite d'être un peu plus épais et de ce fait un peu plus présent à l'écran.

L'EFFACEUR

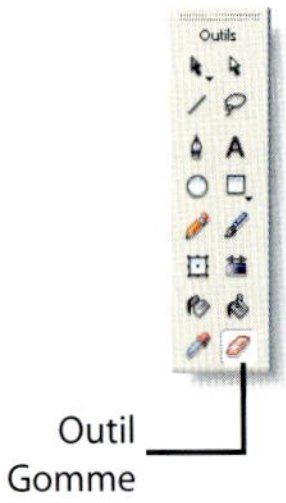

Combien de fois, avouez-le, vous êtes-vous demandé s'il était possible d'effacer une partie de votre dessin, contour ou remplissage sans toucher au reste ? Vous serez heureux d'apprendre que c'est non seulement possible, mais aussi très facile à effectuer.

Activez l'outil Gomme, cliquez sur l'icône des options de gommage (le bouton à gauche) et sélectionnez Effacer les zones remplies. Essayez maintenant de gommer une forme, et vous constaterez que seule la zone de remplissage est affectée par votre action, le contour restant intact. Si vous sélectionnez le mode Effacer les lignes, vous noterez l'effet inverse. Il existe en tout cinq modes différents. Leurs noms sont assez explicites. Je vous invite chaudement à les essayer.

UN PEU DE REMPLISSAGE

Je démarre souvent mes créations en me servant de l'outil Crayon ou de l'outil Pinceau, la colorisation n'intervenant qu'une fois cette première étape achevée. Si vous avez aussi l'habitude de travailler de cette façon, cette astuce vous sera sans doute utile. En effet, il arrive souvent, lorsque l'on clique à l'aide de l'outil Pot de peinture pour remplir une zone donnée, que rien ne se passe.

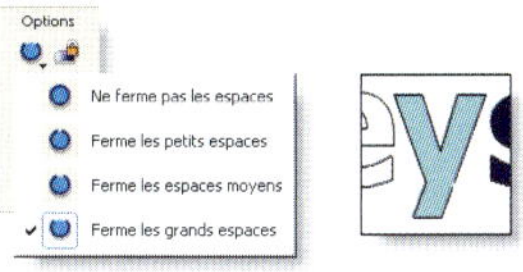

Dessinez une forme constituée uniquement d'un contour. Découpez ou supprimez une petite portion de celui-ci. Essayez de remplir l'intérieur de la forme en vous servant de l'outil Pot de peinture. Vous n'obtenez aucun résultat, n'est-ce pas ? A présent, cliquez sur le bouton des options de remplissage, et choisissez le mode Fermer les grands espaces. Réessayez de remplir la forme. Comme vous pouvez le constater, cette option permet d'ignorer, dans une certaine mesure, les trous et autres irrégularités de contours.

Un scénario, des scènes

Si vous avez le courage de lire ce livre en entier sans sauter une seule page, vous aurez, pour le même prix, l'immense chance d'avoir un aperçu de ma

Mieux gérer ses scènes et son scénario

Chapitre 3

personnalité. Ma psy me reproche souvent ma propension au sarcasme, qui d'après elle me sert à cacher mes sentiments. Je devrais, toujours selon elle, me réconcilier avec l'enfant qui est en moi. Elle appelle ça un « temps de solitude ». Mais comment peut-on à la fois être seul et avoir un enfant en soi ? Ce gamin doit être sacrément mal élevé pour s'immiscer ainsi dans la solitude d'un autre. Je suis retourné voir ma psy pour lui exposer ma théorie et lui dire qu'il vaudrait peut-être mieux que l'enfant et moi évitions de nous fréquenter pendant quelques temps étant donné le manque de respect qu'il montre à mon égard. Une chose étrange est alors arrivée. Elle a éclaté de rire. Comme elle, en cet instant, vous pensez peut-être : « Mais où veut-il donc en venir ? » Pourtant, c'est simple : vous feriez mieux de lire ce chapitre, sinon vous risquez de devenir aussi fou que moi.

UNE VUE D'ENSEMBLE

J'ai découvert récemment une astuce pour éviter certains problèmes rencontrés lors de la manipulation d'éléments de grande taille dans une scène. Si vous éditez un symbole de ce type sans passer par la commande Modifier en place, il se peut que vous n'arriviez pas à le voir dans son intégralité, même en vous déplaçant dans votre scène.

Pour vous sortir de cette mauvaise passe, vous pouvez vous rendre dans le scénario parent du symbole incriminé et double-cliquer sur l'occurrence de ce dernier. Cela aura pour effet de modifier le symbole en place. Cela vous permettra aussi, pour une raison inconnue, de vous déplacer assez loin dans votre scène pour voir le symbole en entier. Il y a des choses comme cela que l'on ne s'explique pas…

LA GRILLE RIGIDE

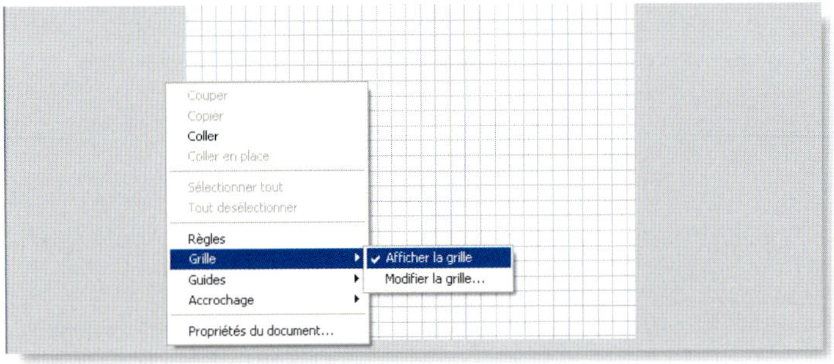

Chaque fois que je me sers de Flash, je me rends compte que j'essaye toujours d'en faire le moins possible, notamment lorsqu'il s'agit d'aligner des objets. C'est vrai, je suis un peu feignant. Il y a par exemple une option dans Flash qui permet d'afficher une grille de disposition directement sur la scène. Il suffit de cliquer droit à l'intérieur de la scène et de sélectionner dans le menu contextuel Grille > Afficher la grille ou bien, si vous voulez être encore plus rapide, d'utiliser le raccourci clavier Ctrl+^{2}.

Admirez le résultat ! Vous pouvez maintenant contrôler le bon alignement de vos objets sans faire appel au panneau des outils d'alignement. Ah, j'allais oublier, vous pouvez aussi éditer les propriétés de grille en sélectionnant dans le menu contextuel Modifier la grille. La boîte de dialogue contient des options qui permettent de changer l'espacement, la couleur ou encore les valeurs d'accrochage de la grille. Bien entendu, celle-ci n'apparaîtra pas dans la version finale de votre travail.

DES DOSSIERS TOUJOURS AU TOP

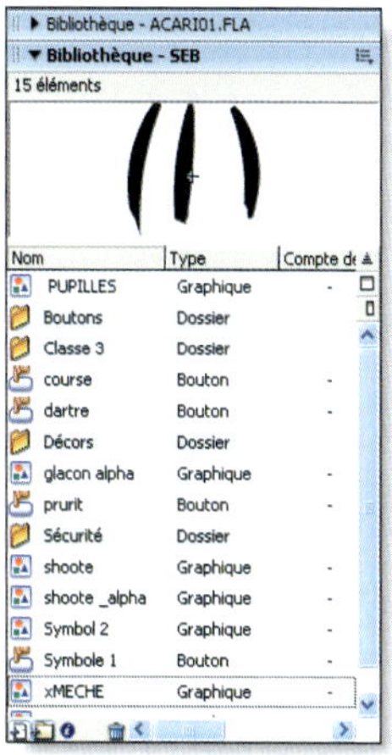

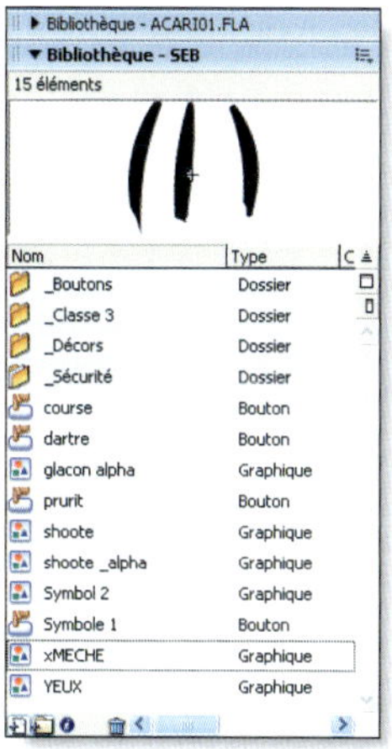

La bibliothèque d'un document peut contenir aussi bien des boutons que des séquences vidéo ou encore des dossiers. En théorie, tous ces éléments sont classés par ordre alphabétique, de A à Z. Etant donné que nous sommes pour la plupart habitués à voir les dossiers affichés en haut de ce genre de liste (comme c'est le cas dans les explorateurs Windows ou Mac), pourquoi ne pas appliquer le même principe aux bibliothèques Flash ?

Il suffit pour cela de placer un underscore (_)devant chaque nom de dossier. Tous vos dossiers se retrouveront ainsi en haut de la liste et seront classés par ordre alphabétique indépendamment du reste des éléments. Comme cela c'est mieux.

UN SCÉNARIO CHANGEANT

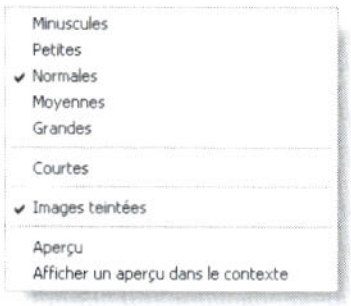

Ne vous fiez pas à l'apparente rigidité de la fenêtre Scénario de Flash. Il existe en effet un moyen de modifier son aspect. En haut à droite de la fenêtre se trouve un petit bouton bien utile. Cliquez dessus et vous verrez apparaître différentes options d'affichage. Les cinq premières permettent de déterminer la taille des images. Si les images teintées vous tapent sur les nerfs, vous pouvez toujours désactiver cette option. Vous pouvez même, luxe suprême, avoir un aperçu de votre scène directement dans la fenêtre Scénario, sous la forme de vignettes s'affichant à l'intérieur de chaque image. Qui a dit que la fenêtre Scénario était ennuyeuse ?

EN DÉPLACEMENT

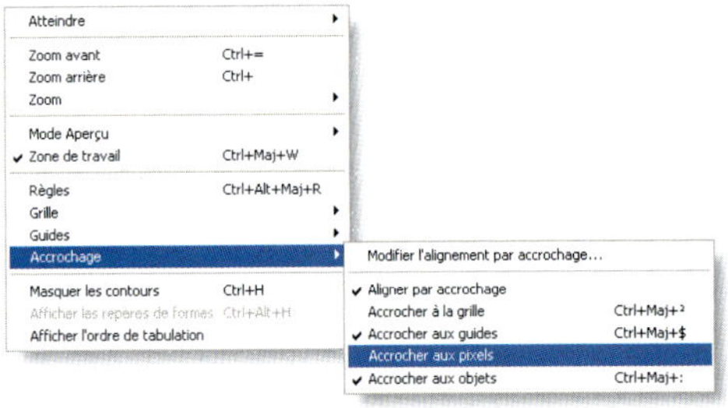

Normalement, lorsque vous déplacez un objet dans votre scène à l'aide du curseur, l'incrément de déplacement varie en fonction de la valeur de zoom sur laquelle l'affichage se trouve réglé. Si vous voulez vous assurer que vos objets ne se déplaceront que de 1 pixel à la fois, quelle que soit la valeur de zoom, vous devez activer l'option Accrocher aux pixels (Affichage > Accrochage > Accrocher aux pixels). Autre avantage, si votre valeur de zoom est égale ou supérieure à 400 %, une petite grille s'affiche pour vous aider à visualiser le déplacement de vos objets. Pour désactiver temporairement l'accrochage aux pixels, appuyez en continu sur la touche X. Pour le réactiver et faire réapparaître la grille, relâchez la touche.

TROUVER UN SYMBOLE

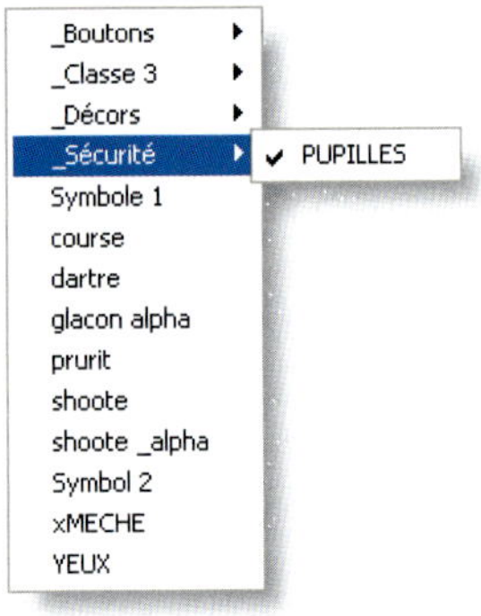

Mieux vaut disposer d'une bonne technique de recherche si l'on doit chercher parmi des centaines de symboles répartis dans plusieurs dossiers d'une bibliothèque. Essayez donc celle-ci : regardez en haut à droite de la fenêtre Scénario. Vous devriez trouver, à côté de la liste déroulante des zooms, une icône représentant plusieurs petits symboles. Cliquez dessus et vous verrez apparaître une liste qui énumère tous les symboles présents dans votre bibliothèque. Sélectionnez-en un, et le scénario correspondant apparaîtra. Avouez que c'est toujours plus rapide que de chercher dans les ramifications d'une bibliothèque. Le seul inconvénient est que cela n'existe que pour les symboles, tant pis pour les polices, les images bitmap et congénères. En revanche, le bouton situé juste à gauche de celui des symboles propose le même type de raccourci pour les scènes.

AU PIXEL PRÈS

Lorsque vous sélectionnez un objet dans une scène de Flash et que vous le déplacez à l'aide du curseur, la quantité de pixels parcourus varie en fonction de la valeur du zoom. Si vous êtes à 100 %, une simple pression sur l'une des touches du curseur déplacera votre objet de 1 pixel. En appuyant en même temps sur la touche Maj, vous lui ferez parcourir 10 pixels d'un coup. Si vous réglez votre zoom sur 50 %, l'incrément sera de 2 pixels et de 20 avec la touche Maj. Servez-vous de ces données pour déterminer la distance de déplacement de vos objets dans d'autres configurations.

Pour les calculs les plus complexes, cette formule pourra vous être utile : pour un déplacement simple, utilisez 1/(Pourcentage de Zoom /100). Pour un déplacement avec la touche Maj, utilisez 10/(Pourcentage de Zoom /100).

SÉLECTION MULTIPLE DANS UNE BIBLIOTHÈQUE

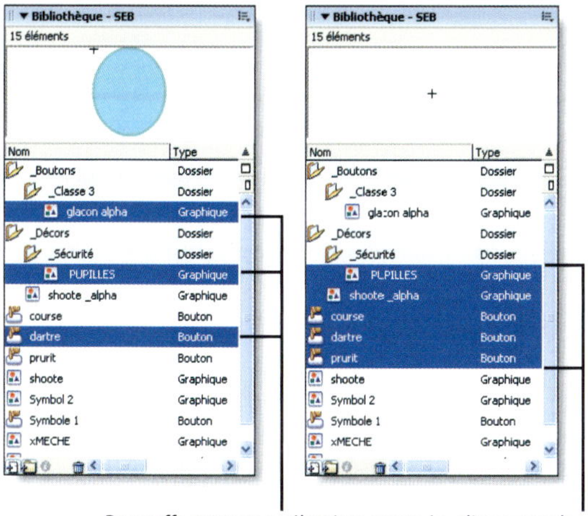

Pour effectuer une sélection groupée, cliquez sur les éléments désirés en appuyant sur Ctrl

Voici un moyen simple et efficace de sélectionner des éléments de bibliothèque devant être supprimés ou classés dans un dossier. Nul besoin de les déplacer ou de les jeter un par un dans la poubelle. Il suffit de tous les sélectionner à la fois en maintenant simultanément la touche Ctrl (Cmd sur Mac) enfoncée. Une fois qu'ils sont sélectionnés, il ne reste plus qu'à les déplacer dans le dossier de votre choix ou à cliquer sur l'icône Poubelle pour vous en débarrasser. Il en va de même pour le contenu des fenêtres Scène et Scénario, à la différence près que vous devez, pour celles-ci, remplacer la touche Ctrl par la touche Maj.

LES DOSSIERS À LA RESCOUSSE

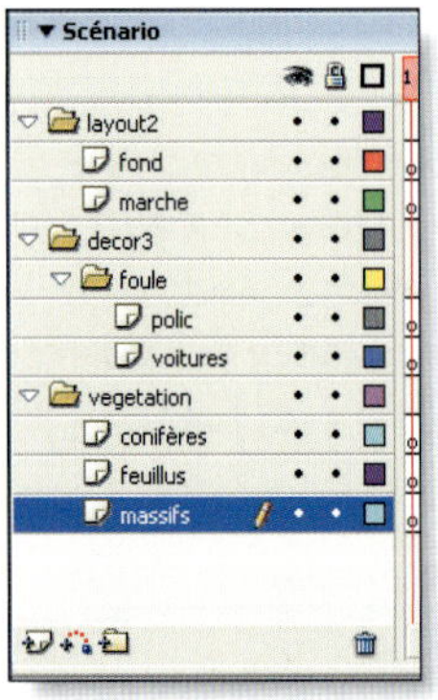

A force d'intégrer sans arrêt de nouvelles fonctions, on obtient des documents Flash toujours plus complexes, souvent composés d'une multitude de calques difficiles à gérer. Heureusement, le principe des dossiers s'applique aussi à la fenêtre Scénario. Mieux encore, les dossiers peuvent contenir plusieurs niveaux de sous-dossiers. Pour cela, cliquez autant de fois que nécessaire sur le bouton d'ajout de dossier, puis glissez-déposez les dossiers ainsi créés de façon à les imbriquer les uns dans les autres. Vous gagnerez ainsi une meilleure organisation et un espace de travail accru.

SYMBOLISME

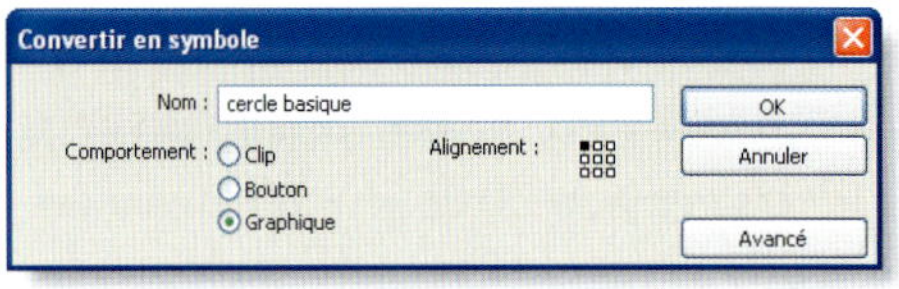

Vous êtes-vous jamais demandé à quoi pouvaient servir les symboles ? Les éléments graphiques récurrents, comme ceux que vous pouvez voir sur ce livre en ce moment, doivent être, lorsqu'ils sont créés dans Flash, convertis en symboles. C'est une obligation pratique autant qu'une règle de base. Une forme transformée en symbole peut être réutilisée à loisir dans une scène sous forme d'occurrences directement tirées de la bibliothèque. Si vous voulez trouver d'autres raisons d'utiliser des symboles, vous n'avez qu'à lire des livres ennuyeux et compliqués. Cela ne me vexera pas. Ou si, peut-être un peu !

OTEZ CE MASQUE

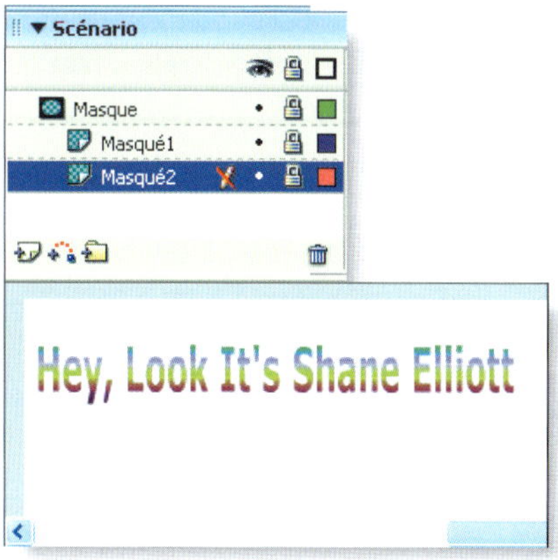

La mise en place de l'aperçu d'un effet de cache peut se révéler assez laborieuse. Surtout lorsque vous devez effectuer quelques réglages en cours de route. C'est pourquoi Flash vous permet de prévisualiser ce type d'effet à l'intérieur de votre environnement de travail. Il suffit pour cela de verrouiller tous les calques du masque. Une fois cette manipulation faite, vous pouvez prévisualiser l'effet en lisant ou en vous déplaçant à travers les images du scénario. Vous n'avez donc plus besoin de lancer le calcul d'un test d'animation. Ne délaissez pas ce dernier pour autant, car il est indispensable pour la vérification de votre travail avant publication. Notre technique de prévisualisation, par exemple, ne permet pas de voir correctement les effets de masques sur des polices intégrées. Elle ne doit donc être considérée que comme un moyen efficace de gagner du temps.

LE FIL D'ARIANE

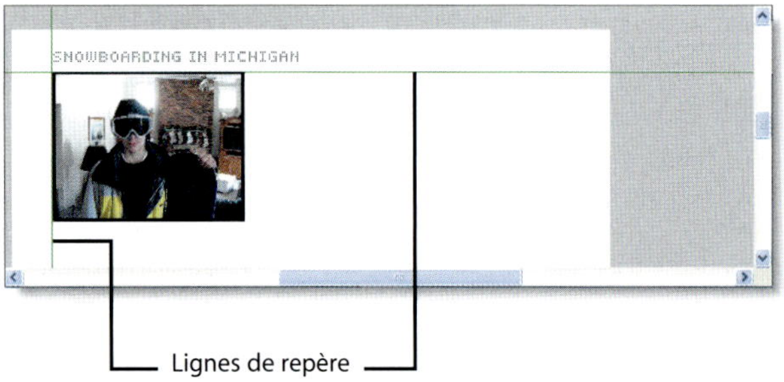

Il existe toute une panoplie d'outils permettant d'aligner les éléments d'une scène. Admettons que vous ayez besoin de disposer le texte de votre scène sur trois colonnes distinctes. Flash ne disposant pas de tableaux, la manipulation risque d'être difficile.

Lorsque les règles sont activées dans Flash (Affichage > Règles ou Ctrl+Maj+Alt+R ; Opt+Maj+Cmd+R sur Mac), vous pouvez créer un guide pour vous aider à aligner et à organiser votre travail. Il suffit de cliquer sur l'une des règles et de glisser vers l'intérieur de la scène pour faire apparaître un guide. Comme tous les autres éléments d'aide visuels, les guides n'apparaissent jamais dans la version finale de votre travail.

Ces guides sont insensibles à la commande Ctrl+Z. Pour les supprimer, vous devez effectuer l'opération inverse et les glisser hors de la scène.

CALQUE INVISIBLE

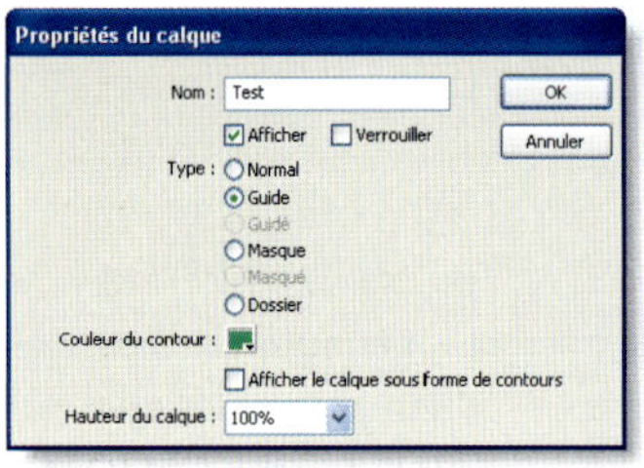

Dans Flash, les calques ne naissent pas libres et égaux en droits. Vous avez peut-être eu un aperçu des différents types de calques que Flash était en mesure de créer. La plupart sont conçus pour amener leur contenu jusqu'au fichier SWF final. Cela n'est pas le cas des calques Guide. Remplissez un calque d'éléments graphiques et convertissez-le en calque Guide (clic droit > Guide). Testez ensuite la séquence (Ctrl+Entrée). Elle devrait être vide.

Cela peut par exemple servir à masquer temporairement certains éléments sans avoir à les supprimer. Les calques Guides servent aussi à afficher des instructions dans les modèles de document, sans que celles-ci n'interfèrent avec le reste des éléments graphiques. En revanche, évitez d'envisager ces calques comme des placards dans lesquels ranger les éléments qui ne vous intéressent plus. En effet, s'il n'est pas visible, le contenu d'un calque Guide n'en augmente pas moins la taille du fichier dans lequel il se trouve.

VICE & VERSA

N'avez-vous jamais ressenti l'impérieux besoin d'inverser le sens de lecture d'une animation ? Il existe dans Flash un petit outil capable d'accomplir cela en quelques étapes, sur une séquence d'image donnée.

Sélectionnez dans le scénario la séquence d'images que vous souhaitez inverser, cliquez droit (Ctrl+clic sur Mac) dans la sélection, et choisissez Inverser les images. Flash fera de son mieux pour inverser l'animation dans le scénario. Cela peut parfois donner des résultats inattendus, n'hésitez donc pas à vous servir de la commande Annuler (Ctrl+Z). Si votre sélection commence et se termine bien par une image clé, il ne devrait pas y avoir de problème.

DÉPLACER UNE IMAGE

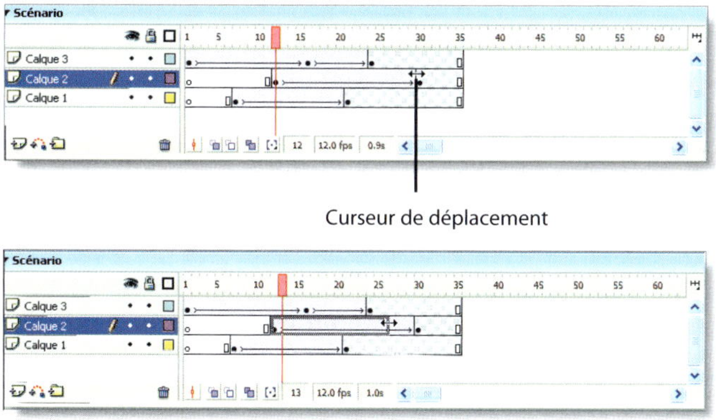

Il existe pour déplacer une image clé un moyen plus rapide que de cliquer dessus une fois, puis une autre, avant de pouvoir la glisser vers une autre position. Il suffit de vous placer au-dessus de l'image visée, d'appuyer sur la touche Ctrl (Opt sur Mac), puis de cliquer-glisser l'image. Votre curseur se transforme en une double flèche horizontale. Il ne vous reste alors plus qu'à la placer à l'endroit désiré.

DANS LES GRANDES LIGNES

Flash offre la possibilité de ne faire apparaître que les contours des éléments graphiques d'un calque. Choisissez-en un dans votre scène et cliquez sur le petit carré de couleur situé à droite du nom de ce calque, dans le scénario. Flash affichera tout le contenu du calque sous forme de contours. La couleur de ces contours est déterminée par celle du carré (l'icône d'affichage sous forme de contours).

Cette fonction est utile pour plusieurs raisons : elle permet de repérer en un coup d'œil, en fonction de la couleur, à quel calque appartient tel ou tel élément graphique. Elle facilite également le positionnement d'éléments superposés. Attention, cependant, il s'agit d'une option d'affichage, non pas d'un effet. Ces contours n'apparaîtront donc pas dans la version finale de votre séquence Flash. En revanche, les prévisualisations peuvent être effectuées dans ce mode. Cela présente d'ailleurs l'avantage d'accélérer les temps de rendu. Pour retourner en mode d'affichage normal, cliquez sur le petit carré.

APERÇU DE BIBLIOTHÈQUE

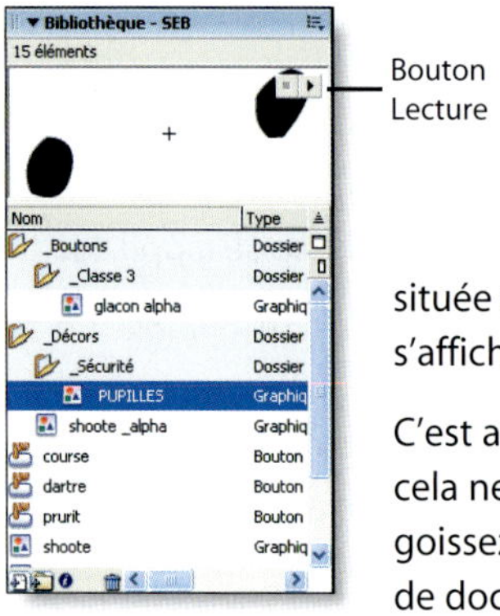

L'idéal, au moment de choisir un symbole animé à placer dans une scène, serait de pouvoir profiter d'un aperçu directement dans la bibliothèque. Sélectionnez dans votre bibliothèque un symbole composé d'au moins deux images (séquence animée ou bouton). Dans la zone d'affichage située au-dessus de la bibliothèque, deux boutons (Lecture et Stop) s'afficheront pour vous permettre de lire l'animation.

C'est aussi valable pour les séquences audio importées. En revanche, cela ne fonctionne pas encore avec les fichiers vidéo importés. N'angoissez pas si vous voyez que cela ne fonctionne pas avec ce type de document, ce n'est pas votre faute.

UN PEU D'ORDRE

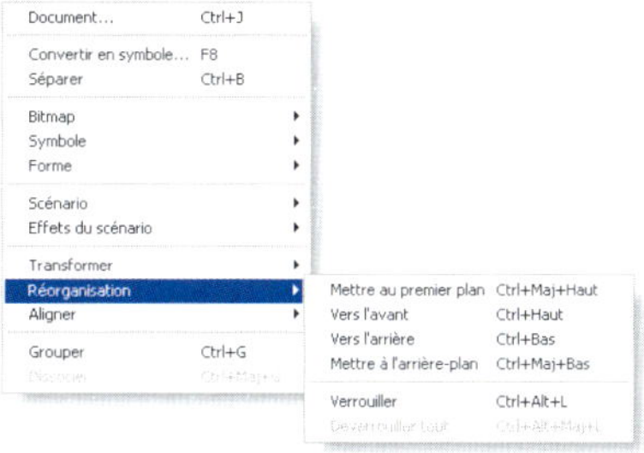

Vous avez compris que le fait de placer un calque en haut de la pile du scénario permettait de s'assurer que les objets qui s'y trouvaient étaient eux-mêmes placés au premier plan de la scène. Il existe une autre manière, moins connue, de vérifier le positionnement des objets.

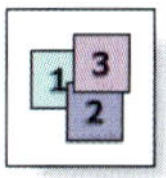

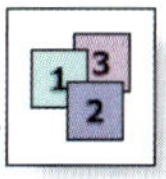

La commande Mettre à l'arrière-plan a été appliquée au calque 3

Sélectionnez un objet dans un calque qui en contient plusieurs, allez dans Modification > Réorganisation, puis choisissez Mettre au premier plan. Essayez maintenant de placer un autre objet du même calque au-dessus de cet objet. Vous constaterez qu'il se positionne automatiquement en dessous. N'oubliez pas que ces réorganisations ne s'effectuent qu'à l'intérieur d'un même calque et qu'elles ne s'appliquent en aucune façon aux formes. Ces dernières sont, quoi qu'il arrive, toujours placées à l'arrière des objets d'un calque.

TROIS COMMANDES POUR UN SEUL CALQUE

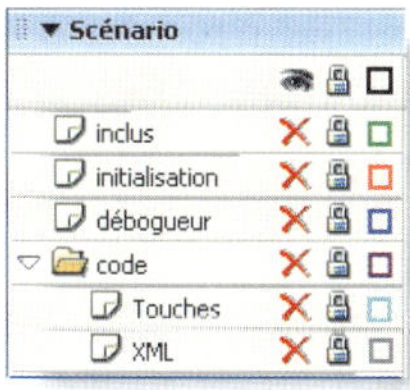

Chaque calque, dans un scénario, dispose de trois réglages rapides représentés par trois petits boutons permettant d'activer ou de désactiver en un tournemain les options auxquelles ils se rapportent.

Celui de gauche permet de rendre un calque visible ou invisible. Celui du centre permet de verrouiller ou de déverrouiller un calque. Enfin, celui de droite permet de passer du mode Affichage normal au mode Affichage sous forme de contours. Utilisez ces trois commandes comme bon vous semble ; tout ce que je vous demande, c'est de ne pas les oublier.

COPIE DE SAUVEGARDE

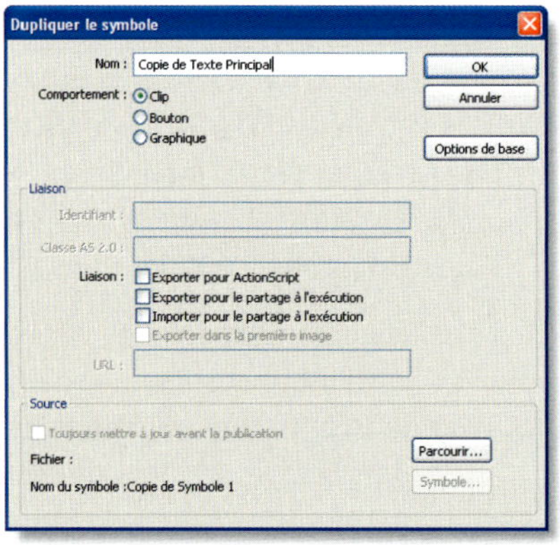

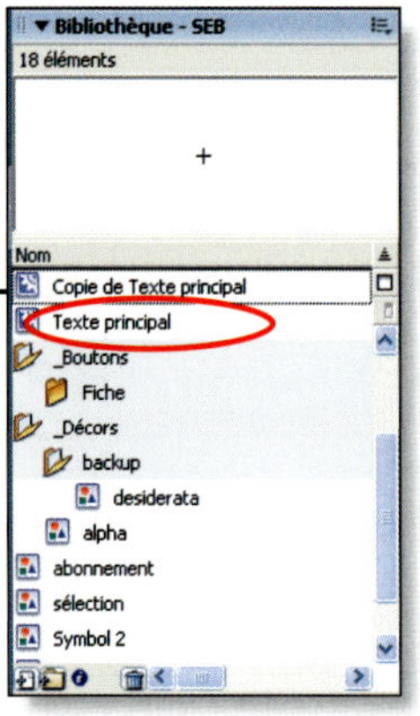

Copie de Texte principal

Depuis que j'utilise Flash, je crois que le meilleur conseil qu'il m'ait été donné d'entendre était de sauvegarder régulièrement mon travail. D'ailleurs, comme vous l'avez peut-être noté, ce livre comprend plusieurs astuces relatives à ce sujet. J'ai appris à la manière forte, d'erreurs en bévues, et je refuse que mes lecteurs aient à souffrir le même martyr. J'ai suffisamment pleuré pour que vous n'ayez pas à verser de larme.

Si vous désirez modifier un symbole de votre bibliothèque tout en vous assurant une porte de sortie en cas de pépin, faites comme suit…

Cliquez droit sur le symbole que vous voulez changer et choisissez Dupliquer les symboles. Attribuez un nom à la copie. Vous pouvez maintenant modifier l'original en toute quiétude. L'intérêt de cette astuce est qu'elle vous évite d'avoir, pour une modification mineure, à enregistrer un double de la scène entière (bien que je vous recommande de le faire de temps en temps).

UN PLUS PETIT APERÇU

La zone d'aperçu est sans doute l'un des meilleurs outils du panneau Bibliothèque. Pourtant, je dois avouer que je m'en sers peu. Je sais, je le devrais. Vous aussi, d'ailleurs ! Quoi qu'il en soit, si vous délaissez comme moi cette fonction, il vous reste toujours la possibilité de la réduire à une portion congrue, de manière à vous ménager un petit surcroît d'espace de travail. Il suffit de cliquer-glisser la barre de séparation située en haut de la liste de la bibliothèque et de la remonter en direction de la zone d'aperçu, jusqu'à ce que celle-ci devienne minuscule. Elle ne disparaîtra pas complètement mais, au moins, elle ne vous gênera plus.

Déplacez cette barre pour réduire la zone d'aperçu

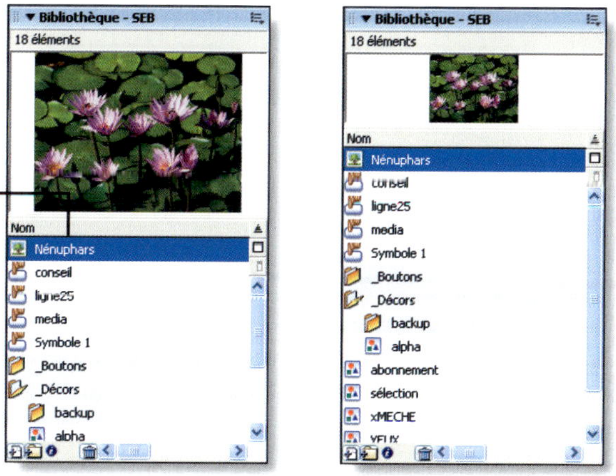

SÉLECTION EXPRESS

Cliquez sur l'icône pour sélectionner l'ensemble des images d'un calque

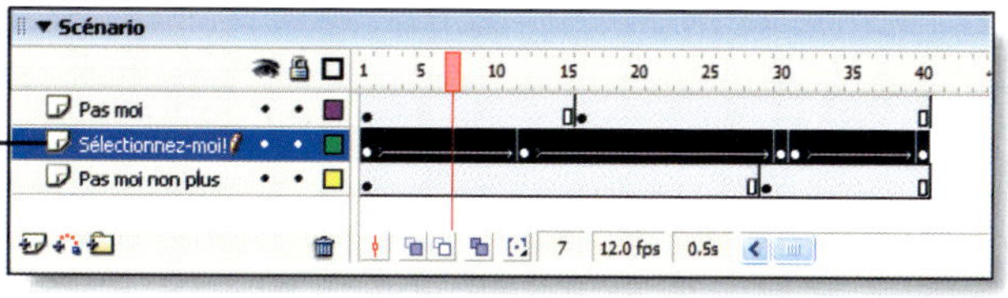

Il arrive souvent que l'on ait besoin de sélectionner l'intégralité des images d'un calque. Etant donné que l'on trouve fréquemment plusieurs milliers d'images sur un seul calque, la technique de sélection par cliquer-glisser n'est pas toujours la plus adéquate. Faites donc autrement : pour sélectionner d'un coup toutes les images d'un calque, cliquez sur l'icône située à gauche de son nom, dans le scénario.

MÊME DÉCOR, SCÈNE DIFFÉRENTE

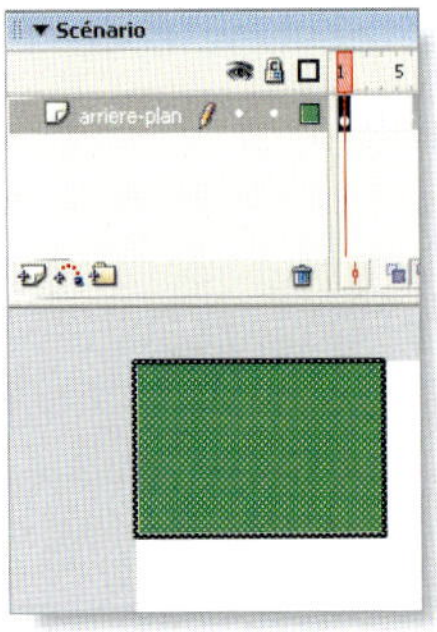

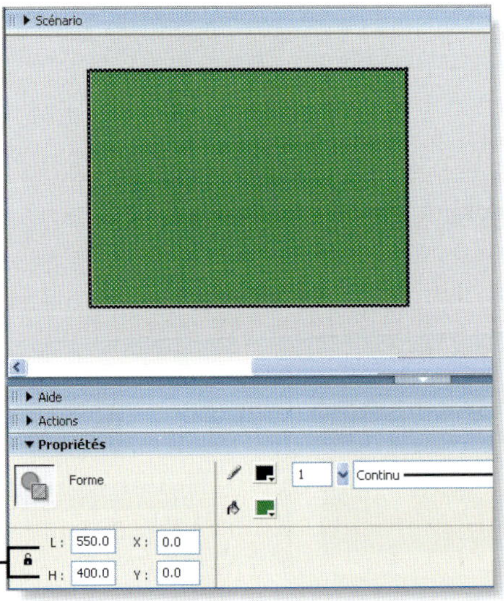

Adaptez ces valeurs aux dimensions de votre document

Si vous êtes du genre à multiplier les scènes dans un même document, vous avez peut-être noté qu'il était impossible de définir plus d'une couleur d'arrière-plan à la fois. Mais, là encore, il y a une astuce. Créez un nouveau calque et appelez-le « Arrière-plan ». Dessinez un rectangle sur ce calque et modifiez ses dimensions dans l'inspecteur des propriétés de manière qu'elles coïncident parfaitement avec celles du document. Réglez sa position sur 0,0, assurez-vous que le calque se trouve à l'arrière-plan puis verrouillez-le. Vous obtiendrez ainsi un calque d'arrière-plan pouvant être placé dans différentes scènes tout en étant capable de revêtir la couleur de votre choix. Voilà ! En un clin d'œil, vous obtenez un fond personnalisé utilisable dans n'importe quelle scène ou scénario de votre document !

Vous pourriez même aller plus loin et créer des symboles pour chaque couleur d'arrière-plan ; ou bien encore partir d'un symbole de base pour modifier plusieurs arrière-plans en une seule fois. En fait, c'est un peu le même principe que les feuilles de style HTML…

AJOUT D'IMAGES À TOUS LES CALQUES

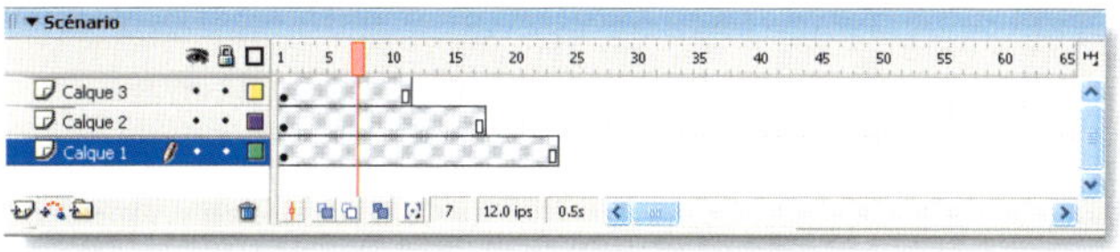

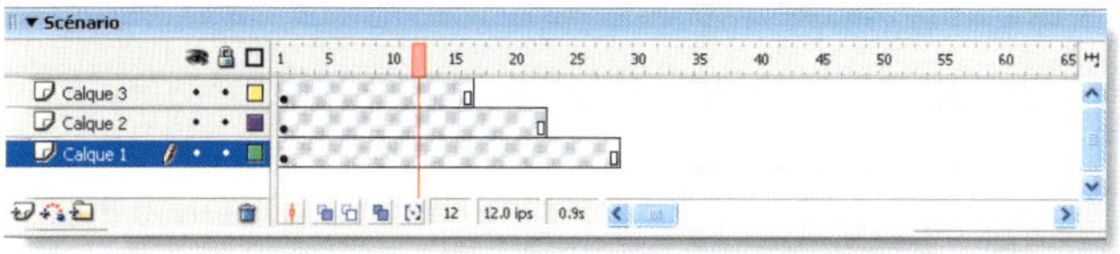

Vous connaissiez peut-être déjà, pour allonger votre animation, le raccourci F5 (Insertion image). Vous cliquez sur une des images de l'animation visée, puis vous appuyez sur F5 jusqu'à obtenir la bonne longueur. Si vous avez plusieurs calques, au lieu de répéter jusqu'à la nausée l'opération citée plus haut, procédez plutôt de la sorte.

Déplacez la tête de lecture (la ligne rouge) jusqu'à l'endroit, dans votre scénario, à partir duquel vous désirez ajouter des images. Appuyez sur Echap pour désélectionner les images courantes. Appuyez à présent sur F5 pour ajouter des images à tous les calques de votre scénario. Si vous avez, comme j'ai pu le voir parfois, trente ou quarante calques dans votre document, cette astuce vous fera gagner un temps précieux.

LA BIBLIOTHÈQUE VOUS DIT TOUT

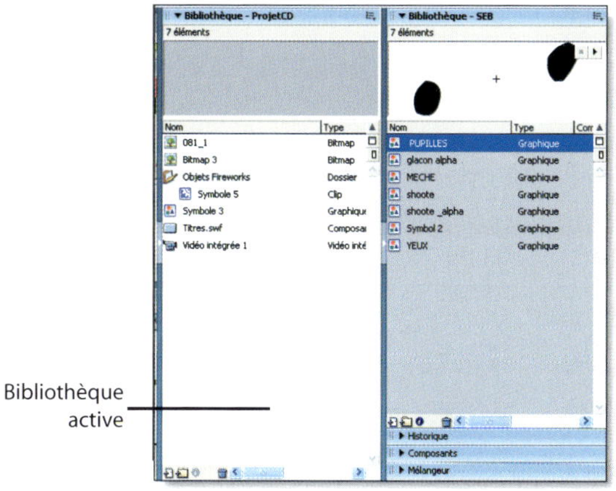

Lorsque vous travaillez sur plusieurs fichiers en même temps, il est parfois difficile de déterminer avec certitude celui que vous avez sous les yeux. Croyez-moi, il m'est arrivé plus d'une fois de modifier un scénario avant de m'apercevoir que je me trompais de fichier. Une faute d'inattention, me direz-vous… Certes, il n'empêche. La bibliothèque peut vous aider à éviter ce genre d'erreur. Par défaut, sa couleur d'arrière-plan est blanche, mais, lorsque plusieurs bibliothèques de fichiers sont ouvertes, celles qui sont inactives apparaissent en gris.

Voilà une bonne façon de repérer le fichier sur lequel vous travaillez. Cela a l'air bête, mais voilà qui m'a sauvé plus d'une fois.

FLASH 5 ME MANQUE

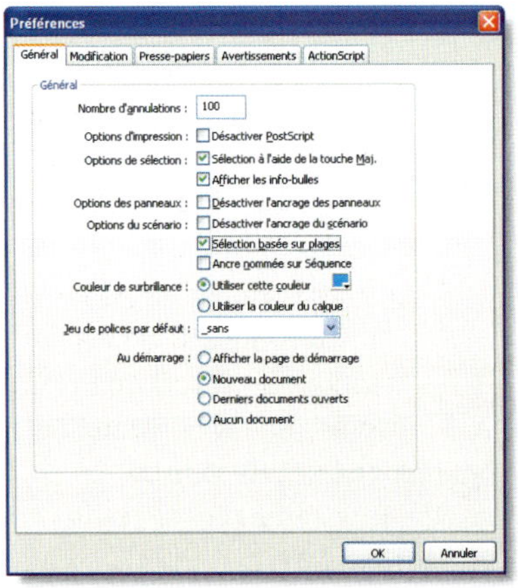

A vrai dire, je ne pense pas qu'il y ait encore beaucoup de gens pour regretter Flash 5. Malgré tout, il possédait une qualité dont on parle encore aujourd'hui. Il s'agissait de la fonction Sélection basée sur plages, qui s'appliquait au scénario. Il fallait un certain temps pour s'y habituer, mais elle était assez pratique. Si le cœur vous en dit, il ne tient qu'à vous de la réintégrer dans la liste de vos outils de travail. Ouvrez la boîte de dialogue Préférences (Ctrl+U ou Flash > Préférences sur Mac) et cochez l'option Sélection basée sur plages.

Cela vous permettra de sélectionner une séquence d'images (une plage, d'une image clé à une autre) simplement en cliquant sur l'une des images qui la composent. Elle permet aussi d'allonger ou de raccourcir une séquence en cliquant-glissant sa dernière image clé. Vous voyez, Macromedia n'a pas oublié les nostalgiques de Flash 5.

UNE MOISSON D'ACTIFS

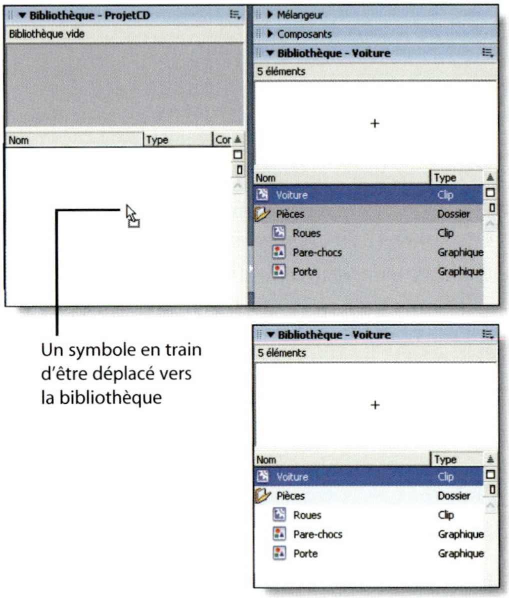

Admettons que vous ayez deux documents séparés et que vous souhaitiez faire passer certains actifs d'une bibliothèque à une autre. Ouvrez les deux documents, et affichez leurs bibliothèques respectives. A partir de là, tout ce que vous avez à faire, c'est de glisser-déposer les éléments souhaités d'une bibliothèque à l'autre. Si vous avez, par exemple, un symbole représentant une voiture et qui contient lui-même d'autres symboles comme une portière, un pare-chocs et un pneu, il vous suffit de glisser-déposer le symbole Voiture vers l'une des bibliothèques pour transférer l'ensemble des symboles s'y référant. Pratique, n'est-ce pas ?

COMMENT ÇA, ATTENTION !?

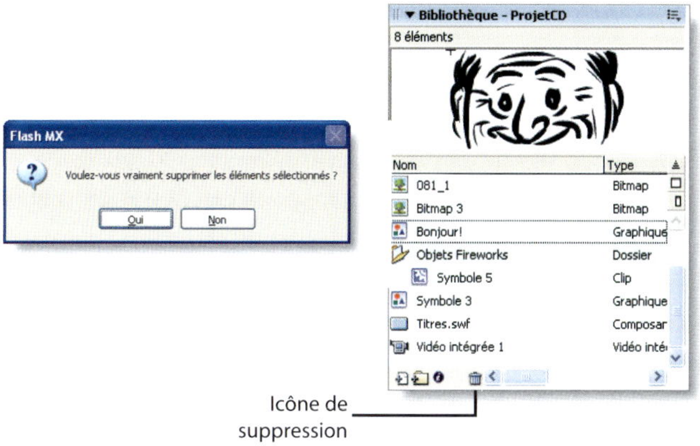

La suppression d'un élément de bibliothèque doit se faire avec précaution. Cependant, vous ne devez pas croire qu'il s'agit de quelque chose de définitif, contrairement à ce que laisse penser le message d'avertissement de Flash. Si vous souhaitez récupérer un élément que vous venez de supprimer dans la bibliothèque, appuyez sur Ctrl+Z. Si seulement on pouvait faire la même chose pour récupérer un disque dur formaté, ce serait merveilleux.

EXPLORER LE SCÉNARIO

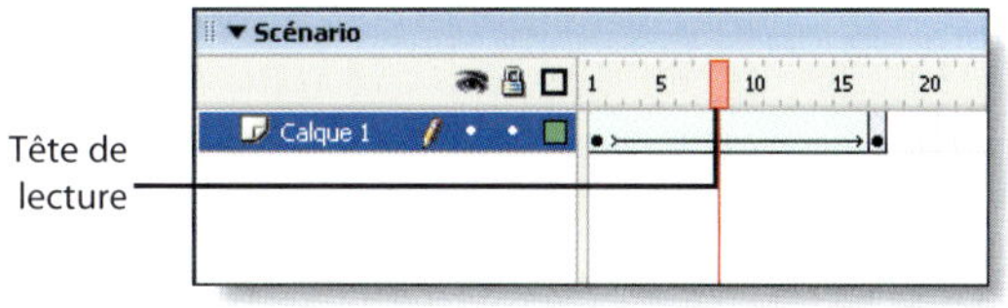

Si votre souris n'est pas équipée de molette ou si vous travaillez sur Mac, passez directement à l'astuce suivante.

La maîtrise de la fenêtre Scénario de Flash n'est pas à la portée du premier venu. Mais, comme vous avez décidé d'aller jusqu'au bout (vous avez acheté mon livre), je vais vous donner le secret du bon usage de la fenêtre Scénario. Cliquez n'importe où à l'intérieur de la scène de votre document Flash. Faites rouler votre molette tout en appuyant sur la touche Maj. Comme vous le constatez, cela permet de se déplacer rapidement à travers les images de votre scénario. Faites rouler votre molette tout en appuyant sur la touche Ctrl, et vous sauterez comme par enchantement d'un bout à l'autre de votre scénario.

Des effets et des animations

Créer de meilleurs effets et de meilleures animations

Chapitre 4

Quand quelqu'un me demande à quoi sert Flash, voici ce que je réponds : « Comment voulez-vous que je le sache, je paye quelqu'un pour faire le boulot à ma place, et mes idées, je les prends dans les bouquins des autres. » A cet instant, en général, mon interlocuteur s'arrête de respirer et éclate en sanglots. Il a bien fallu qu'à mon tour je pose la question à un ami. Voici ce qu'il m'a répondu : « Eh bien, tu vois, Shane, Flash est avant tout un outil d'animation ! Au début, son but était juste de permettre la création d'animations de petite taille, faciles à faire et jolies à voir. Puis certaines interrogations d'ordre éthique se sont posées, relançant le vieux débat de la poule et de bla-bla-bla… » J'ai perdu le fil de la conversation. Ce qui m'est resté, c'est que Flash permet de créer des animations assez poussées. J'ai donc décidé de rassembler dans le chapitre suivant tous les secrets de fabrication nécessaires pour améliorer l'aspect, la qualité et la faisabilité de vos projets d'animation.

DÉGRADÉS PERSONNALISÉS

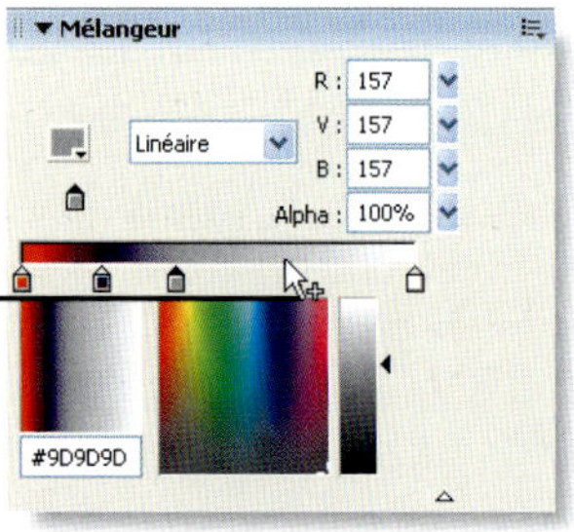

Cliquez pour ajouter un pointeur

Il faut l'admettre, les dégradés proposés par défaut dans Flash sont assez limités. Heureusement, il est possible d'en créer soi-même. Pour cela, allez dans le panneau Mélangeur de couleurs (Maj+F9) et remplacez l'option Uni par, au choix, Linéaire ou Radial. Pour modifier une couleur existante, cliquez sur l'une des petites poignées (appelées aussi pointeurs) situées sous la barre de dégradé et choisissez une nouvelle couleur. Pour ajouter un nouveau pointeur, cliquez sous la barre de dégradé, à l'endroit où vous souhaitez placer votre nouvelle couleur. Pour supprimer un pointeur, cliquez-glissez-le vers le bas, jusqu'à ce qu'il disparaisse. Lorsque vous êtes satisfait de votre dégradé, cliquez sur l'icône située en haut à droite du mélangeur pour faire apparaître le menu, et choisissez Ajouter un nuancier. Votre dégradé sera placé au côté des dégradés par défaut. Les dégradés personnalisés ne sont visibles qu'à l'intérieur du document pour lequel ils ont été créés.

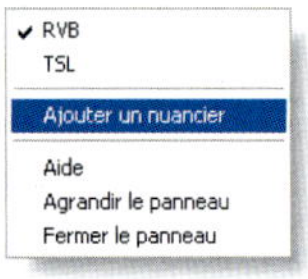

SPHÈRE RÉALISTE

Comme vous le savez, Flash ne gère pas les objets 3D. Pourtant, certains artistes arrivent à donner un aspect 3D à leurs créations Flash. Comment font-ils ? Essayons par exemple de réaliser une sphère. Dessinez un simple cercle, sans contours, et remplissez-le d'un dégradé radial. Activez l'outil Transformer le remplissage et sélectionnez le cercle dans votre scène. Vous devriez voir apparaître quatre poignées, chacune d'elles contrôlant un aspect précis du dégradé. Attrapez d'abord la poignée correspondant au centre du dégradé, et déplacez-la vers le bord supérieur gauche du cercle. Attrapez ensuite l'une des trois poignées de droite (celle du milieu), et déplacez-la de façon à donner l'illusion d'une ombre. Faites vos propres réglages, n'oubliez pas de désactiver les options d'accrochage pour plus de précision, et vous verrez naître sous vos yeux ébahis une sphère 3D tout à fait convaincante.

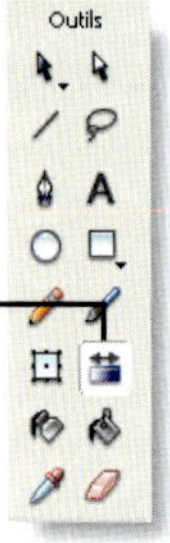

Outil Transformer le remplissage

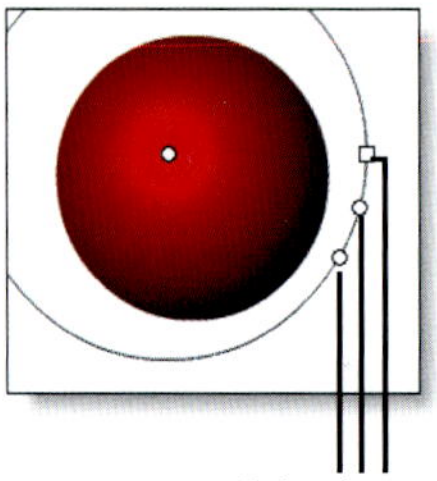

Poignées

SUIS-JE EN TRAIN DE RÊVER ?

Sachez, si vous travaillez sur une animation, qu'il existe dans la fenêtre Scénario une option qui permet de voir plusieurs images en même temps. On appelle cela la fonction Pelure d'oignon (ne vous en faites pas, cela ne fait pas pleurer !). Pour l'activer, cliquez sur le bouton du même nom. Vous le trouverez en bas à gauche de la fenêtre Scénario.

Une fois le mode activé, des repères apparaissent dans l'en-tête du scénario. Déplacez-les pour déterminer le nombre d'images à intégrer dans la pelure d'oignon. Ce mode d'affichage est particulièrement utile lors de la réalisation d'une animation image par image.

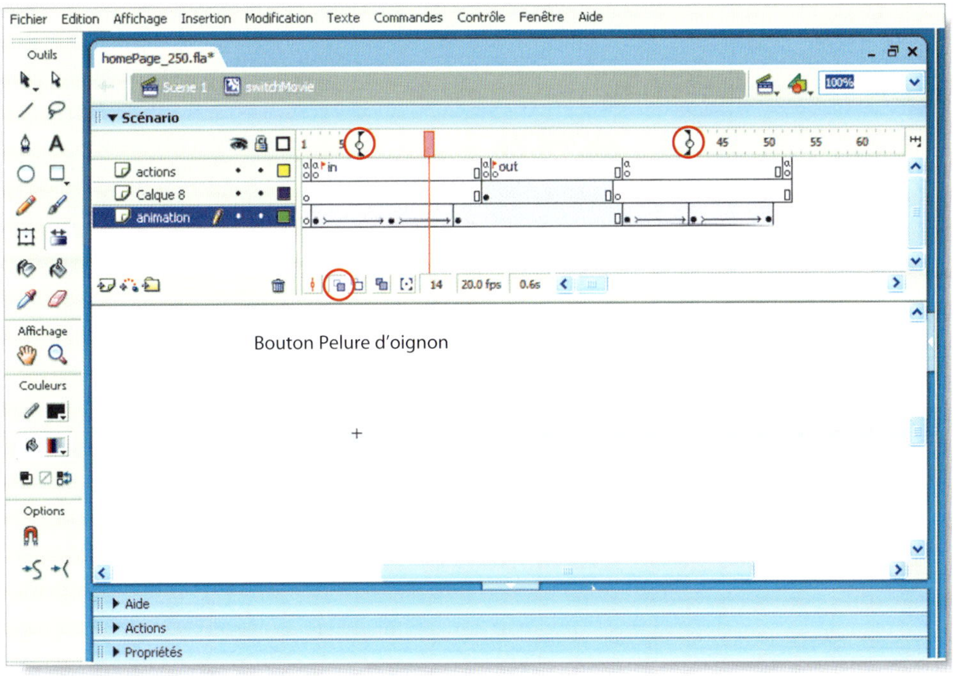

OMBRE PORTÉE RÉALISTE

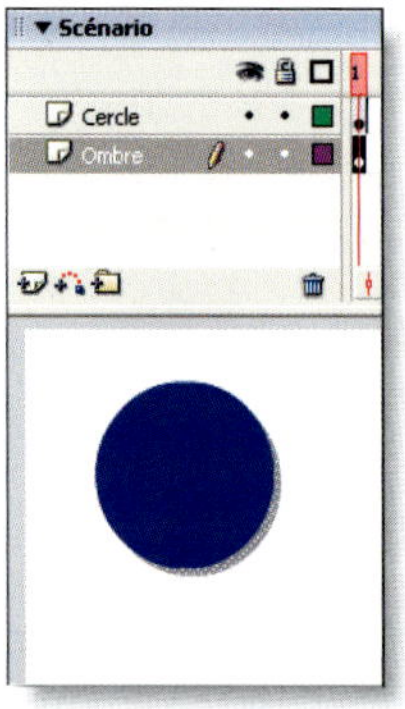

Flash MX 2004 vous propose toute une série d'effets de scénario. L'un d'eux permet d'attribuer une ombre portée à n'importe quel objet. Le problème, c'est que le résultat n'est pas toujours convaincant. Une fois encore, mieux vaut faire cela soi-même. Commencez par dessiner un cercle. Sélectionnez-le, copiez-le à l'aide du raccourci Ctrl+C, créez un nouveau calque et appelez-le « Ombre ». Sélectionnez votre nouveau calque puis appuyez sur Ctrl+Maj+V (Copier les images) pour coller une copie de votre cercle. Déplacez à présent votre nouveau cercle de quelques pixels vers le côté inférieur droit, de façon à le décaler légèrement de l'original. Remplacez sa couleur par une valeur de gris quelconque. Allez ensuite dans Modification > Formes et choisissez l'option Adoucir les bords de remplissage. Réglez la distance sur 10 et le nombre d'étapes sur 40, puis cliquez sur OK. Enfin, faites passer le calque de l'ombre sous celui de la forme originale dans la fenêtre Scénario. Et voilà, vous venez de faire une ombre portée.

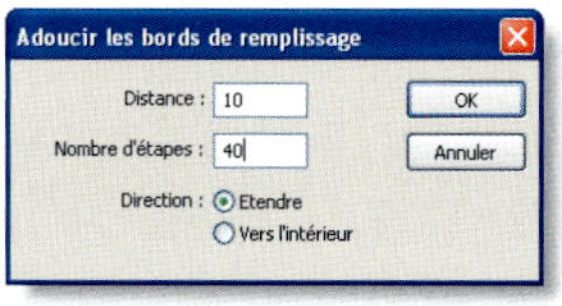

FORMES FRAGILES

Flash a une façon toute particulière de gérer les superpositions de formes. Pour que l'astuce suivante fonctionne, les formes doivent se trouver sur le même calque. Dans votre scène, créez deux cercles : un rouge et un bleu. Faites-les se chevaucher, appuyez sur Echap pour désélectionner le cercle bleu, puis éloignez ce dernier du cercle rouge. Notez qu'en effectuant ce déplacement vous avez découpé une partie de l'un des cercles. En fait, dans Flash, les formes de couleurs distinctes, lorsqu'elles sont superposées, s'entrecoupent. A l'inverse, les formes de même couleur, une fois superposées, se fondent pour ne plus former qu'une seule entité. Beaucoup considèrent cette fonction comme étant sans intérêt. Pour ma part, je trouve que cela offre des possibilités de création infinies !

UN DESSIN IDÉAL

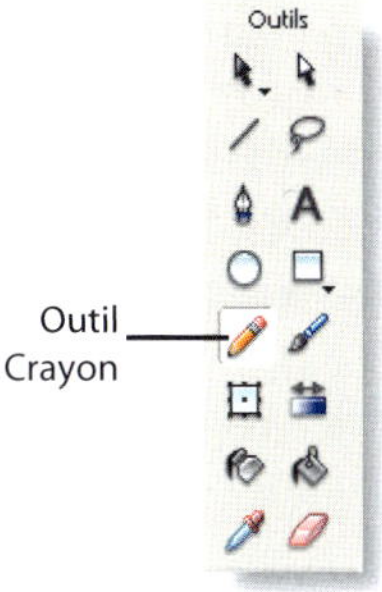

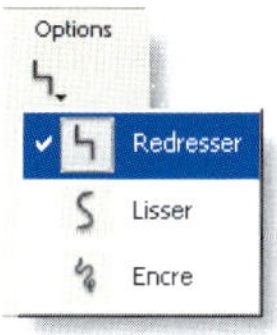

Savez-vous quel était le secret de Léonard de Vinci pour dessiner des cercles parfaits ? Il utilisait Flash, bien sûr ! Sélectionnez l'outil Crayon dans la barre d'outils, et passez en mode Redresser. Je sais, cela a l'air étrange d'utiliser ce mode pour dessiner un cercle parfait, mais faites-moi confiance. Essayez maintenant de dessiner un cercle. Si vous n'êtes pas très doué, Flash se chargera de corriger vos erreurs. Cela marche aussi pour d'autres formes, comme les rectangles ou les ellipses. Bien sûr, il faut un minimum d'application. Même avec l'aide de Flash, le plus immonde des gribouillages ne se transformera jamais en cercle parfait.

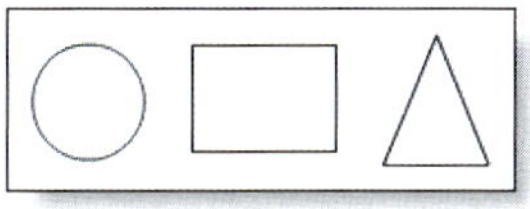

VITE, MON MASQUE !

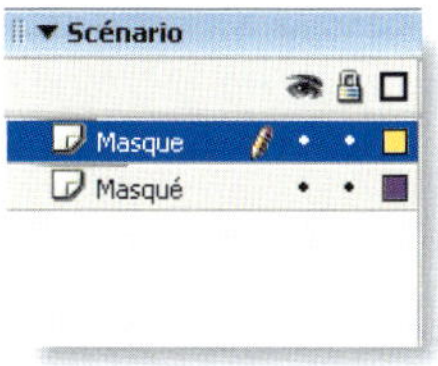

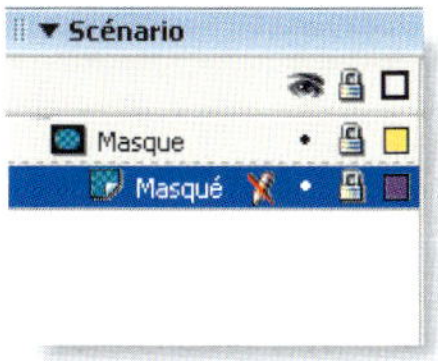

Pour réaliser un effet de masque en un tour de main, commencez par placer sur un calque quelques éléments graphiques destinés à composer le masque. Puis créez un nouveau calque et placez-y tous les éléments que vous souhaitez masquer. Comme il est toujours préférable de donner des noms aux calques, appelez-les respectivement « Masque » et « Masqué ». Placez à présent le calque « Masque » au-dessus du calque « Masqué ». Double-cliquez sur le calque « Masque » pour accéder à la boîte de dialogue des propriétés, choisissez le type Masque puis appuyez sur OK. A partir de là, Flash devrait effectivement définir le calque inférieur comme étant masqué et verrouiller les deux calques pour vous permettre de prévisualiser l'effet de masque.

Si, pour une raison quelconque, Flash n'enclenche pas automatiquement cette procédure (cela arrive), double-cliquez sur le calque « Masqué », passez-le en mode Masque, puis verrouillez vous-même les deux calques. Vous me suivez toujours ?

ANIMATIONS PRÉDÉFINIES

Il n'est pas rare de trouver dans le commerce des animations prédéfinies, idéales pour ceux qui souhaitent profiter de Flash sans avoir à connaître sur le bout des doigts le fonctionnement de la fenêtre Scénario. Flash dispose désormais de ses propres animations prédéfinies. On appelle cela des effets de scénario. Leur utilisation est on ne peut plus simple. Cliquez droit sur n'importe quel objet (forme, symbole, etc.) de votre scène, allez dans Effets de scénario, puis choisissez dans la liste. Chaque effet dispose de sa propre boîte de dialogue. Une fois votre paramétrage terminé, cliquez sur OK et laissez Flash travailler à votre place. Une fois l'effet calculé, vous pouvez toujours revenir sur vos pas en cliquant droit sur l'objet auquel l'effet a été appliqué, puis en sélectionnant Supprimer l'effet.

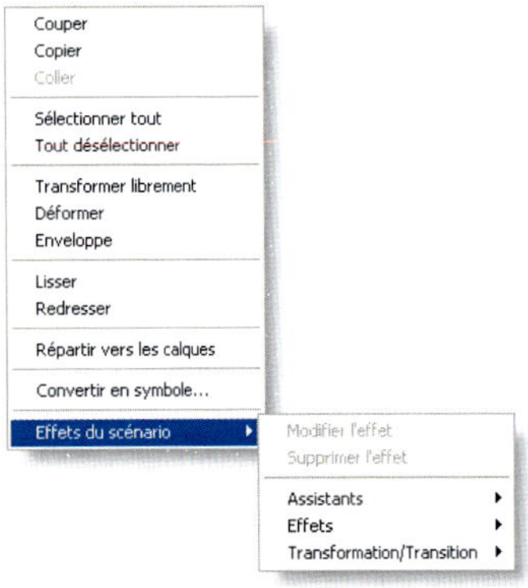

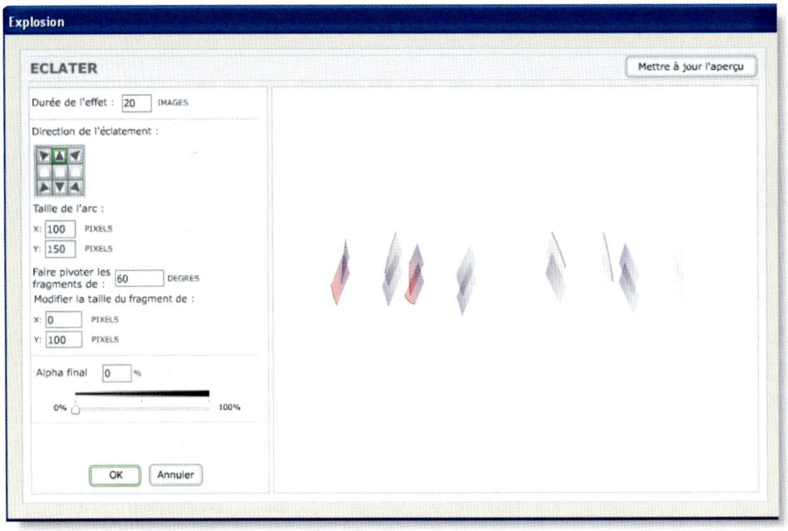

GUIDER UN MASQUE OU MASQUER UN GUIDE

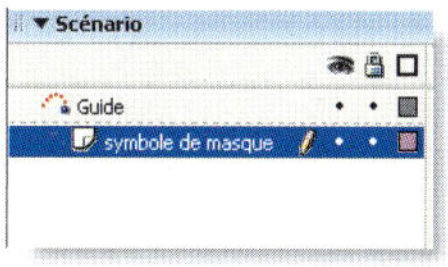

Bien que la création de guides et de masques soit assez simple, la combinaison des deux est une opération délicate. Admettons que vous vouliez appliquer un masque à un objet faisant partie d'un guide de mouvement. Vous pourriez essayer de déplacer les calques de guide sous le calque de masque. Mais vous n'arriveriez qu'à masquer vos calques de guide. Essayez plutôt de placer votre effet de masque (le calque de masque et le calque masqué) dans un clip tiré de votre bibliothèque. Vous pouvez ensuite revenir au scénario dans lequel se trouve le guide ou bien créer un guide s'il n'y en a pas. Placez ensuite votre nouveau symbole dans un calque situé sous le calque de guide. Attachez-le à la trajectoire de guide, définissez ce calque comme étant guidé, et le tour est joué !

TEXTE CHANGEANT

Vous pouvez vous servir de l'interpolation de forme pour déplacer une forme à travers votre scène ; ou encore transformer un cercle en carré. Cependant, vous ne pouvez pas utiliser cette fonction pour transformer un bloc de texte. Du moins, en théorie. En fait, c'est tout à fait possible, cela prend juste un peu plus de temps. Un bloc de texte est non pas une forme mais un objet. Or, pour transformer un objet, il faut utiliser la commande d'interpolation de mouvement, non celle d'interpolation de forme.

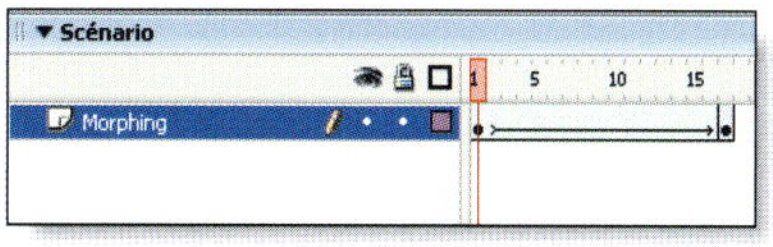

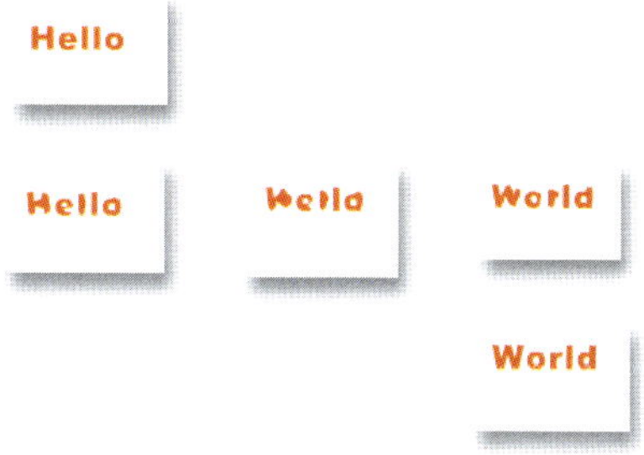

Ajoutez du texte à la première image de votre scénario. Placez ensuite une image clé à l'image 20, et transformez votre texte. Sélectionnez l'ensemble du texte, appuyez une première fois sur Ctrl+B de façon à séparer le bloc en lettres individuelles, puis une seconde fois pour transformer ces dernières en formes. Répétez cette étape pour le texte de l'image 1.

Créez ensuite votre interpolation de forme entre les deux images clés. Non, vous ne rêvez pas, vous venez de faire du *morphing* de texte !

FLEXION, EXTENSION

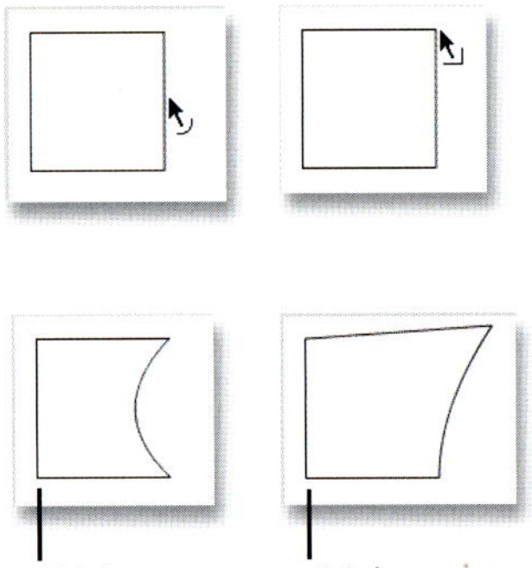

Déplacement d'un segment

Déplacement d'un angle

Les logiciels de création vectorielle ne manquent pas sur le marché. Mais leurs approches techniques sont souvent très différentes. Notamment en ce qui concerne la manipulation des formes dessinées. Commencez par dessiner un simple cercle ou un carré, puis activez l'outil de Sélection (V). Placez-vous au bord de la forme. Une petite courbe devrait alors apparaître près de votre curseur. Cliquez-glissez dans n'importe quelle direction pour voir le résultat. Les angles peuvent être modifiés de la même manière.

Je vous invite à exploiter au maximum cette facilité de transformation des formes. Une fois encore, les possibilités sont sans limites !

MOUVEMENT RÉALISTE

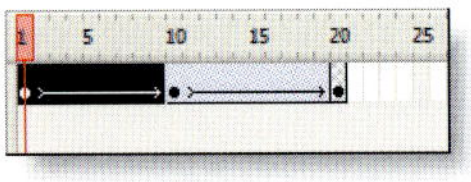

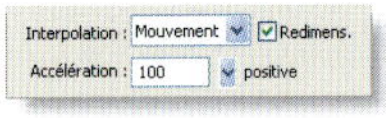

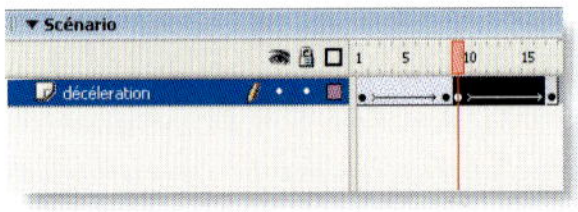

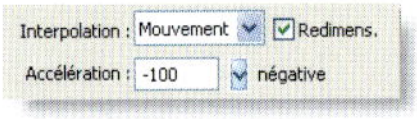

Une des tâches les plus ardues dans l'art de l'animation consiste à reproduire un mouvement réel. Créez un cercle, convertissez-le en symbole, puis générez une petite animation à l'aide de la fonction d'interpolation de mouvement, de manière à appliquer au cercle un mouvement de rebond, de bas en haut puis de haut en bas. Sélectionnez n'importe quelle image dans la première partie de l'interpolation, allez dans l'inspecteur des propriétés, et réglez la valeur d'accélération sur 100. Sélectionnez ensuite n'importe quelle image dans la seconde interpolation de mouvement, puis réglez sa valeur d'accélération sur –100. Testez l'animation. Cela devrait ressembler à une balle qui rebondit.

En résumé, une valeur négative d'accélération ralentira l'animation au début et l'accélérera sur la fin, tandis qu'une valeur positive fera exactement l'inverse. Ces valeurs peuvent être soit entrées directement dans le champ numérique, soit réglées grâce au petit curseur de défilement situé juste à côté.

SIMPLIFIER SES FORMES

Les formes résultant d'un dessin à main levée ou d'un fichier vectoriel provenant d'une autre application sont souvent beaucoup trop complexes. Pour les simplifier, Flash propose deux solutions. Cliquez sur l'outil Sélection et jetez un coup d'œil aux deux options qui apparaissent en bas de la barre d'outils. A droite, l'option Lisser, à gauche, l'option Redresser.Elles ont pour but de simplifier les formes en réduisant le nombre de points qui les composent. Cela permet entre autres de réduire les temps de rendu et de diminuer la taille des fichiers. Quelle que soit l'option choisie, elle aura toujours un effet : elle modifie sensiblement l'apparence de la forme à laquelle elle s'applique. L'opération peut être répétée autant de fois que vous le souhaitez.

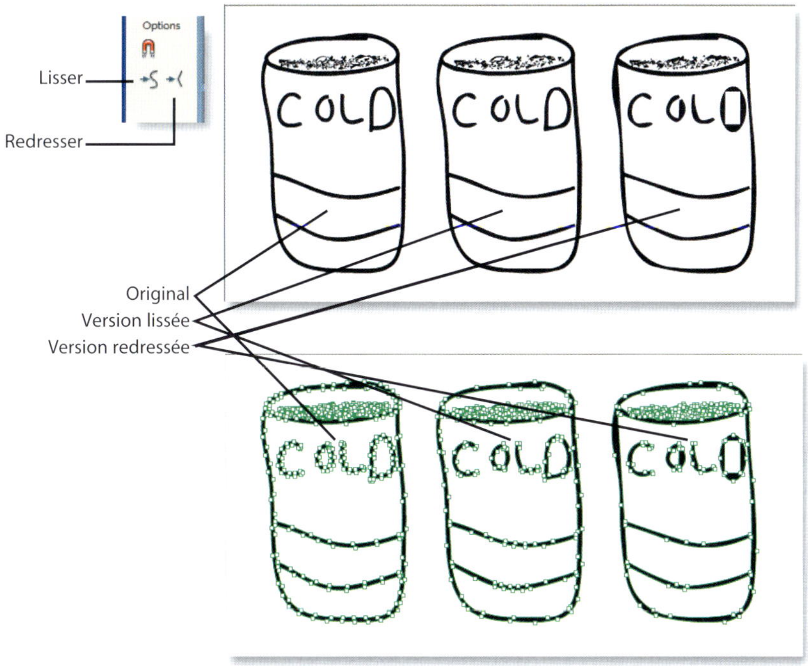

ACCÉLÉRATION À LA CARTE

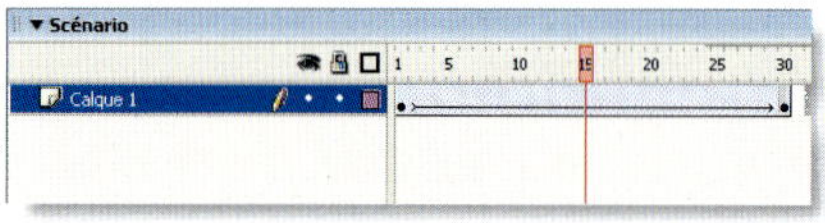

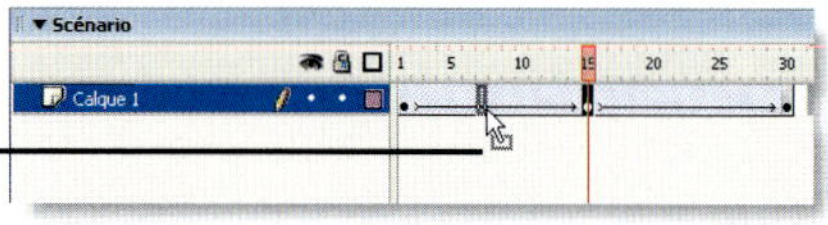

Il existe un moyen de simuler un effet d'accélération sans modifier la valeur d'accélération dans l'inspecteur des propriétés. Appliquez, sur au moins vingt images, une interpolation de mouvement pour déplacer un symbole à travers votre scène. Ajoutez ensuite une image clé à l'intérieur de l'interpolation, puis placez-la au début de l'animation. Testez cette dernière. Vous devriez voir une accélération se produire au début de la séquence. L'intérêt de cette technique est qu'elle permet de mieux contrôler le placement et la durée de l'accélération. Il est également possible d'en placer plusieurs à la suite. Pour que cette astuce fonctionne, vous devez procéder à l'interpolation avant d'ajouter des images clés.

ASSEZ DE PLACE POUR TOUT LE MONDE

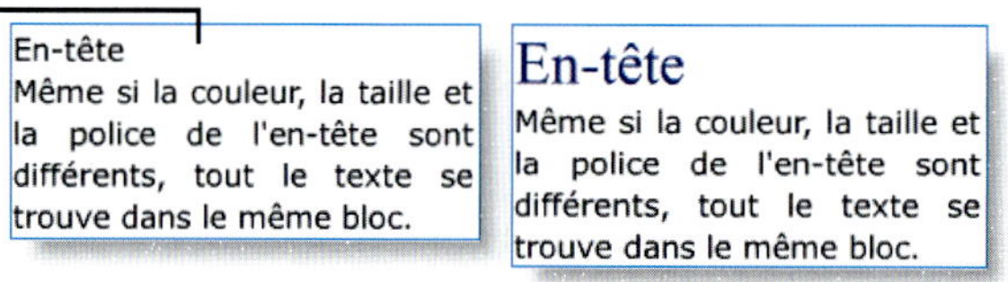

Les blocs de texte souffrent d'un cruel manque de considération. Leurs fonctions restent souvent méconnues de la plupart des utilisateurs. L'une d'entre elles mérite que l'on s'y attarde. Il s'agit de la capacité à accueillir plusieurs types de polices à l'intérieur d'un même champ. Créez un bloc de texte dans votre scène, et écrivez deux ou trois lignes de texte. Sélectionnez-en une et modifiez l'une de ses propriétés. Vous pouvez notamment vous servir de cette astuce pour mettre en valeur des lignes de code à l'intérieur d'un texte sans avoir à créer plusieurs blocs indépendants.

Réfléchissez avant d'opter pour cette méthode. Elle pourrait vous retarder si vous deviez, par exemple, changer rapidement de police de caractères.

POLICE BITMAP

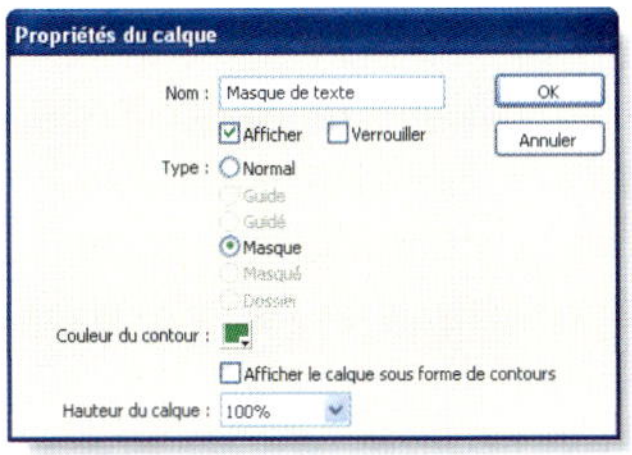

Vous pensiez qu'il était impossible de peindre du texte à l'aide d'une image bitmap ? Détrompez-vous.

Créez un calque, appelez-le « Masque de texte » et placez le texte de votre choix dans votre scène. Créez un autre calque, appelez-le « Image » et placez une image dedans. Assurez-vous que le calque « Image » se trouve bien sous le calque de masque, sélectionnez ce dernier et faites-le passer en mode Masque (dans l'inspecteur des propriétés). Placez le texte au-dessus de l'image et verrouillez les deux calques pour obtenir un aperçu de l'effet. Je vous conseille d'utiliser des polices assez épaisses pour profiter de cette astuce au maximum.

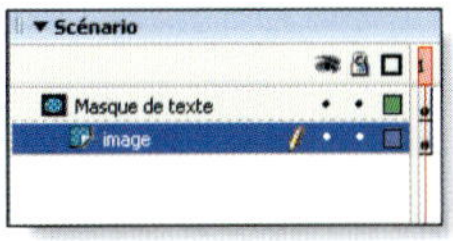

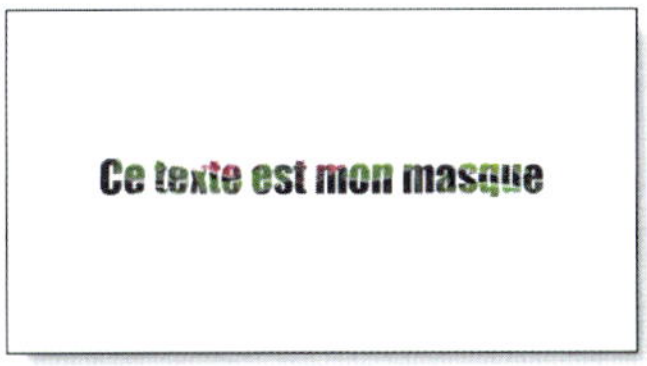

REDIMENSIONNER DES BLOCS DE TEXTE ENTIERS

Nous parlons beaucoup des blocs de texte dans ce livre. Je vous ai déjà montré plusieurs façons de changer leurs dimensions, mais je ne vous ai pas encore expliqué la manière de modifier les dimensions du texte à l'intérieur de ces blocs. Il suffit pour cela d'activer l'outil Transformation libre et de sélectionner le bloc de texte. Et devinez quoi ? Même après ce genre de transformation, le texte reste éditable.

J'aime bien ce genre d'astuce, rapide à lire, rapide à faire !

COMPLÈTEMENT FONDU

Avec l'apparition des comportements dans Flash MX 2004, la création d'un fondu est devenue très simple. Le problème, c'est que ce genre de fondu ne fonctionne pas dans toutes les situations. Par exemple, vous voulez voir une forme se transformer et disparaître en même temps ? Ne comptez pas sur les comportements. Vous devrez le faire vous-même.

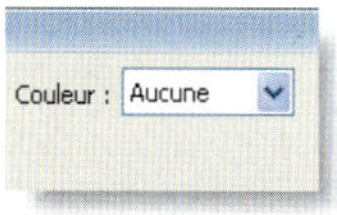

Sachez que même sans comportements, les fondus restent faciles à fabriquer. Créez une interpolation de mouvement (servez-vous d'un symbole). Sur la dernière image clé, allez dans l'inspecteur des propriétés, cliquez sur le bouton Effet et réglez la valeur Alpha sur 0. C'est tout. Vous venez de créer un fondu.

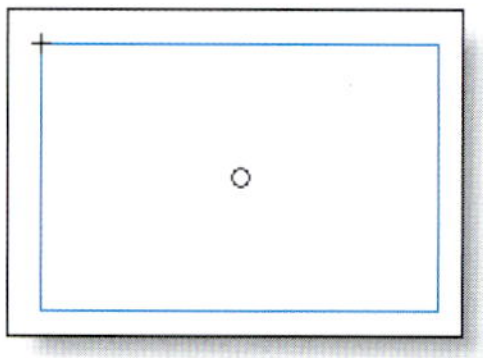

Pour les interpolations de forme, c'est le même principe. Utilisez les comportements tant que vous le pouvez, mais n'oubliez pas cette astuce, elle pourra toujours vous être utile.

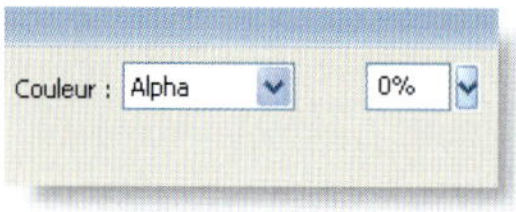

PRESSION MAXIMALE

Bienheureux les utilisateurs de tablette graphique dans Flash ! Avec un tel outil, l'expérience du dessin à main levée prend tout son sens.

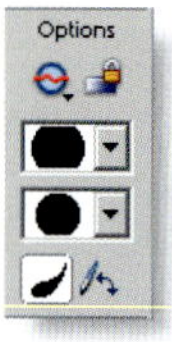

Activez l'outil Pinceau. Vous découvrirez, si votre tablette graphique est branchée, un nouveau bouton tout en bas de la barre d'outils. Il s'agit du modificateur de pression, qui permet de régler la taille du pinceau sur la pression qu'exerce le stylet sur votre tablette graphique. Je connais plusieurs animateurs qui refuseraient de se servir de Flash si cette fonction n'existait pas. Si vous ne voyez pas l'option à laquelle je fais référence, il ne vous reste plus qu'à partir à la recherche d'une tablette.

INTERPOLATION ACCÉLÉRÉE

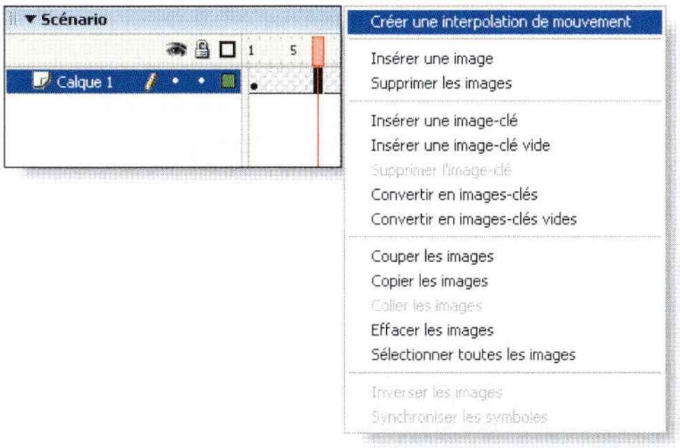

Il faut souvent répéter plusieurs fois les mêmes actions pour parvenir à créer une séquence ou une application Flash. Le processus de création d'une interpolation en est le meilleur exemple. Heureusement, il existe là aussi une astuce pour générer très rapidement une interpolation. Le seul hic, c'est que cela ne fonctionne qu'avec les interpolations de mouvement.

Si vous cliquez droit (Opt+clic sur Mac) sur n'importe quelle image dans votre scénario, vous trouverez en haut du menu l'option « Créer Interpolation de mouvement ». Cliquez dessus, et le tour est joué. Rapide, non ?

FORMES TRANSPARENTES

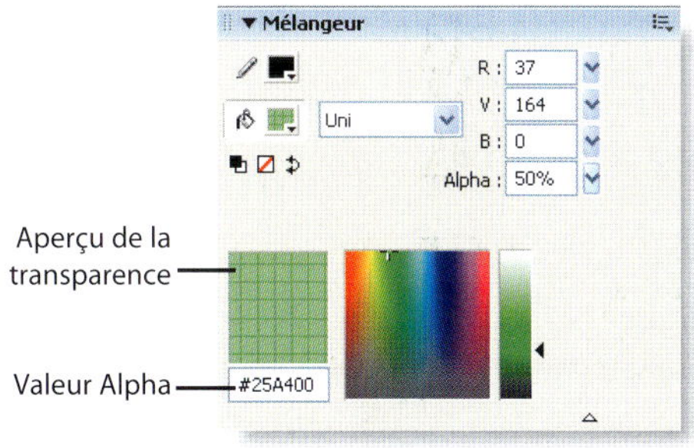

Comment rendre un texte ou une forme transparent sans avoir à les convertir en symbole ? Les valeurs de transparence sont assez faciles à manipuler. Lorsque vous choisissez une couleur (de trait ou de remplissage), au lieu d'utiliser les options de la barre d'outils ou de l'inspecteur des propriétés, servez-vous de celles situées dans le panneau Mélangeur (Maj+F9). Pour rendre une couleur transparente, il suffit de la sélectionner et de lui attribuer une valeur Alpha inférieure à 100 %. Plus faible sera la valeur, plus grande sera la transparence. Vous disposez même d'une grille pour prévisualiser le degré de transparence. Il suffit après cela d'appliquer la couleur à un élément de votre scène.

FLASH S'EN CHARGE

Pour modifier une interpolation, une des méthodes les plus courantes consiste à y ajouter une ou plusieurs images clés. Mais il existe une méthode beaucoup plus rapide ! La voici…

Créez une interpolation et sélectionnez n'importe quelle image à l'intérieur. Déplacez un des objets de votre scène. Regardez dans le scénario. Notez que Flash crée automatiquement une image clé à partir de votre dernière modification. Flash se comporte comme un serviteur soumis : il anticipe les désirs de son maître et les exécute. Merci, Flash, vous pouvez disposer !

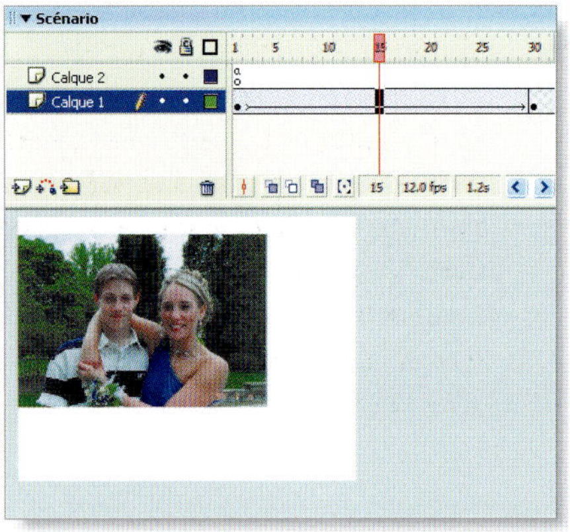

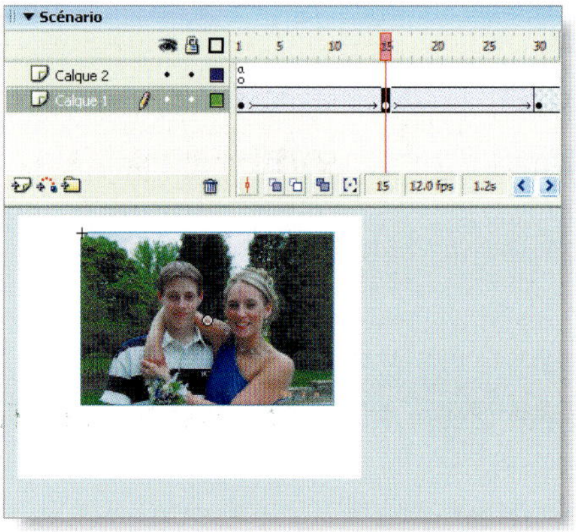

SUIVEZ LA LIGNE

On ne peut pas dire que l'utilisation de l'outil Ligne soit des plus difficiles. Ce qui l'est davantage, c'est de tracer une ligne selon un angle précis. L'astuce consiste à appuyer en même temps sur la touche Maj. Vous contraindrez ainsi votre ligne à n'emprunter que des angles multiples de 45°.

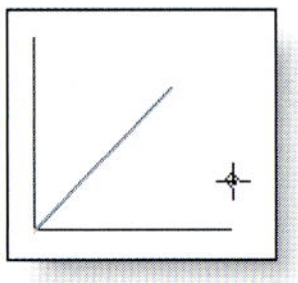

MULTIPLICITÉ

En général, pour créer une interpolation, on sélectionne une image à l'intérieur d'une séquence d'images, puis on détermine le type d'interpolation dans l'inspecteur des propriétés. *A priori*, on ne peut créer qu'une seule interpolation à la fois. En fait, il est possible d'en créer plusieurs simultanément en sélectionnant plusieurs images provenant de séquences différentes.

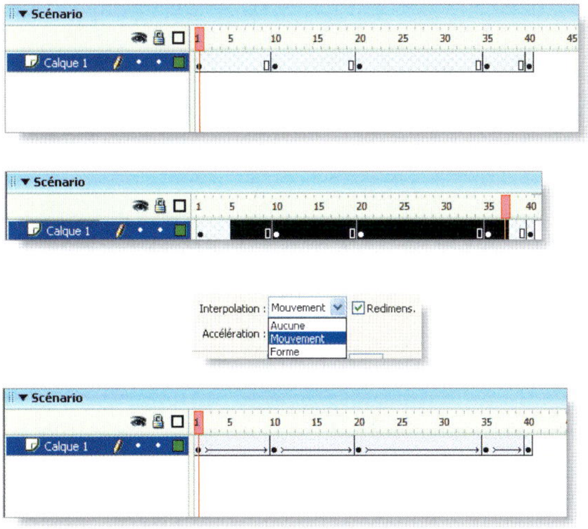

Note : une séquence d'images est une série d'images placée entre deux images clés.

Si vous souhaitez animer rapidement plusieurs séquences d'images, sélectionnez une image à l'intérieur de chaque séquence, puis définissez normalement le type d'interpolation dans l'inspecteur des propriétés. Cela permet de gagner pas mal de temps, surtout lorsque vous devez le faire sur plusieurs calques.

REMISE EN FORME

La conversion d'une forme en symbole est une chose courante. Mais saviez-vous que l'inverse est aussi possible ? Sélectionnez n'importe quel symbole ou occurrence dans votre séquence, et appuyez sur Ctrl+B pour exécuter la séparation. Le symbole est alors transformé en une série de formes et de lignes dissociées.

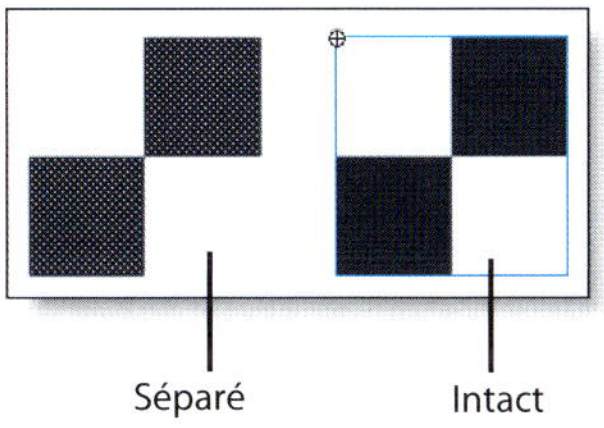

Cela peut parfois devenir compliqué. Par exemple, si un symbole renferme un grand nombre d'objets, après la séparation vous vous retrouverez avec une multitude d'objets indéterminés sur votre scène. Vous n'aurez alors pas d'autre choix que d'appuyer sur Ctrl+B sans arrêt, jusqu'à ce que vous ne distinguiez plus rien d'autre que des formes.

DU SCÉNARIO AU SYMBOLE

Le principe de l'imbrication consiste à placer des animations à l'intérieur de symboles ou des symboles à l'intérieur d'autres symboles, etc. L'irrésistible beauté de mon propre travail me met dans un tel état de transe que j'en oublie souvent de créer un symbole. Je ne dois pas être le seul, non ? Le problème est que, s'il est facile de convertir un objet immobile en symbole, il l'est beaucoup moins de convertir un scénario entier. A moins que…

Pour convertir un scénario en symbole, activez la fenêtre Scénario et appuyez sur Ctrl+Alt+A (Maj+Cmd+A sur Mac). Cela permet de sélectionner le scénario dans son intégralité. Appuyez maintenant sur Ctrl+Alt+X ou Opt+Cmd+X sur Mac (Couper les images), puis sur Ctrl+F8 pour créer un nouveau symbole. Donnez-lui un nom et appuyez sur OK. Le scénario du nouveau symbole apparaît. Sélectionnez, à l'intérieur de celui-ci, l'image clé vide à l'image 1, puis appuyez sur Ctrl+Alt+V ou Cmd+F8 sur Mac pour coller vos images.

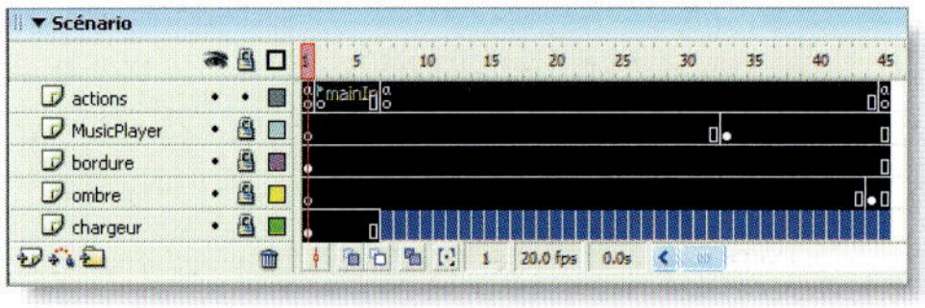

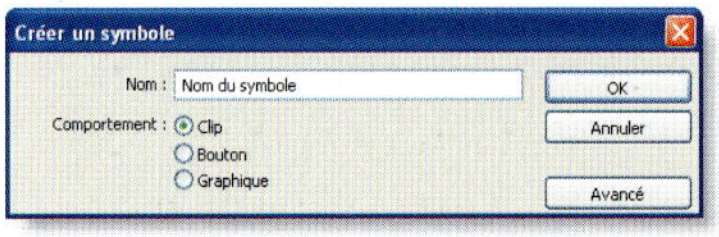

Il ne vous reste plus qu'à nettoyer un peu le scénario original et à effacer la trace des images coupées.

ESPACEMENT DES CARACTÈRES

Quoique peu spécialisé dans le domaine, Flash dispose néanmoins de quelques outils de mise en page dignes d'intérêt. Normalement, lorsque vous sélectionnez un champ de texte, vous pouvez, en cours de frappe, activer ou désactiver l'option de crénage automatique des caractères. Mais que faire lorsque, par exemple, vous ne souhaitez changer que l'interlettrage de certains mots, sans toucher aux autres ?

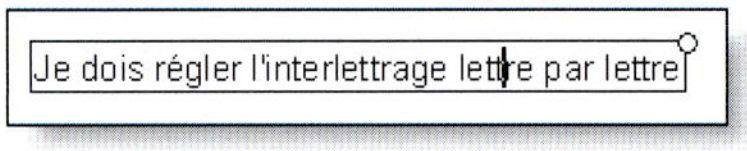

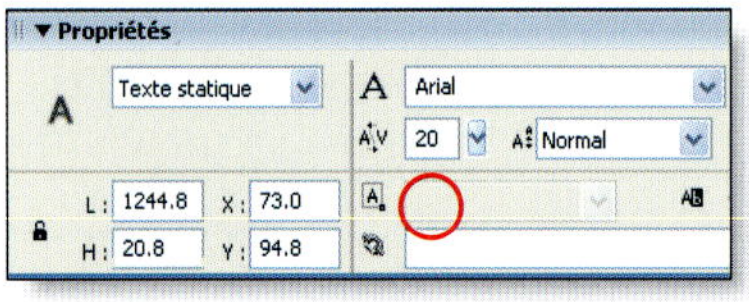

Créez du texte dans votre scène et sélectionnez une lettre. Dans l'inspecteur des propriétés, réglez la valeur d'interlettrage sur 20. Vous devriez voir s'agrandir l'espace situé à droite du caractère. De cette manière, en sélectionnant une ou plusieurs lettres, vous pouvez rapidement obtenir un texte au crénage personnalisé. Malheureusement, il n'existe aucun moyen d'enregistrer ces réglages, vous devrez donc répéter l'opération autant de fois qu'il le faudra. Quand on aime…

MÊME LES FORMES ONT BESOIN DE REPÈRES

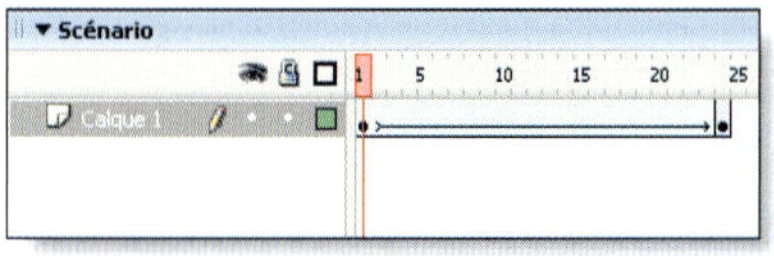

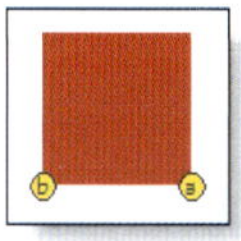

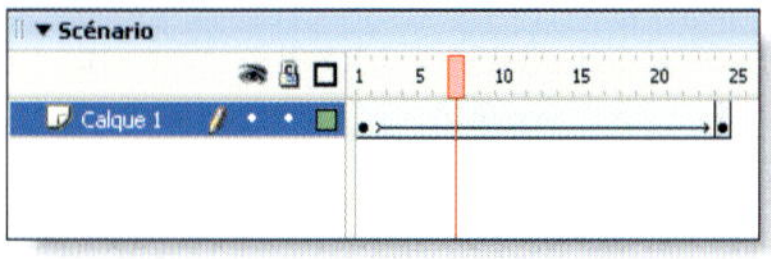

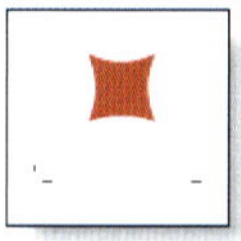

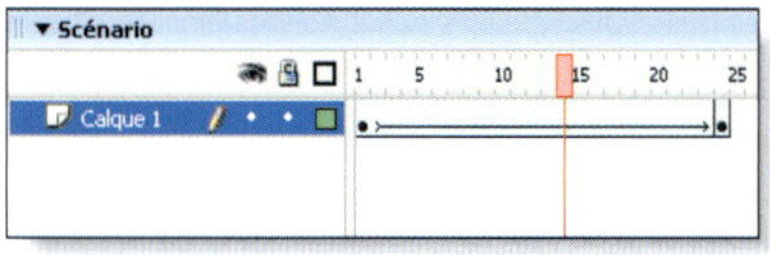

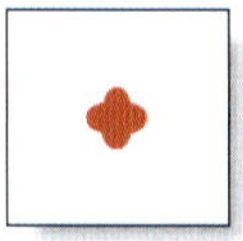

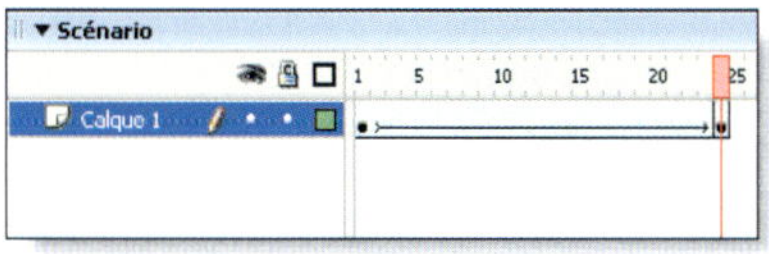

Les repères de formes servent à contrôler des modifications de forme complexes. En voici un exemple.

Activez l'option Accrocher aux objets et créez un carré sur l'image 1 de votre scénario. Créez ensuite une image clé vide sur l'image 24 puis placez un cercle de taille semblable dans votre scène. Appliquez une interpolation de forme à la séquence d'image de manière que le carré se transforme en cercle. Testez l'animation, et regardez bien la façon dont Flash accomplit l'interpolation. Sélectionnez à présent la première image clé de la séquence, et appuyez sur Ctrl+Maj+H (Maj+Cmd+H sur Mac). Vous devriez voir apparaître un petit cercle rouge portant en son centre la lettre « a ». C'est ce que l'on appelle un repère de forme. Appuyez encore une fois sur Ctrl+Maj+H. Déplacez le repère « b » jusqu'au point d'accroche situé en bas à gauche du carré. Placez ensuite le repère « a » en haut à droite. Allez à l'image 24, déplacez le repère « b » en bas à droite et le repère « a » en haut à gauche du cercle. Une fois accrochés, les repères deviennent verts.

Testez encore une fois l'animation. L'interpolation se déroule d'une tout autre façon. Flash se base cette fois sur la position des repères à chaque image clé. Vous pouvez utiliser jusqu'à vingt-six repères de ce type pour contrôler votre animation. Pour les supprimer, cliquez droit sur l'un d'entre eux. C'est aussi simple que cela.

COLORIER SANS DÉBORDER

Outil Pinceau

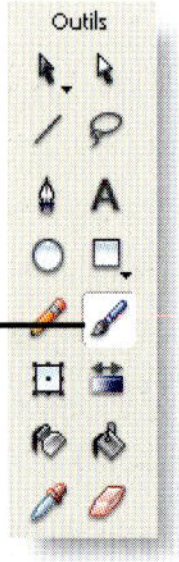

Non, les coloriages hésitants et les contours baveux ne sont pas l'apanage des seuls enfants. Beaucoup d'adultes de ma connaissance ont encore des difficultés à s'acquitter proprement de cette tâche. Je sais, c'est effrayant ! Heureusement, dans Flash, le problème ne se pose pas.

Créez un contour de forme sans couleur de remplissage. Activez l'outil Pinceau et choisissez, dans les réglages situés en bas de la barre d'outils, l'option Peint à l'intérieur. Vous pourrez toujours essayer de déborder, vous n'y parviendrez pas. Pourquoi cette fonction n'existait-elle pas encore à l'époque où j'étais illustrateur ?

Mode Peint à l'intérieur actif

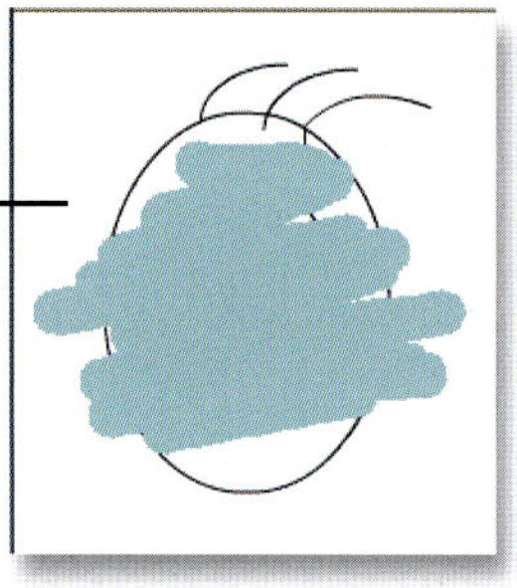

Vérifiez, avant de démarrer ce type de remplissage, que vous travaillez bien à l'intérieur d'un contour fermé. Vous noterez également que, si vous commencez votre coloriage à l'extérieur de votre contour, Flash continuera à effectuer le remplissage en dehors de la forme, sans jamais rentrer à l'intérieur. Comme s'il confondait l'extérieur et l'intérieur ! Etrange, non ?

RENVERSANT

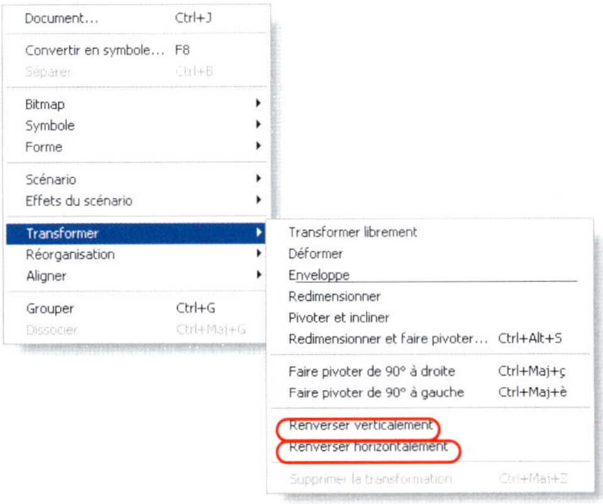

Pour cette astuce, je vais aller droit au but : dessinez un cercle sur l'image 1 de votre scénario et convertissez-le en symbole (sélectionnez-le et appuyez sur F8). Ajoutez une autre image clé sur l'image 20, puis appliquez une interpolation de mouvement à la séquence. Sur la dernière image clé, sélectionnez l'occurrence du cercle, allez dans Modification > Transformer, et choisissez Renverser horizontalement. Testez votre animation. Le mouvement devrait ressembler à celui d'une pièce tournoyant sur elle-même.

Rien ne vous oblige à n'utiliser cet outil que pour l'animation. Il peut aussi être employé pour changer la direction d'un symbole. Enfin, n'oubliez pas qu'il y a deux possibilités : renverse horizontale ou renverse verticale.

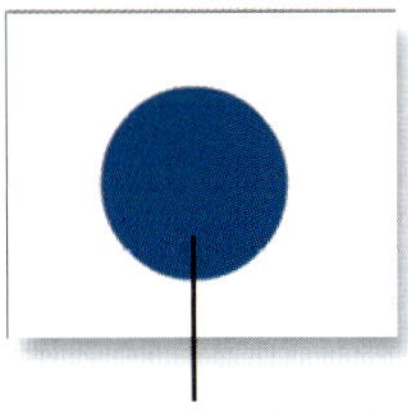

Etat du cercle à l'image 1

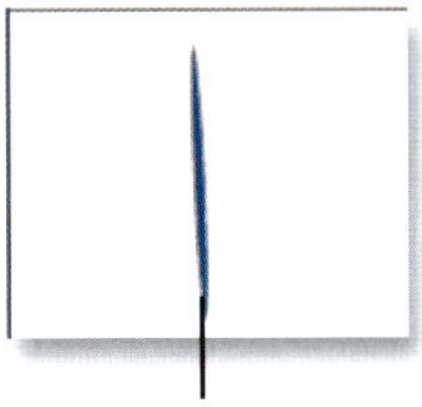

Etat du cercle à l'image 10

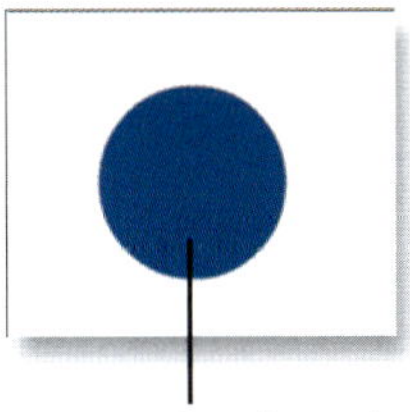

Etat du cercle à l'image 20

Travailler (encore) plus vite

Que ceux qui souhaitent réaliser leurs animations dix fois plus rapidement lèvent la main. Comme je ne peux pas vous voir, photographiez-vous avec la main

Travailler (encore) plus vite

Chapitre 5

levée et envoyez-moi la photographie ! Ou, mieux encore, invitez-moi à dîner, je vous poserai la question et vous pourrez me répondre directement. J'attends donc vos invitations. Pendant ce temps, comme je suis sûr que l'un de vous, au moins, aura eu le courage de lever la main, voici un chapitre qui regorge de ces petits secrets que tout bon infographiste chevronné brûle de connaître avant tout le monde. Vous aurez tant augmenté votre rapidité de travail après l'avoir lu que vos amis riront de dépit en vous voyant disparaître au loin dans un déluge de flammes rougeoyantes. Oui, maman, tu as raison, je ne suis pas tout à fait normal !

ONGLETS DE DOCUMENTS

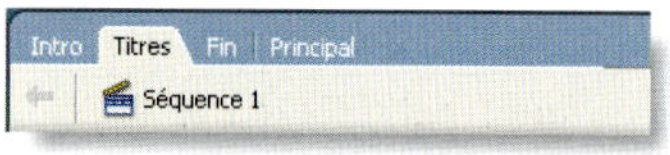

Les onglets de documents constituent l'une des nouveautés les plus intéressantes de Flash MX 2004. Ce concept par ailleurs assez répandu trouve naturellement sa place dans l'interface du logiciel, permettant à l'utilisateur de passer rapidement d'un document ouvert à un autre. Pour ceux qui souhaitent aller encore plus vite, j'ai un secret. Utilisez le raccourci Ctrl+Tab, et vous sauterez d'un document à l'autre en moins de temps qu'il n'en faut pour le dire. Cela fera certainement sourire les utilisateurs de Windows, mais je tiens à préciser que Mac OS X ne prend pas en charge ce type d'onglet.

D'UN PANNEAU À L'AUTRE

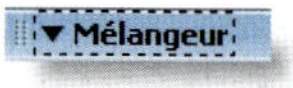

Cette astuce s'adresse à tous ceux qui pensent qu'une souris ne devrait servir à rien d'autre qu'à dessiner. *A priori*, il n'existe pas d'autre solution, pour réduire, agrandir ou activer un panneau, que de se servir de cette maudite souris. Eh bien si, il existe une alternative ! Le raccourci Ctrl+Alt+Tab permet de passer en un éclair d'un panneau à l'autre. Et, pour réduire ou agrandir le panneau actif, appuyez sur la barre d'espace.

Ah, j'oubliais ! si vous êtes sur Mac, l'interface n'étant pas la même, cette astuce ne vous concerne pas.

SUPER ZOOM !

Non, il ne s'agit pas d'un superhéros armé de lunettes grossissantes. Mais, attention, vous risquez peut-être de le devenir après avoir lu cette astuce ! Activez votre scène en cliquant à l'intérieur. Appuyez sur Ctrl+Maj, et tournez la molette de votre souris, soit vers le haut pour zoomer vers l'avant, soit vers le bas pour zoomer vers l'arrière. Le plus intéressant, c'est que Flash prend pour axe de zoom l'endroit où se trouve le curseur de votre souris. Vous pouvez donc contrôler le déplacement de votre zoom. Voilà, maintenant que vous êtes un superhéros, il ne vous reste plus qu'à descendre dans la rue pour combattre le crime.

Une fois de plus, si votre souris n'est pas équipée de molette ou si vous êtes sur Mac, cette astuce n'est pas pour vous.

UN PETIT RACCOURCI

Bouton Dupliquer le jeu

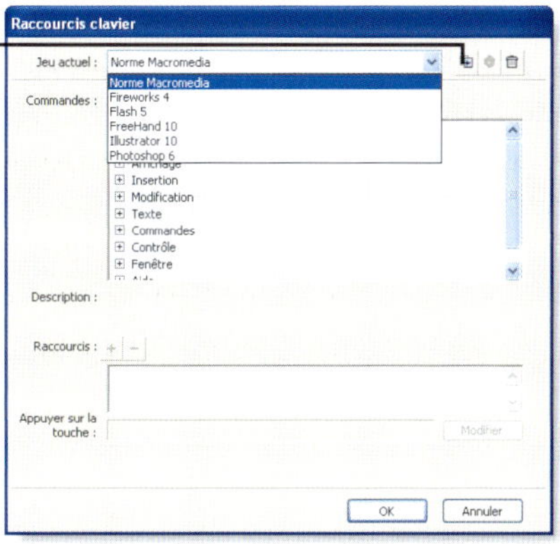

En général, les personnes qui débutent sur Flash bénéficient déjà d'une expérience sur des programmes similaires. Elles s'attendent souvent à retrouver le même type de raccourci clavier d'un programme à l'autre. Si vous êtes dans ce cas, les raccourcis de Flash ne devraient pas vous dépayser. Et, si les réglages par défaut ne vous conviennent pas, vous pouvez toujours les changer.

Allez dans Edition > Raccourcis clavier. Vous y trouverez plusieurs jeux de raccourcis clavier prédéfinis dans lesquels vous pourrez piocher. Si cela ne suffit pas, il vous reste la possibilité de créer votre propre jeu en appuyant sur le bouton Dupliquer le jeu puis en modifiant les raccourcis d'un des jeux existants. Pour cela, sélectionnez l'un des raccourcis, cliquez sur le bouton Modifier et entrez le raccourci de votre choix.

UN PAS EN AVANT, UN PAS EN ARRIÈRE

Les techniques les plus courantes pour se déplacer à l'intérieur d'un scénario consistent soit à déplacer la tête de lecture, soit à déplacer la barre de défilement horizontale à l'aide de la souris. Bien entendu, vous pouvez aussi appuyer sur Entrée lorsque le panneau est actif, pour lancer la lecture de votre animation. Ces méthodes sont toutes très pratiques, sauf s'il vous prend l'envie de faire défiler votre scénario image par image. On pourrait penser qu'il suffit d'utiliser les touches du curseur. Mais non. Celles-ci sont réservées au déplacement des objets de votre scène. Pour ne bouger que d'une image à la fois, il faut utiliser les touches « , » et « . ». La première (« , ») permet de se déplacer vers la gauche, la seconde («.»), vers la droite. Et n'oubliez pas, cette fois pas besoin d'appuyer sur la touche Maj.

TOUT DÉSÉLECTIONNER

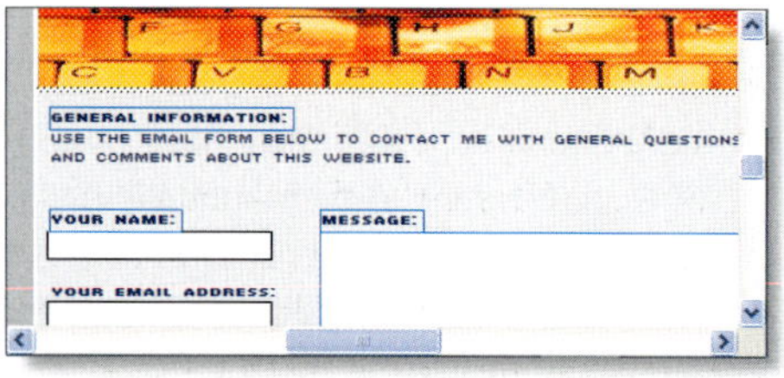

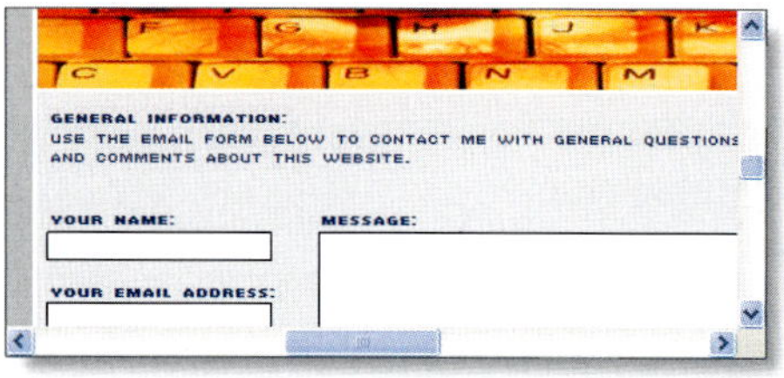

Les méthodes pour sélectionner les éléments d'une scène Flash ne manquent pas. Vous pouvez utiliser l'outil Sélection pour les sélectionner par zone ou encore le raccourci Ctrl+A (Cmd+A sur Mac) pour tout sélectionner en une fois. Je pourrais vous énumerez toutes les méthodes possibles mais, rassurez-vous, je ne le ferai pas. L'astuce concerne l'opération inverse : la désélection de tous les éléments d'une scène. J'imagine qu'il vous est déjà arrivé de vous servir des touches du curseur pour déplacer un objet de votre scène, avant de vous rendre compte que l'objet sélectionné n'était pas le bon. Pour éviter cela à l'avenir, pensez à appuyer sur la touche Echap avant toute manipulation afin de vous assurer que tous les objets ont été désélectionnés. Ce raccourci fonctionne aussi dans la fenêtre Scénario.

OUTIL TEMPORAIRE

Vous avez un délai à respecter, vous êtes en retard, vous travaillez devant votre écran à la vitesse de la lumière, sous les yeux ébahis de vos collègues, zoomant, transformant, cliquant et animant à tout va. Ce que vos amis ne savent pas, c'est que rien ne vous énerve plus que ces allers-retours incessants que vous devez effectuer pour passer d'un outil à l'autre. Vous aimeriez trouver un moyen d'aller encore plus vite ? La solution existe : lorsque vous utilisez un outil, appuyez sur la touche Ctrl (Cmd sur Mac) pour passer temporairement à l'outil Sélection. Pour repasser à l'outil en cours, relâchez simplement la touche Ctrl. Grâce à cette astuce, vos délais seront respectés et vous susciterez l'admiration de tous. Vous pouvez rentrer chez vous et recommander ce livre à toutes les personnes que vous croiserez sur votre route.

L'INTELLIGENCE DE LA MAIN

Certaines manipulations sont particulièrement ennuyeuses. Comme celle que l'on doit effectuer pour se déplacer à l'intérieur d'une scène. Bien sûr, on peut faire appel à l'outil Main en appuyant sur la touche H. Mais je préfère partir du principe qu'il existe toujours un moyen, dans Flash, d'aller plus vite. C'est le cas ici. Quand vous vous servez de votre souris pour déplacer les objets de votre scène, il vous suffit d'appuyer sur la barre d'espace pour faire apparaître l'outil Main et vous déplacer à l'intérieur de celle-ci. Un peu à la manière de Tom Cruise dans *Minority Report*, collant ses mains sur des écrans virtuels pour faire défiler les dossiers criminels. Je parie qu'ils ont utilisé Flash pour faire ça !

PAR LE POUVOIR DES RACCOURCIS ANCESTRAUX !

Si vous voulez vraiment devenir un superutilisateur de Flash et jongler avec les différentes commandes sans jamais toucher à votre souris ou à la barre d'outils, vous devez retenir les raccourcis clavier les plus importants. Ou du moins les plus usités : V pour l'outil Sélection, T pour l'outil Texte, Q pour l'outil Transformation libre et enfin Z pour l'outil Zoom.

Il y en a beaucoup d'autres, bien sûr, mais pour les découvrir il suffit de placer la souris au-dessus de l'un des outils et d'attendre. Au bout d'un court instant, vous devriez voir apparaître le nom et le raccourci de l'outil en question. Si vous êtes doué à ce jeu, la barre d'outils finira par ne plus vous être d'aucune utilité. J'oubliais : pour les outils qui disposent de plusieurs options, comme l'outil Rectangle, il suffit d'appuyer plusieurs fois de suite sur le raccourci pour les faire défiler.

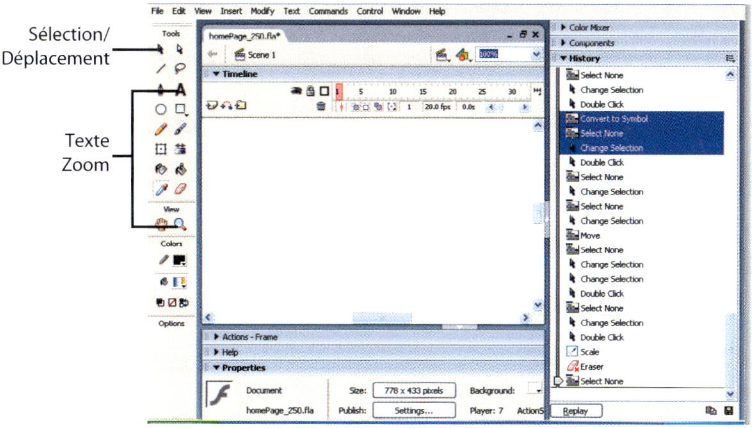

RACCOURCIS DE SCÉNARIO

Les raccourcis, pour la plupart, ne s'appliquent qu'aux outils ou aux éléments d'interface. Mais, alors, quid du scénario ? Bonne question. Les raccourcis se rapportant aux fonctions du scénario comptent parmi les plus importants de Flash. La seule différence, c'est que vous aurez quand même besoin d'utiliser votre souris pour savoir si vous vous trouvez bien sur le bon calque ou sur la bonne image. Voici un aperçu des raccourcis Scénario : F5 pour Insérer des images ; Maj+F5 pour Supprimer des images ; F6 pour Insérer des images clés ; Maj+F6 pour Supprimer des images clés et F7 pour Insérer des Images clés vides.

Notez qu'il n'y a pas de raccourci Maj+F7. En effet, une image clé vide restant une image clé, le raccourci Maj+F6 (Supprimer des images clés) s'applique aussi à ce type d'image. Ne l'oubliez pas, vous risqueriez de chercher en vain cette commande dans le menu principal.

TANT DE TEXTE ET SI PEU DE TEMPS

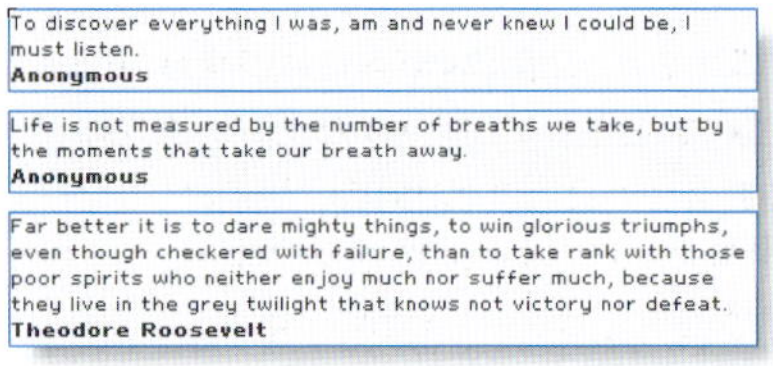

Admettons qu'il y ait dans votre scène plusieurs blocs de texte. Certains sont gros, d'autres en Arial, d'autres encore en caractères gras… Soudain, vous décidez de convertir l'ensemble en police Courier 12 points. Vous avez le choix : soit vous perdez une bonne vingtaine de minutes à sélectionner et à convertir chaque bloc de texte séparément, soit vous sélectionnez l'ensemble des blocs en une seule fois, avant de vous rendre dans l'inspecteur des propriétés. Là, vous pouvez en toute quiétude procéder à une modification globale.

Vous verrez s'afficher des tirets « – » dans certains champs d'options. Ils indiquent que les réglages diffèrent d'un bloc de texte à l'autre. Ignorez ces indications et faites votre choix.

ZOOM, ZOOM, ZOOM…

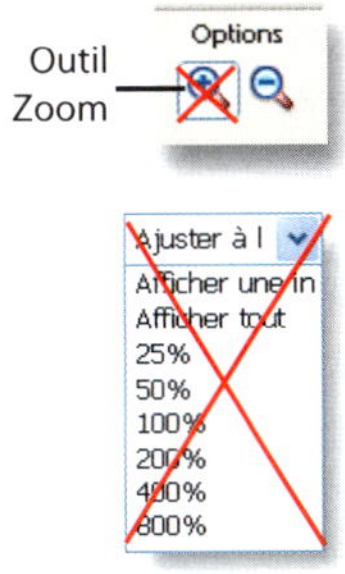

Un zoom, voilà le genre de choses que l'on aimerait faire le plus vite possible. L'activation de l'outil Zoom se fait en deux étapes, auxquelles il faut ajouter les deux étapes nécessaires à la sélection des options de l'outil. Comme pour beaucoup d'autres actions dans Flash, les raccourcis clavier permettent de réduire ces manipulations à une étape unique : Ctrl+ (Cmd+ sur Mac) pour Agrandir ; et Ctrl– (Cmd-sur Mac) pour Réduire. Malheureusement, vous ne pouvez pas vous servir des touches + et – du pavé numérique. Il faut parfois faire quelques compromis.

ROULEZ POLICES !

Le choix d'une police de caractères est souvent laborieux. Nous stockons en moyenne entre quarante et cinquante polices sur nos disques durs. Il faut donc trouver un moyen de simplifier leur sélection. Créez un bloc de texte dans une scène, remplissez-le de lettres et sélectionnez le tout. Allez dans l'inspecteur des propriétés et, au lieu de cliquer sur la flèche pour dérouler la liste des polices, cliquez simplement à l'intérieur du champ pour activer la liste sans la dérouler. Vous n'avez plus qu'à faire tourner votre molette pour faire défiler l'ensemble des polices. Dans votre scène, vous verrez le texte sélectionné s'adapter en temps réel au changement de polices.

EDITION RAPIDE

Que faut-il faire pour éditer un symbole à partir d'une occurrence dans votre scène ? Double-cliquez sur l'occurrence. C'est tout. Vous serez automatiquement dirigé vers le scénario du symbole original, dans lequel vous pourrez procéder à une modification en place. Bien sûr, il y a d'autres façons d'éditer un symbole, mais, comme je le dis toujours, autant utiliser la méthode la plus rapide. Je me rappelle encore avec horreur de l'époque où cette fonction n'existait pas.

LE BON CALQUE

Il est fréquent, lorsque l'on travaille sur une scène complexe, de ne plus savoir sur quel calque se trouve tel ou tel objet. Si cela vous arrive, voici un bon moyen de repérer l'emplacement des éléments de votre scène. Sélectionnez l'objet ou la forme en question et jetez un coup d'œil au scénario. Le calque sur lequel l'objet sélectionné se trouve apparaît en gris foncé. Maintenant que vous savez ça, vous n'avez plus le droit à l'erreur…

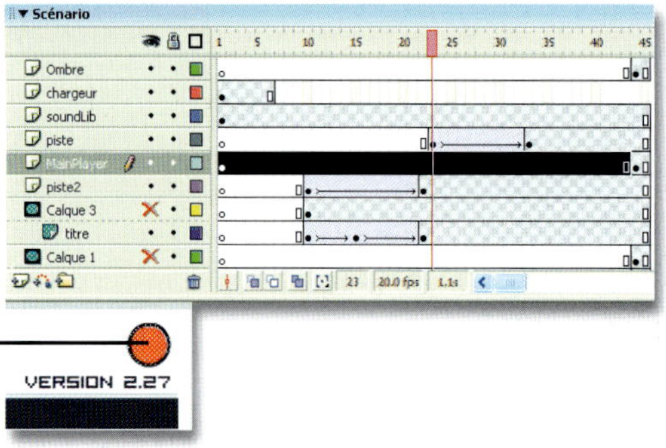

Sur le calque sélectionné

UNE TRANSFORMATION AU POIL

Ouvrez, si ce n'est pas déjà fait, le panneau Transformer en cliquant dans Fenêtre > Panneaux de conception graphique > Transformer (Ctrl+T ou Cmd+T sur Mac), puis sélectionnez un objet dans votre scène. Dans le panneau Transformer, entrez de nouvelles valeurs d'échelle, de rotation ou d'inclinaison, puis appuyez sur le bouton Copier et appliquez la transformation. Vous disposez à présent d'une copie modifiée de l'objet que vous avez sélectionné. Avec Flash, même les amateurs de valeurs numériques et de transformations millimétrées ne sont pas en reste.

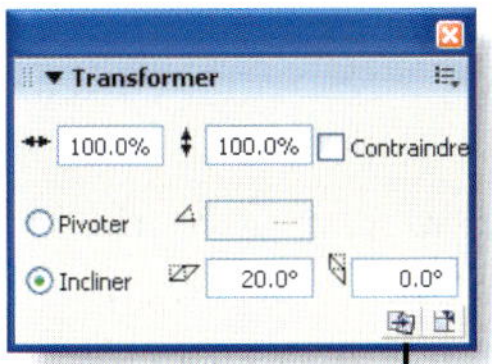

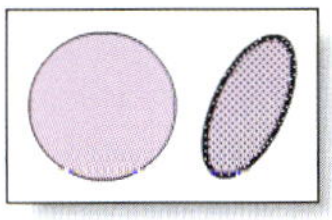

Bouton Copier et appliquer la transformation

Faites attention à ne pas appuyer sur Entrée après avoir changé une de ces valeurs. Vous risqueriez d'appliquer ces changements à l'objet original sans avoir réalisé de copie. Oh ! Une dernière chose : ne fermez pas le panneau avant d'avoir appliqué les transformations, sinon vous devrez tout recommencer.

LES SUPER CINQ

Pour travailler correctement sur Flash, il faut être au moins capable de mémoriser les cinq raccourcis les plus courants. Je les appelle les « super cinq ». J'aime beaucoup ce genre de petits surnoms.

En tout cas, ces cinq raccourcis sont faciles à retenir, et leur utilisation va de soi. Je vous conseille de les connaître sur le bout des doigts…

1. Propriétés du document (Ctrl+J) (Cmd+J).
2. Préférences de Flash MX 2004 (Ctrl+K) (Cmd+K).
3. Paramètres de publication (Ctrl+Maj+F12) (Opt+Maj+F12).
4. Publication (Maj+F12) (Opt+Maj+F12).
5. Tester l'animation (Ctrl+Entrée) (Cmd+Entrée).

Bien entendu, il existe d'autres raccourcis tout aussi importants, mais ceux-là sont les plus basiques.

DUPLIQUER UN CALQUE

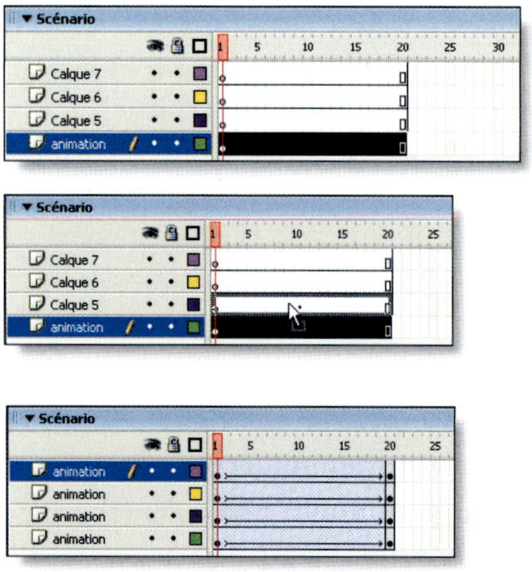

Vous l'avez compris, il n'existe pas de technique simple pour copier un calque. Pourquoi ne peut-on pas faire de copie en quelques clics, comme pour les autres éléments de Flash ? Faut-il en conclure que les calques sont des objets de moindre importance ? Je ne suis pas d'accord et je vais vous le prouver :

Sélectionnez le calque que vous souhaitez dupliquer et cliquez sur le bouton Ajouter un calque situé en bas à gauche de la fenêtre Scénario. Sélectionnez toutes les images du calque à copier en cliquant sur l'icône de ce dernier. Enfin, glissez-déposez ces images dans le nouveau calque, tout en appuyant sur la touche Alt (touche Opt sur Mac). Relâchez le bouton de votre souris pour terminer la copie exacte de votre calque.

Ce n'est pas une manipulation très compliquée, mais ce serait quand même mieux s'il y avait un bouton Dupliquer intégré au scénario. Enfin, c'est mon avis…

COPIE EXPRESS

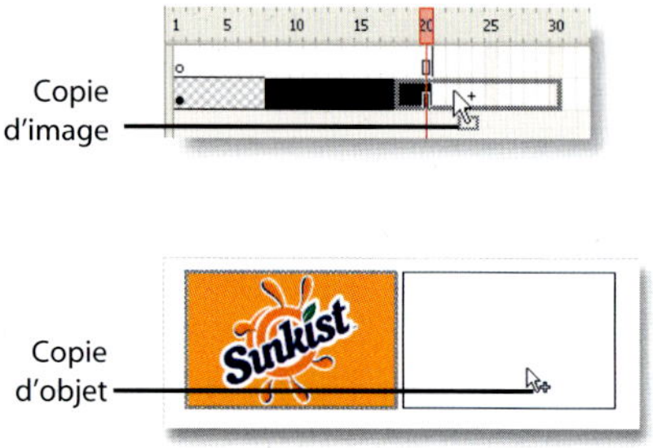

On ne peut pas dire que la copie d'objets ou d'images dans Flash soit une tâche difficile. Mais, s'il existe un moyen d'exécuter cette dernière encore plus rapidement, pourquoi s'en priver ? Si vous appuyez sur la touche Alt (Opt sur Mac) en même temps que vous déplacez un objet ou une image de votre scène, Flash, au lieu d'effectuer un simple déplacement de l'original, procédera à une copie de ce dernier. Lors de l'opération, l'icône du curseur s'orne d'un petit signe + pour indiquer qu'une copie est en cours.

SÉLECTIONNER UNE SÉQUENCE

Double-cliquez pour sélectionner une séquence

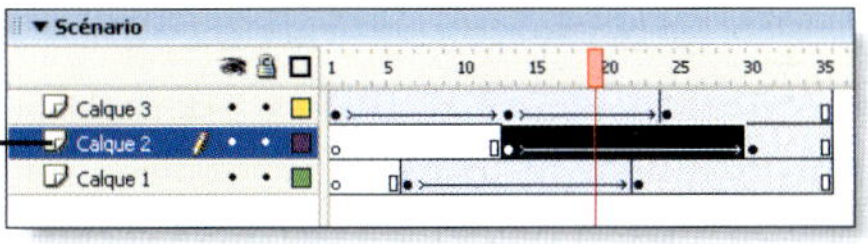

Le déplacement de segments entiers d'un scénario est une tâche courante. Cela demande une certaine habileté, surtout lorsque l'on travaille avec la taille d'affichage par défaut des images ; ou bien lorsque l'on n'a dormi que deux heures la veille pour rendre son travail à temps. Au lieu de cliquer-glisser pour sélectionner une séquence particulière, double-cliquez sur une des images de cette séquence. On peut voir cette astuce comme une réminiscence de Flash 5. A la différence que dans ce dernier, pour sélectionner une séquence, il suffisait de cliquer une seule fois.

Attention, si vous utilisez cette astuce pour sélectionner une séquence à l'intérieur d'une interpolation, la dernière image clé ne sera pas sélectionnée. Pour l'inclure, double-cliquez en maintenant la touche Maj enfoncée. Voyez, il y a toujours moyen de s'en sortir.

UN NOUVEAU DOCUMENT

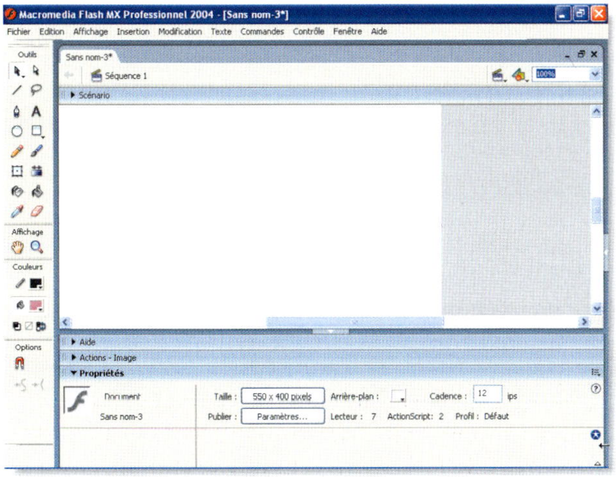

Rappelez-vous ces jours heureux où il suffisait d'appuyer sur Ctrl+N dans Flash pour créer instantanément un nouveau document. Dans Flash MX 2004, c'est différent. Le même raccourci fait apparaître une fenêtre à partir de laquelle vous pouvez choisir le type de document à créer. C'est très bien, mais c'est aussi une manipulation supplémentaire dont on pourrait, dans la plupart des situations, se passer. Pour créer un document de base sans passer par la fenêtre Nouveau document, tapez plutôt sur Ctrl+Alt+N (Opt+Cmd+N sur Mac) au lieu de Ctrl+N. Cela créera instantanément, comme dans le bon vieux temps, un nouveau document vierge.

FERMETURE D'URGENCE

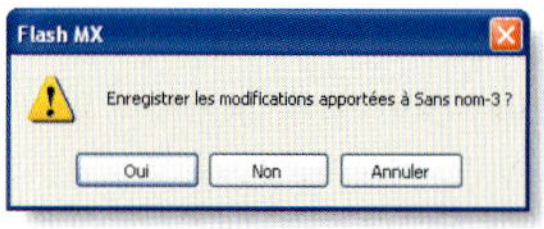

Lorsque je travaille sur Flash, je jongle en général avec une dizaine de fichiers à la fois. Quand arrive le moment d'en fermer un, rien ne m'ennuie plus que d'aller dans Fichier > Fermer et d'avoir à répéter cette opération pour chaque fichier. Heureusement, il y a une astuce : appuyez sur Ctrl+W pour fermer rapidement un document, puis, lorsqu'un message s'affiche qui vous demande si vous souhaitez sauvegarder ce dernier, appuyez sur la première lettre de votre réponse (O pour Oui ; N pour Non).

Je sais, c'est loin d'être une super-astuce-ultrasecrète-que-tout-le-monde-aurait-pu-vous-envier, mais elle vous fera quand même gagner pas mal de temps.

INTERLETTRAGE

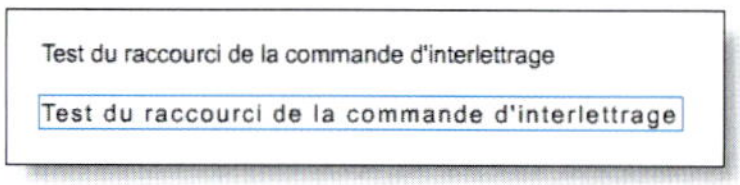

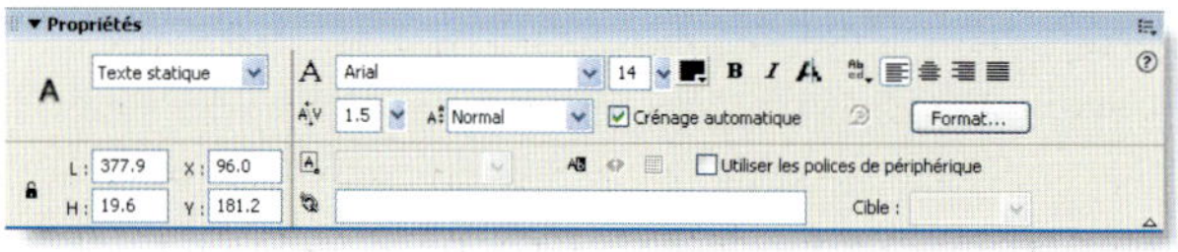

L'interlettrage, comme son nom l'indique, se réfère à l'espace situé entre deux caractères. La méthode classique pour régler ce paramètre consiste à essayer plusieurs valeurs numériques dans le champ correspondant de l'inspecteur des propriétés, jusqu'à trouver la bonne.

Mais il y a plus simple. Sélectionnez un bloc de texte et appuyez sur Ctrl+Alt+flèche droite pour augmenter et sur Ctrl+Alt+flèche gauche pour diminuer l'interlettrage du texte sélectionné. Cela permet d'effectuer le réglage sans quitter le texte des yeux. Pour revenir à la valeur 0, appuyez sur Ctrl+Alt+flèche haut (Cmd+Opt+Droit/Gauche/Haut sur Mac).

INSERTIONS MULTIPLES

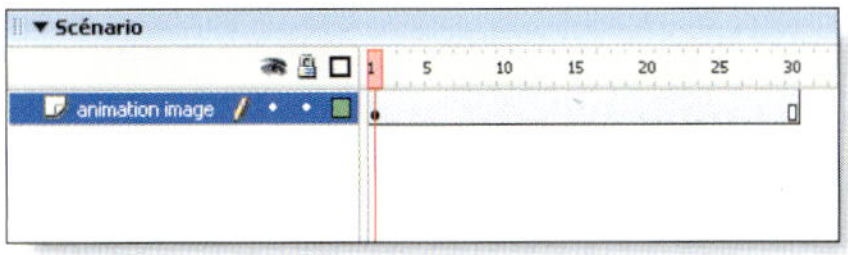

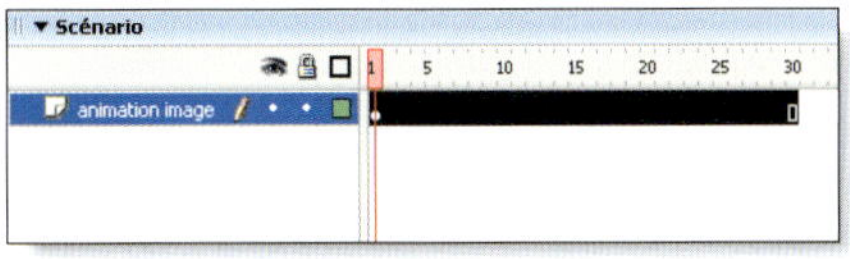

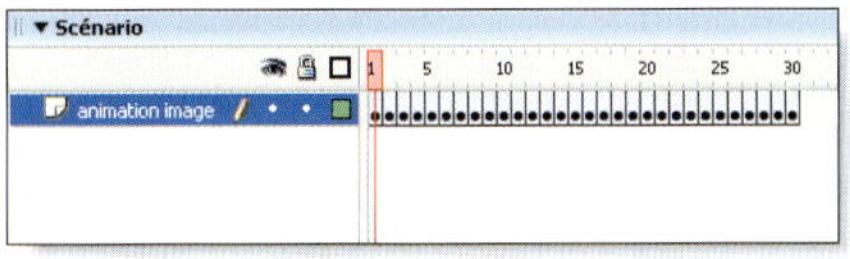

Vous pouvez insérer trois types d'images dans le scénario : des images simples, des images clés ou encore des images clés vides. Bien que l'on n'insère en général qu'une seule image à la fois, il n'est pas rare de devoir effectuer des insertions groupées.

Sélectionnez une séquence d'images dans le scénario et appuyez sur F6. Vous devriez voir toutes les images sélectionnées converties en images clés. Cela permet de travailler image par image, à la manière des animateurs traditionnels. Cela vaut aussi pour le raccourci F5 (Insérer image) et F7 (Insérer image clé vide).

COPIER EN PLACE

Nous sommes tellement habitués à nous servir des raccourcis Ctrl+C (Copier) et Ctrl+V (Coller) dans Word ou dans d'autres programmes que l'on s'attend naturellement à les retrouver dans Flash. Ils s'y trouvent, en effet, mais sous une forme un peu spéciale. Au lieu d'effectuer une copie à la même place que l'original, Flash colle par défaut les objets au centre de la scène active. Pour effectuer une copie en lieu et place de l'original – Copier en place –, appuyez sur Ctrl+Maj+V (ou Cmd+Maj+V sur Mac).

Cette méthode ne fonctionne qu'en interne dans Flash. Vous ne pouvez pas effectuer ce type de copie à partir d'un objet provenant d'un autre logiciel d'édition graphique.

VITE, ANNULEZ TOUT !

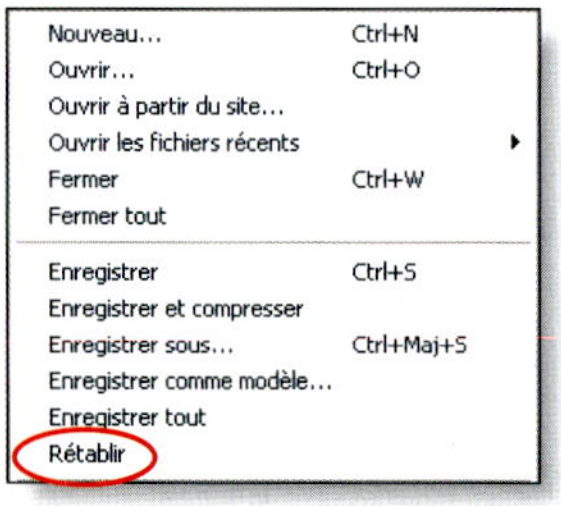

Vous est-il déjà arrivé d'effectuer plusieurs changements sur l'un de vos documents avant de réaliser qu'aucun d'entre eux ne vous convenait ? Si vous deviez vous retrouver dans ce cas, plusieurs solutions s'offrent à vous : vous pouvez appuyer plusieurs fois sur Ctrl+Z en espérant que le nombre d'annulations autorisées sera suffisant pour supprimer tous vos changements, ou bien fermez le fichier sans l'enregistrer et rouvrez-le juste après. Ou encore : allez dans Fichier > Rétablir pour revenir à l'état de votre fichier lors du dernier enregistrement.

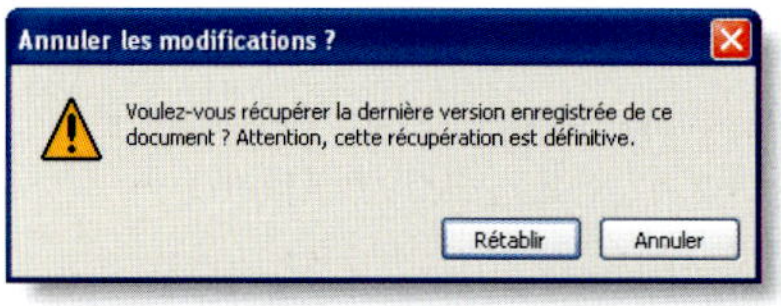

C'est un peu comme lorsqu'un écrivain mécontent arrache la page de sa machine à écrire. En un peu moins romantique certes, mais ça fonctionne tout de même.

SÉLECTION MULTIPLE

Sélection multiple avec la touche maj

Il n'est pas toujours facile de sélectionner plusieurs objets en même temps. On se sert en général pour cela de l'outil Sélection. Mais celui-ci ne permet que de définir des zones de sélection rectangulaires, ce qui ne convient pas toujours. Pour effectuer une sélection multiple d'objets non groupés, sélectionnez les objets un par un en appuyant sur la touche Maj. Pour les désélectionner individuellement, cliquez dessus, toujours en maintenant la touche Maj enfoncée.

PRENEZ L'INITIATIVE

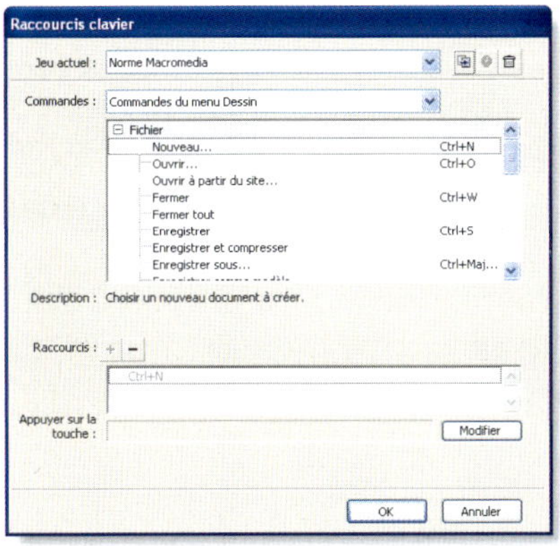

Certains logiciels d'infographie sont livrés avec une feuille de référence listant tous les outils et les raccourcis s'y rapportant. Au bout d'un certain temps, lorsque l'utilisateur se sent suffisamment à l'aise, il peut mettre la feuille de côté et se concentrer pleinement sur son travail. Je suis pour ma part convaincu par l'intérêt de ces feuilles, que l'on peut facilement punaiser près de son écran le temps de prendre en main le logiciel. Malheureusement, Macromedia n'a pas jugé utile de fournir ce type de document à ses utilisateurs.

Je vous recommande donc, si vous débutez, de confectionner votre propre feuille. Allez dans Edition > Raccourcis clavier (Flash MX > Préférences sur Mac) et notez, dans les raccourcis par défaut, ceux que vous serez susceptible d'utiliser le plus souvent. Vous obtiendrez ainsi une liste de référence personnalisée.

EST-CE UN SYMBOLE ?

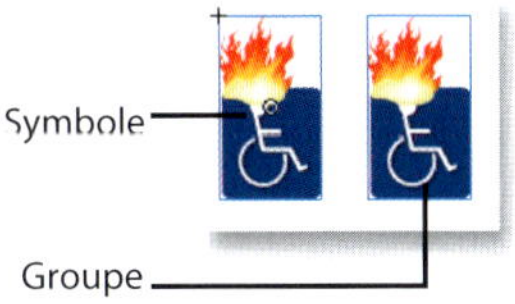

Pour travailler rapidement dans Flash, il faut être capable, entre autres, de repérer en un clin d'œil la position et le type des éléments présents dans votre scène. On doit pouvoir dire si tel objet est un symbole, un groupe, une forme ou encore un bloc de texte. Cela peut parfois être difficile à déterminer, d'autant que tout élément peut être intégré ou converti en symbole. Vous pouvez toujours vérifier dans l'inspecteur des propriétés, mais ce n'est pas une solution très efficace. En voici une qui devrait vous faire perdre un peu moins de temps. Si l'objet que vous sélectionnez est encadré par un rectangle bleu clair, c'est qu'il s'agit soit d'un groupe, soit d'un symbole, soit d'un bloc de texte. Les formes, quant à elles, apparaissent tramées lorsqu'elles sont sélectionnées.

S'il s'agit d'un symbole, vous devriez voir un petit cercle s'afficher au centre de l'objet. C'est aussi simple que cela ! N'oubliez pas cependant que pour effectuer ces vérifications vous devez vous servir de l'outil Sélection.

Les secrets de Flash

Pénétrer les secrets de Flash

Chapitre 6

Il doit bien y avoir plusieurs centaines d'astuces dans ce livre. La plupart d'entre elles peuvent se targuer d'avoir leur propre chapitre, mais toutes n'ont pas cette chance. Ces astuces marginales se sont réfugiées sur une petite île où elles ruminent leur solitude, comme le héros de ce film d'animation en pâte à modeler, Rudolph le petit renne au nez rouge. *Il passait à la télévision tous les Noël. Toujours est-il, dans ce livre, nous ne leur ferons pas cette injustice ! Même les astuces les plus marginales auront leur place dans ce chapitre, car elles ne sont pas moins importantes que les autres. Aimez-les, chérissez-les, je vous assure, elles ne vous donneront que du bonheur.*

ECHEC LORS DE LA SAUVEGARDE !

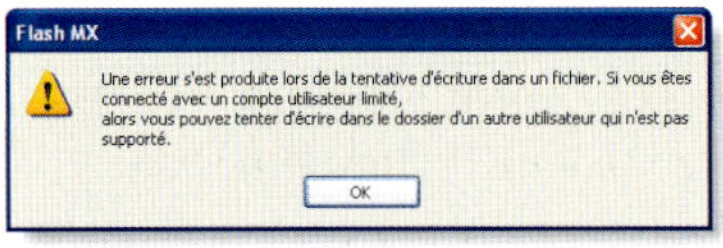

Le cauchemar ! Après plusieurs heures passées à modifier un fichier, au moment d'enregistrer les corrections, un message d'erreur s'affiche, annonçant brutalement que Flash n'a pas réussi à sauvegarder le document ! Que faire ? Rien, désolé, vous pouvez tout recommencer. Non, je plaisante… Surtout, ne paniquez pas et, quoi qu'il arrive, ne fermez rien. Ce genre de problème survient surtout lorsqu'on travaille en réseau à partir d'un fichier qui provient d'un poste momentanément déconnecté. Quelle que soit la cause de l'accident, voici comment faire pour vous en sortir.

Essayez dans un premier temps d'utiliser la commande Fichier > Enregistrer sous pour sauvegarder le fichier sur votre disque dur local. Si l'erreur persiste, créez un nouveau document et glissez-y l'ensemble des éléments de bibliothèque. Allez ensuite dans le scénario principal, cliquez dans votre scène et appuyez sur Ctrl+Alt+A pour sélectionner tous les objets qui s'y trouvent. Copiez-les, puis collez-les (Ctrl+C puis Ctrl+V) dans le scénario principal du nouveau fichier. Voilà, sauvetage réussi !

EN POINTILLÉS

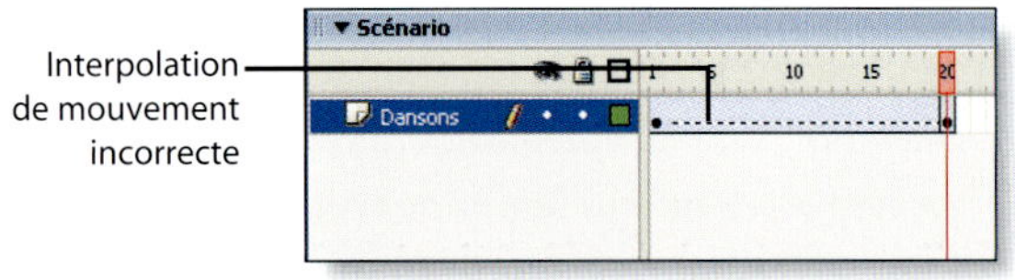

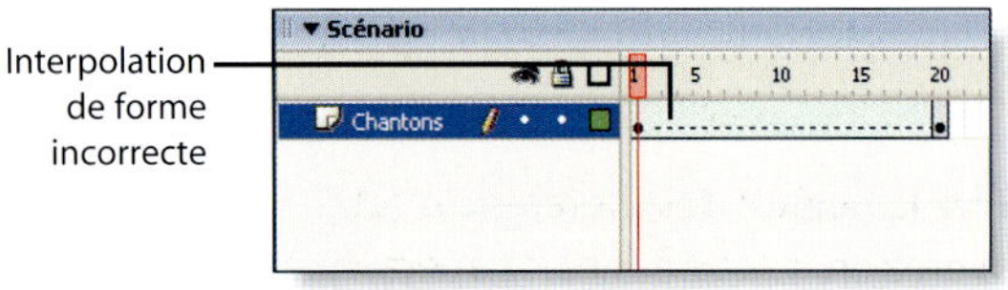

Vous venez de créer une interpolation de forme fabuleuse dans votre scénario et, pourtant, quelque chose cloche. Dans la fenêtre Scénario, l'interpolation est traversée de pointillés. Pourquoi ? Si vous regardez dans l'inspecteur des propriétés, vous verrez un bouton orné d'un point d'exclamation. Cliquez dessus et un message vous avertira que « l'interpolation de mouvement ne se produira pas sur des calques contenant des formes non groupées ou plusieurs groupes ou symboles ». En effet, une interpolation de mouvement ne peut impliquer qu'un seul symbole pour chaque image clé. Une interpolation de forme ne peut quant à elle fonctionner que lorsque des formes sont placées dans chaque image clé impliquée.

Je suis persuadé qu'en y regardant de plus près vous constaterez que vous n'avez pas respecté une de ces règles. Localisez les images dans lesquelles se trouvent les éléments non désirés, et supprimez ces derniers. Une fois l'interpolation corrigée, les pointillés devraient se transformer en une ligne continue.

AVERTISSEMENT

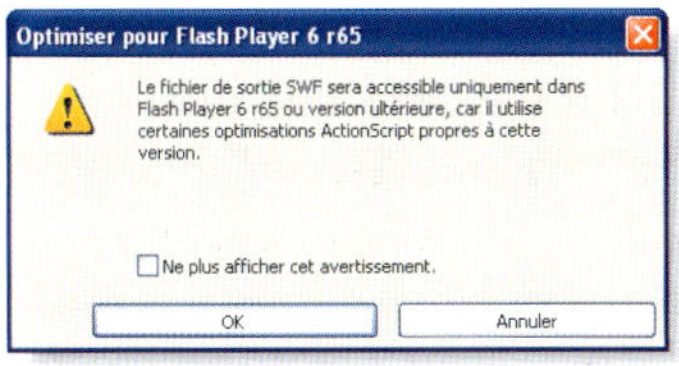

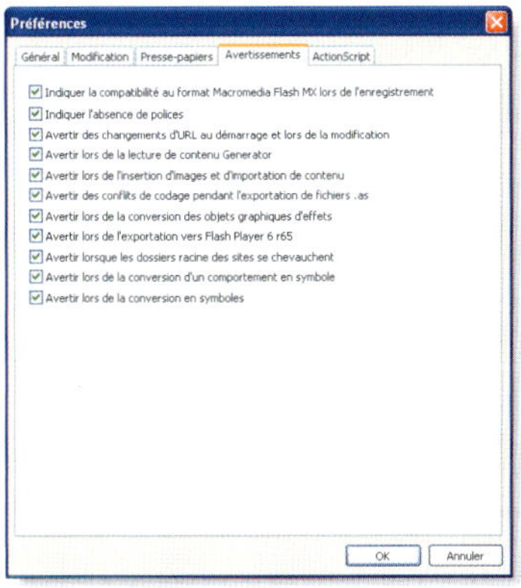

Certaines actions s'accompagnent parfois de messages d'avertissement. Ce qui est amusant, c'est que la plupart de ces messages comprennent une option, présente sous la forme d'un petit bouton à cocher, qui vous laisse la possibilité de ne pas les faire apparaître lors de l'utilisation suivante.

Il m'arrive souvent, surtout quand je suis énervé, de cocher l'invite sans prendre le temps de lire l'avertissement. Ce n'est que plus tard, dans la nuit, vers 5 heures du matin, en essayant de réparer les conséquences de cette action, que je me rends compte de mon erreur. Si cela vous arrive aussi, sachez qu'il est possible, au moins, de récupérer le message d'avertissement. Allez dans l'onglet Avertissement de la boîte de dialogue des préférences (Ctrl+U) et récupérez celles que vous avez désactivées. C'est aussi l'endroit idéal pour toutes les désactiver. Faites cela avec précaution, cependant, car certaines sont très utiles. Du moins, c'est ce que l'on m'a dit.

PAR OÙ COMMENCER ?

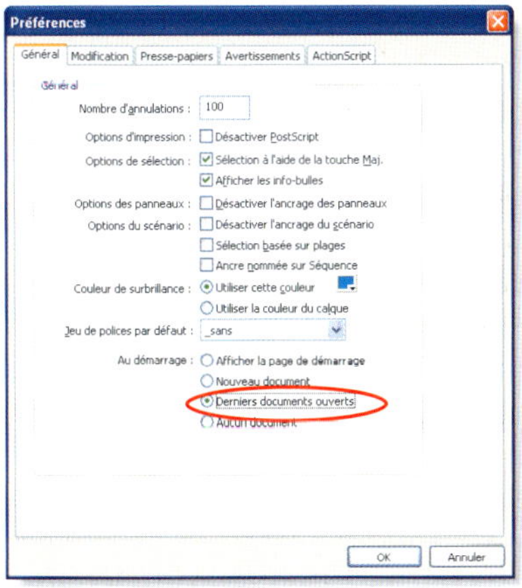

Si je vous disais qu'il existe un moyen d'ouvrir Flash et de le trouver tel que vous l'avez laissé lors de votre dernière utilisation, me croiriez-vous ?

Ouvrez la fenêtre des préférences (Ctrl+U). Vous trouverez en bas de l'onglet général quelques options relatives au démarrage de Flash. La page de démarrage s'affiche par défaut mais, pour moi, l'option la plus pratique est la dernière, Dernier document ouvert. A vous de voir.

AU-DELÀ DES LIMITES

Quelles sont les limites de Flash ? Bonne question, je vous remercie de l'avoir posée. Il y en a principalement deux : un document Flash, quel que soit le nombre de scénarios qu'il contient, ne peut contenir plus de 16 000 images. Par ailleurs, il ne peut pas contenir plus de 16 000 occurrences de symboles.

Or il arrive, bien que cela soit assez rare, qu'un clip nécessite la présence d'un plus grand nombre de ces éléments. Dans ce cas, la solution consiste à lier plusieurs clips ensemble à l'aide d'une commande ActionScript telle que loadMovie. N'hésitez pas à m'avertir lorsque ça vous arrivera. Je serais curieux de savoir pourquoi.

MONTEZ LE SON

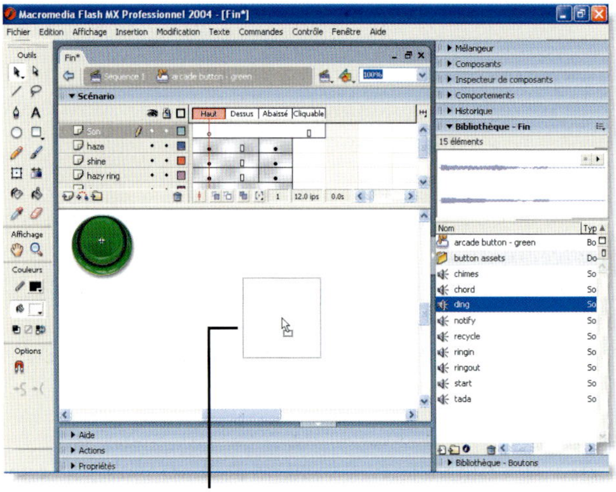

Cliquez-glissez le son de la bibliothèque vers la scène

Les boutons sont des choses amusantes à créer. Ils sont très décoratifs et leurs utilisations sont variées. On peut même leur ajouter du son, pour augmenter l'interactivité avec l'utilisateur.

Pour cela, allez dans le scénario du bouton de votre choix, créez un nouveau calque et appelez-le « Son ». Créez une image clé dans ce calque, et placez-la de manière à la faire correspondre à l'état « Abaissé » du bouton. Cliquez-glissez ensuite un son de la bibliothèque vers la scène.

Testez votre clip. Lorsque vous cliquez sur le bouton, celui-ci devrait émettre un son. Vous pouvez aussi essayer de placer le son au-dessus de l'image clé correspondant à l'état « Haut » du bouton, pour que celui-ci émette un son lorsque le curseur de la souris le survole. C'est un effet assez simple, mais qui peut faire toute la différence.

UNE DERNIÈRE CHANCE

Flash n'est pas un programme parfait, loin s'en faut. Lui aussi, de temps en temps, peut être victime de quelques ratés. Des panneaux qui disparaissent, des messages d'erreurs inexplicables peuvent parfois survenir… Mais, avant de décider de tout réinstaller, essayez cela : effacez vos préférences d'utilisateur. Vous les trouverez dans l'un des répertoires suivants, en fonction de votre système d'exploitation.

Windows 2000/XP : C:\Documents and Settings\<nom de l'utilisateur>\Local Settings\Application Data\Macromedia\Flash MX 2004.

Windows 98/Me : C:\[Répertoire Windows]\Application Data\Macromedia\Flash MX 2004.

Mac OS X : Hard Disk/Users/<Nom de l'utilisateur>/Library/Application Support/Macromedia/Flash MX 2004.

La prochaine fois que vous démarrerez Flash, toutes vos préférences seront réinitialisées, ce qui permettra peut-être de rétablir le bon fonctionnement de votre logiciel. Et si ça ne marche pas, vous savez ce qu'il vous reste à faire…

VOIR UN CLIP SANS FAIRE DE TEST

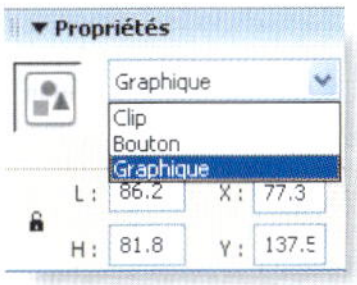

Admettons que vous ayez dans votre document Flash un clip auquel on ne pourrait accéder qu'après quelques manipulations. Ce clip serait impossible à visualiser directement sur un test de fichier SWF. Admettons également que vous ayez besoin d'apporter de fréquents changements à ce clip et de voir aussi souvent que possible le résultat de ces changements. Il faudrait alors un moyen de voir le clip indépendamment du reste.

Sélectionnez l'occurrence du clip que vous souhaitez voir. Allez dans l'inspecteur des propriétés et choisissez l'option Graphique dans la liste déroulante des comportements de symboles. Sélectionnez ensuite l'option Une seule image dans la liste des Options graphiques, de façon à pouvoir, si l'occurrence sélectionnée contient assez d'images, prévisualiser l'animation. Il ne vous reste plus qu'à tester votre clip en vous déplaçant à travers le scénario. Cette astuce ne marchera pas si le clip original contient lui-même des actions ou d'autres clips imbriqués. Lorsque vous en avez terminé avec votre test, n'oubliez pas de revenir au comportement d'origine (Clip) dans l'inspecteur des propriétés.

DES FEUILLES DE STYLE DANS FLASH ?

En fait, non, pas tout à fait, mais presque… Allez dans votre bibliothèque et cliquez, dans le menu du panneau, sur l'option Nouvelle police. Choisissez la police Arial, appelez-la « Heading 1 » et appuyez sur OK. Ajoutez du texte sur votre scène, sélectionnez-le et choisissez votre nouvelle police dans l'inspecteur des propriétés. Enfin, retournez dans votre bibliothèque et double-cliquez sur le symbole de la police que vous venez de créer. Si vous remplacez le type de police Arial par un autre, vous verrez le texte de votre scène s'adapter automatiquement.

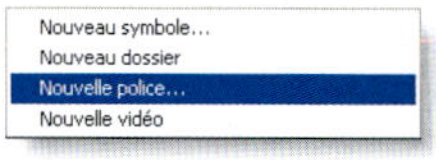

Cette astuce permet donc de créer un style pouvant être modifié à tout moment. Tous les blocs de texte auxquels ce style aura été appliqué pourront être modifiés en une seule fois. C'est le même principe qu'avec les feuilles de style en code HTML.

BOUTONS INVISIBLES

Bouton Standard

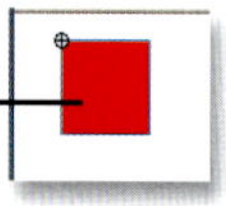

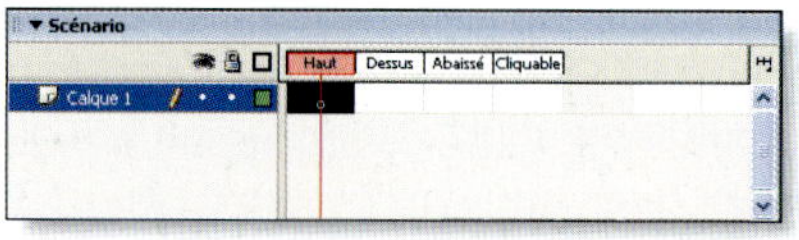

Bouton Invisible

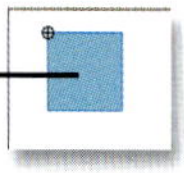

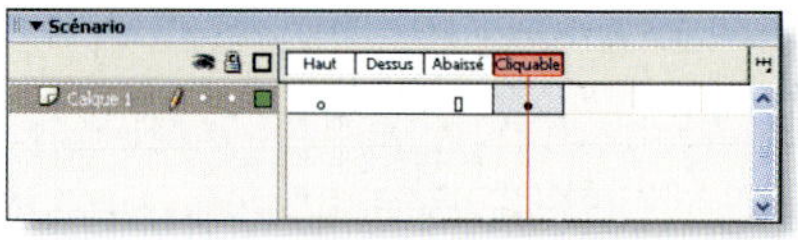

Si vous êtes passé maître dans la création de boutons simples et que vous désiriez passer au niveau supérieur, cette astuce est pour vous. Dessinez un carré dans votre scène et convertissez-le en bouton (F8). Double-cliquez sur l'occurrence pour l'éditer. Déplacez l'image clé de l'état « Haut » à l'état « Cliquable ». Retournez à présent dans le scénario principal. Notez que le bouton apparaît en bleu clair. Cela signifie que vous venez de créer un « bouton invisible ». Le bouton n'apparaîtra pas à la publication, mais restera actif, comme vous pourrez le constater en le survolant avec votre curseur. Il est également possible de lui attribuer d'autres actions, comme pour un bouton normal. En le plaçant au-dessus de symboles, on peut s'en servir pour faire passer ces derniers pour des boutons, sans avoir à les convertir.

DÉCOUPAGE SONORE

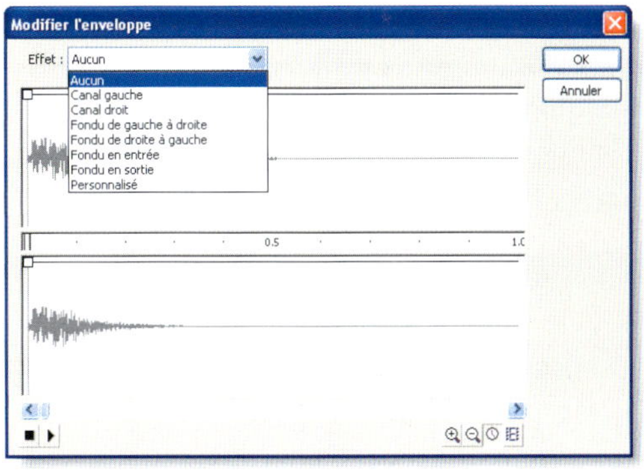

Un ami vous offre une chanson pour votre clip. Mais voilà, vous n'avez besoin que d'une partie de ce morceau. Ou bien, alors, vous souhaitez la démarrer et la terminer par un fondu sonore. A moins d'être un amateur de musique électronique, vous ne disposez pas, *a priori*, du matériel nécessaire pour modifier cette chanson. Voici donc ce que je vous conseille de faire…

Sélectionnez l'image clé dans laquelle le son se situe, et regardez dans l'inspecteur des propriétés. Cliquez sur le bouton Modifier pour faire apparaître la boîte de dialogue Modifier l'enveloppe. Là, vous pourrez tronquer votre séquence sonore en déplaçant les petites barres grises situées au début et à la fin de la barre centrale. Servez-vous aussi des boutons Lecture et Stop pour tester votre travail et des boutons Zoom pour varier l'affichage du spectre sonore. Vous pouvez même appliquer quelques effets prédéfinis à votre morceau. Cela n'est ni SoundEdit Pro ni Rebirth, mais au moins c'est à portée de main.

UNE BOÎTE D'ENCADREMENT DISPARAÎT

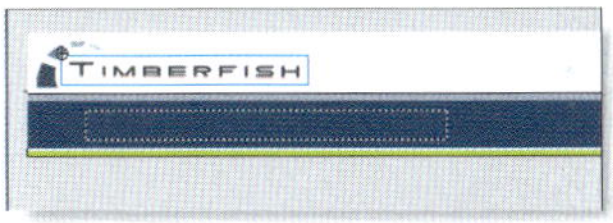

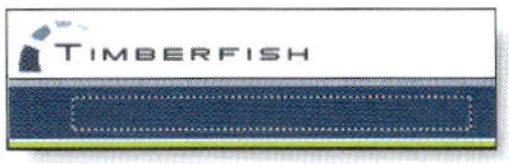

Je suis peut-être seul dans ce cas, mais rien ne m'énerve plus que le petite rectangle bleu qui apparaît lorsque je déplace un objet (Groupe, Texte ou Symbole). Il m'empêche de voir la position exacte des éléments sur la scène. Combien de fois m'a-t-il fallu désélectionner un objet pour faire disparaître ce rectangle de ma vue et visualiser la scène correctement. Heureusement, j'ai depuis pris connaissance de l'astuce suivante.

Pour faire disparaître ce rectangle lorsque vous sélectionnez un objet, appuyez sur Ctrl+H (Masquer les contours) ou Maj+Cmd+E sur Mac. L'objet sera toujours sélectionné, vous pourrez le déplacer, mais le rectangle sera caché. Malheureusement, cette astuce est temporaire et ne fonctionne qu'avec l'objet en cours. Si vous sélectionnez autre chose, la boîte d'encadrement réapparaîtra.

UN TOUR DE PASSE-PASSE

Par définition, une occurrence de symbole n'est rien d'autre qu'un objet factice dépendant du symbole original. Lorsque vous glissez plusieurs occurrences d'un même symbole dans une scène, le moindre changement apporté à l'original se répercute sur l'ensemble des occurrences. Mieux encore, il est possible de changer le symbole lui-même.

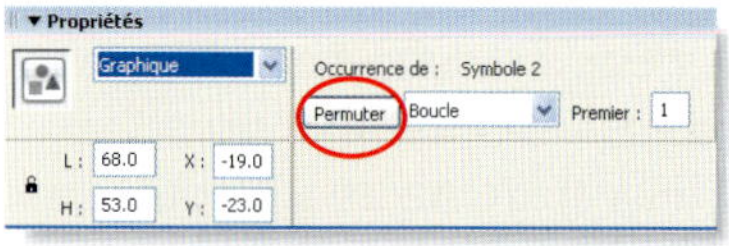

Sélectionnez une occurrence dans votre scène. Dans l'inspecteur des propriétés, appuyez sur le bouton Permuter. Une liste des symboles de votre bibliothèque apparaît, dans laquelle vous pouvez choisir. Sélectionnez-en un et appuyez sur OK. Flash modifiera toutes les occurrences de votre scène en conséquence. Ce qui est bien, c'est que toutes les propriétés que vous aurez ajoutées entre-temps à ces occurrences seront conservées.

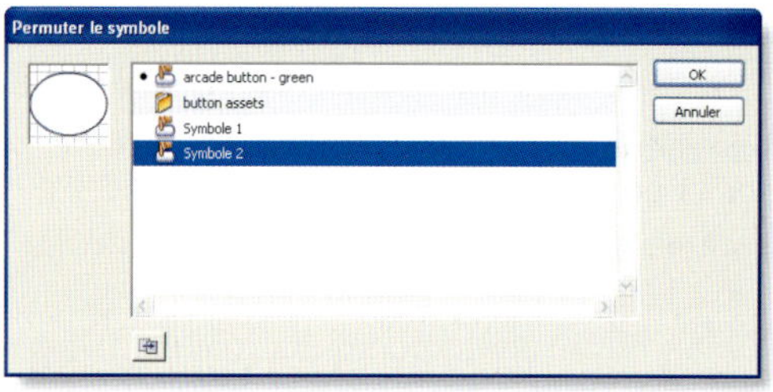

INSPIRATION

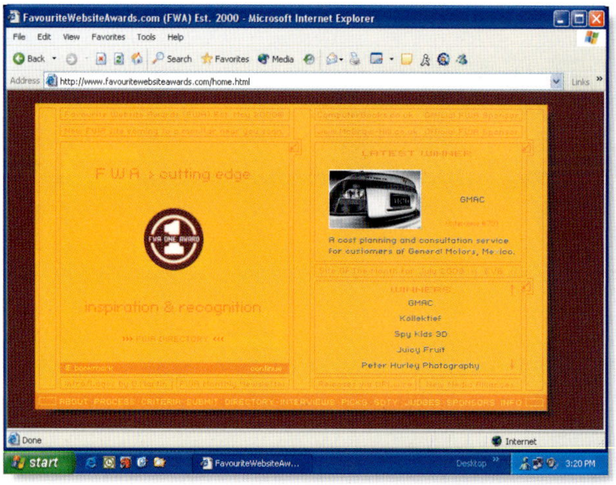

Si vous voulez savoir de quoi Flash est capable, je connais une bonne adresse. Le portail Favourite Website Awards, qui existe depuis un certain temps, a toujours su trouver et compiler les meilleurs sites et animations Flash du Web. Si vous ne vous laissez pas intimider par son contenu, et si vous êtes anglophone, vous y trouverez une source d'inspiration unique.

http://www.favouritewebsiteawards.com

ACTIVATION DE FLASH

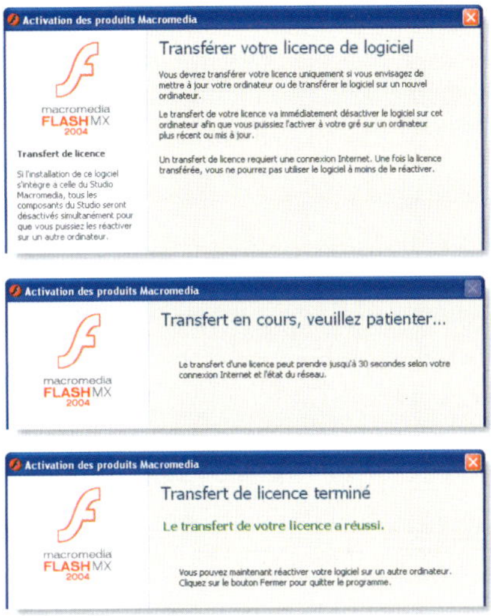

C'est vrai, Macromedia a prévu un système d'activation de produit, comme Microsoft l'avait fait auparavant avec Office et Windows XP. La licence standard de Flash MX 2004 ne permet d'installer le programme que sur deux machines. Si vous essayez de l'installer sur plus de deux machines, vous risquez d'avoir des problèmes.

Pour transférer l'installation de Flash MX 2004 d'un ordinateur à un autre (si vous venez d'en acheter un, par exemple), vous devez transférer le logiciel. Allez dans Aide > Transférer la licence de votre logiciel. Cela désactivera la version courante de Flash de façon que vous puissiez le réinstaller et l'activer sur un autre ordinateur.

Je doute que ce système d'activation de produit soit une arme très efficace dans la lutte contre le piratage ; ce qui est sûr, c'est que ce n'est pas un cadeau pour les utilisateurs…

ACTIONSCRIPT.ORG

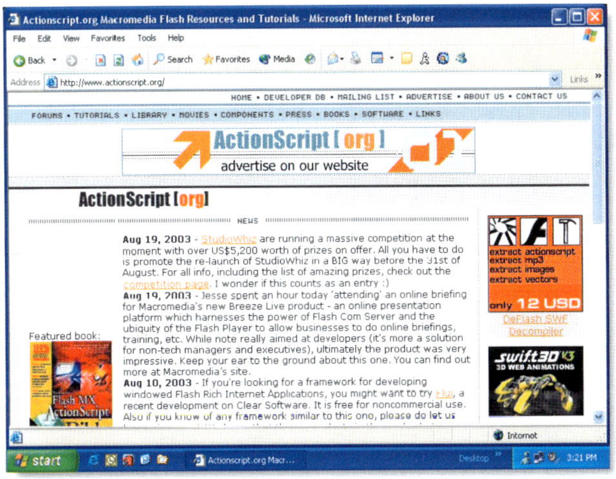

Si vous êtes un amateur de commandes ActionScript, je vous conseille de ranger ce site dans vos favoris. Vous y trouverez des didacticiels, des forums et bien d'autres matériaux. Si vous souhaitez trouver une réponse à un problème particulier, vous trouverez sans doute quelqu'un pour vous aider. Attention, cependant, ce site spécialisé ne traite que des différents langages de scripts !

http://www.actionscript.org

LA BIBLE

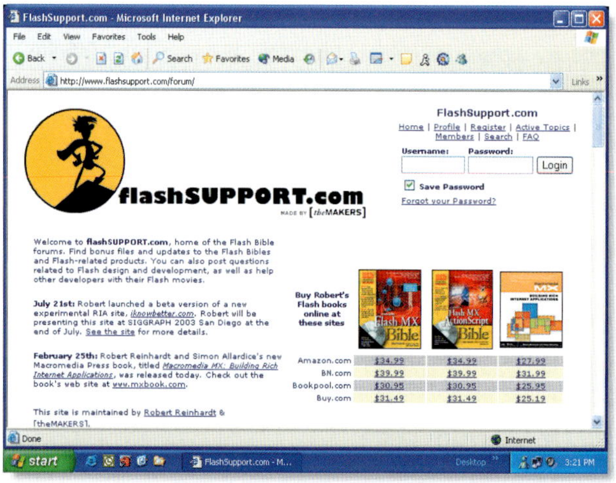

http://www.flashsupport.com

Concernant Flash, le livre de référence est à mon avis *Macromedia Flash MX Bible* de Robert Reinhardt (John Wiley et Sons). L'objectif de ce livre est non pas, contrairement au mien, de vous révéler une pléiade de trucs et d'astuces, mais bien de passer en revue l'ensemble des fonctions de l'application. C'est un ouvrage de formation autant qu'un livre de référence qui mérite une place sur votre bureau, au côté du *Killer tips*.

UN SITE PLEIN DE RESSOURCE

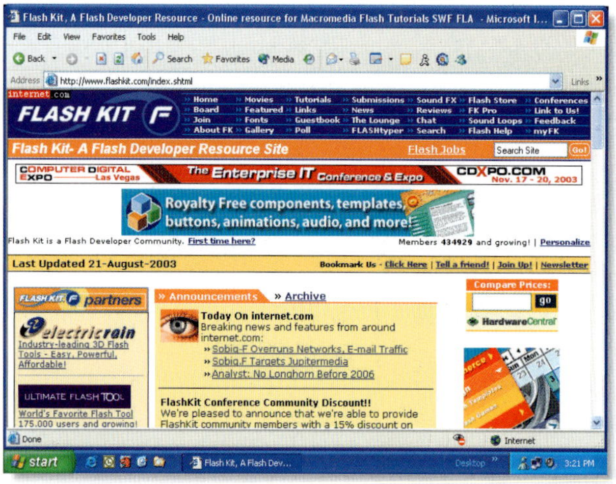

http://www.flashkit.com

Parmi les centaines de sites consacrés à Flash, celui-ci est sans doute le plus complet. Flashkit propose une quantité impressionnante de didacticiels, d'articles et de leçons écrits aussi bien par des professionnels reconnus que par des collaborateurs anonymes. On y trouve même des dossiers consacrés aux anciennes versions de Flash. Vous ne manquerez pas de faire de ce site communautaire une de vos ressources favorites.

ALLEZ À LA SOURCE

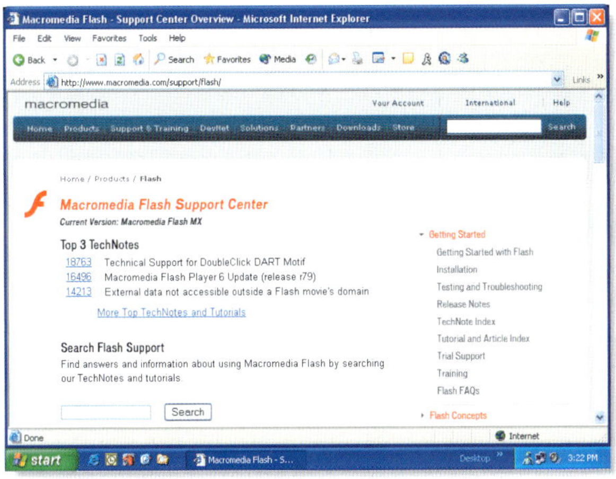

Lorsqu'il s'agit de résoudre les problèmes liés à Flash, difficile de trouver plus expérimenté que Macromedia. Je ne pouvais donc pas me permettre de faire l'impasse sur le Centre de support Flash (uniquement disponible en anglais) de Macromedia. Vous y trouverez une documentation régulièrement mise à jour, des téléchargements, des composants ainsi que des notes techniques destinées à résoudre la plupart des problèmes connus.

http://www.macromedia.com/support/flash/

Pour discuter en ligne et partager votre expérience avec d'autres utilisateurs Flash, le forum (en français) de Macromedia est le suivant : **http://www.macromedia.com/fr/support/forums/**

ILS SONT ICI…

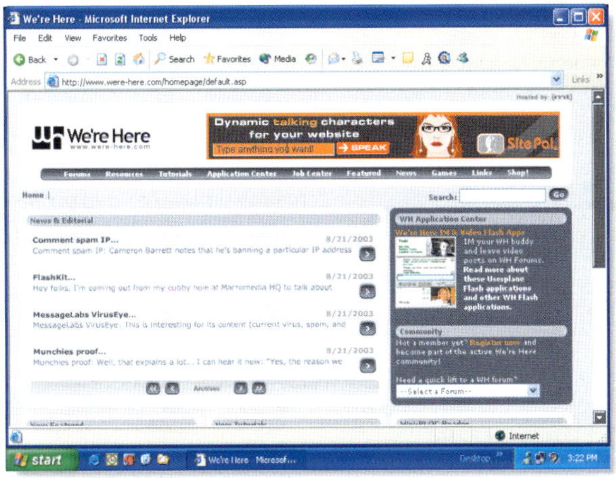

Contrairement à ce que l'on pourrait croire, ill ne s'agit pas d'une suite de Poltergeist, mais du nom d'une communauté de designers. Voici comment ils se présentent : **www.were-here.com** est un site de ressource professionnel destiné aux designers et aux développeurs, et axé sur les technologies relatives au logiciel Flash de Macromedia. » Je suis-moi même régulièrement présent sur ce site. Si le cœur vous en dit, passez-donc nous rendre visite, à l'occasion (site en anglais) : **http://www.were-here.com**

RÉCUPÉRATION D'ERREUR

Vous n'avez aucune raison de perdre vos travaux si vous suivez les conseils prodigués dans ce livre. Cependant, si un problème survient, ne laissant de votre travail qu'un fichier SWF, cette astuce pourra peut-être vous être utile. Il est *a priori* impossible de convertir un fichier SWF en fichier FLA. En fait, il existe une solution pour extraire le code source d'un fichier SWF qui servira ensuite à recréer un fichier FLA pour récupérer la majeure partie de votre travail. On appelle cette méthode « l'ingénierie inverse ». Plusieurs programmes sont disponibles pour effectuer cette opération. Le meilleur d'entre eux s'appelle Sothink SWF Decompiler (**http://www.sothink.com**).

Je dois avouer que j'ai hésité à inclure cette astuce dans le livre. Il semblerait en effet que de plus en plus de gens se servent de ces programmes pour voler le travail des autres. Alors, s'il vous plaît, ne faites pas comme eux.

JETER LA CLÉ

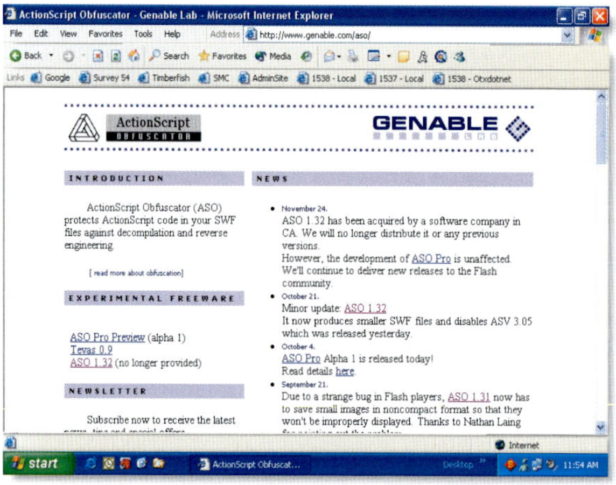

A l'inverse de la précédente, cette astuce est destinée non pas à décoder mais à crypter le contenu de vos documents SWF. Le programme Genable ActionScript Obfuscator a été développé dans le seul but de protéger les fichiers SWF contre les opérations de décompilation et d'ingénierie inverse. Si vous êtes certain de ne jamais avoir besoin de décompiler un fichier SWF, visitez le site **http://www.genable.com/aso/** et servez-vous de ce petit programme.

ANIMATION FLASH

Je pense que vous avez maintenant compris que Flash n'était pas seulement un programme d'animation. Cependant, si vous avez choisi d'utiliser ce logiciel dans cette optique, je vous conseille de jeter un coup d'œil à ce livre. Setro Corsaro s'est attaché dans cet ouvrage à prouver à quel point Flash pouvait être un excellent moyen de créer des animations de personnage de qualité.

The Flash Animator
Sandro Corsaro
© 2002 New Riders Publishing

Import
Export
Zone
de libre
échange

Importer et exporter sans encombre

Chapitre 7

J'entends par importations et exportations l'ensemble des opérations illicites relatives à la circulation de drogue et de fausse monnaie. Ce chapitre regorge d'astuces pour dégoter les meilleurs fournisseurs et pour se constituer à peu de frais tout l'équipement du parfait faux monnayeur. Certes, ça ne cadre pas tout à fait avec le reste du livre, mais de nos jours il faut savoir se diversifier pour arriver à vendre du papier. Accessoirement, j'ai aussi ajouté quelques trucs pour vous aider à gérer les modèles Flash et à importer ou à exporter du contenu multimédia. Mais, bon, si j'étais vous, je sauterais ce passage pour passer directement à la partie « Astuces illégales et croustillantes ». Tout ce que je vous demande, c'est de me céder 10 % de tous vos bénéfices et, si vous êtes arrêté, de ne pas dire que vous me connaissez et que vous avez lu ce livre. Marché conclu ? Alors, c'est bon, vous pouvez continuer votre lecture.

QUOI ? DE L'ÉDITION VIDÉO ?

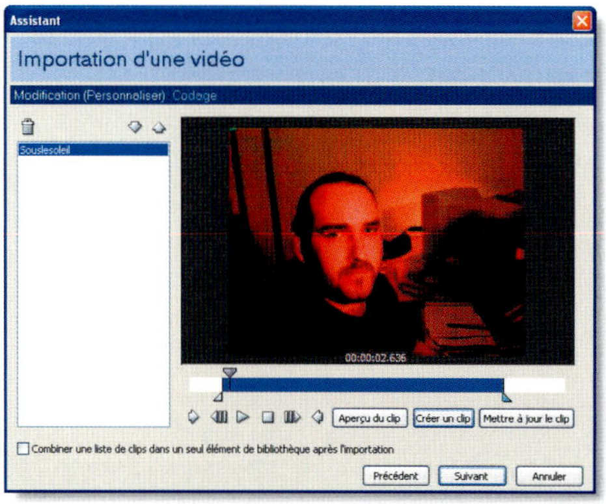

Les développeurs de Macromedia semblent s'être attachés à rendre certaines fonctions de Flash MX 2004 plus accessibles et plus fiables. L'assistant d'importation vidéo en est un bon exemple. Cet assistant permet notamment de localiser une vidéo, de l'importer à l'aide du raccourci Ctrl+R et de l'éditer. Lorsque vous cliquez sur Ouvrir, l'assistant vous demande si vous souhaitez éditer ou simplement importer la vidéo. Choisissez l'option Modifier la vidéo d'abord et cliquez sur Suivant. Dans la fenêtre d'édition, vous pouvez créer des clips à partir de la vidéo originale en déplaçant les poignées situées à chaque extrémité de la barre de temps, puis en cliquant sur le bouton Créer un clip. Cela ne modifie en rien l'état du fichier original.

A partir du moment où ces nouveaux clips sont importés dans votre document Flash, vous pouvez en faire ce que vous voulez. Voilà un outil modeste, mais bien utile.

PUBLICATION

J'aime l'ordre. Je veille toujours à garder un bureau propre, une bibliothèque rangée et ma collection de chaussettes sales classée par ordre chronologique. Non, je plaisante, mon bureau est toujours en désordre. Si vous êtes comme moi, peut-être aimeriez-vous connaître un moyen de stocker vos documents Flash (.fla) dans un répertoire différent de celui des fichiers publiés (.swf). Je garde pour ma part mes fichiers FLA dans un sous-répertoire appelé « source », tandis que mes fichiers SWF restent à l'étage au-dessus. Cependant, lors de la publication, les fichiers SWF passent dans le même répertoire. Vous pouvez opter pour un compromis. Ouvrez vos paramètres de publication (Ctrl+Maj+F12 ou Opt+Maj+F12 sur Mac). Vous devriez voir, dans l'onglet Formats, la liste des différents formats de publication disponibles. Vous pouvez choisir l'emplacement de destination en cliquant sur l'un des boutons situés à droite des champs de format. Pour être sûr que votre fichier sera placé à proximité du document FLA correspondant, entrez «../» devant chaque nom de fichier à publier. Vous pouvez aussi utiliser, sur Mac et PC, les entrées suivantes : «..\» et «..:».

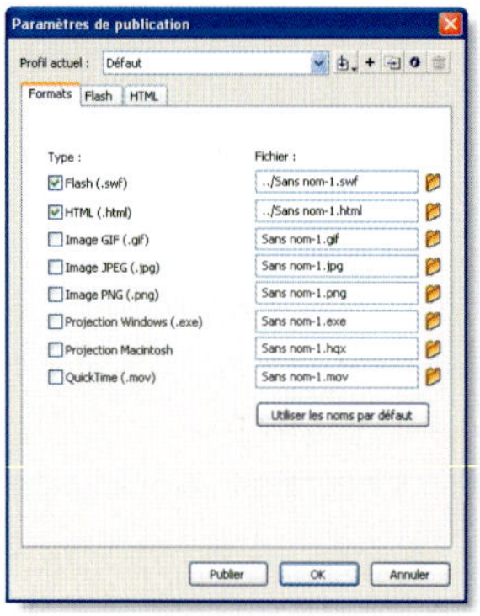

IMPORTEZ-MOI ÇA

Vous l'aviez sans doute remarqué, quand on importe une image ou une vidéo dans Flash, celui-ci la place automatiquement dans le scénario actif, sans nous demander notre avis. A l'inverse, lorsqu'on importe une séquence audio, celle-ci est automatiquement placée dans la bibliothèque. J'ai perdu pas mal de temps à importer puis à effacer l'occurrence des objets importés dans mes scénarios, avant de découvrir la solution : la commande Importer dans la bibliothèque. Celle-ci permet de s'assurer qu'aucun objet importé n'est placé directement dans la scène. Je vous conseille, en suivant les instructions de l'une des astuces précédentes, de vous concocter un raccourci spécial pour cette commande. Vous pourriez même utiliser le raccourci Ctrl+R, attribué par défaut à la commande Importer dans la scène. Enfin, c'est à vous de voir…

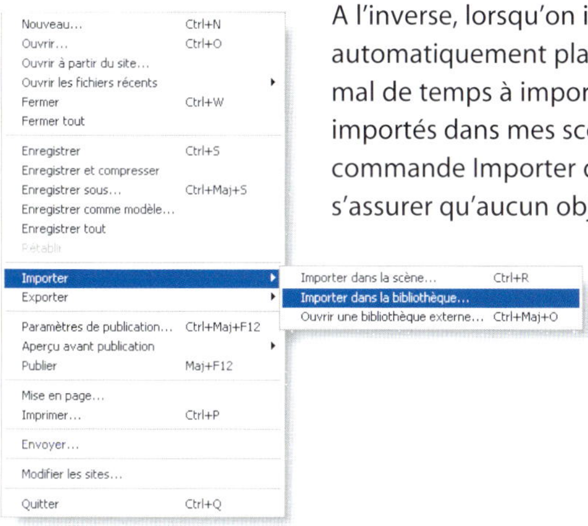

OÙ SONT PASSÉES LES COMMANDES D'ANTAN ?

Il peut être nécessaire, dans certaines occasions, d'ouvrir la bibliothèque d'un document sans avoir à ouvrir le document lui-même. Pour importer des éléments dans le document actif, par exemple. Dans Flash MX, il fallait utiliser la commande Ouvrir une bibliothèque. Dans Flash MX 2004, cette commande n'existe plus. Enfin, si, mais elle est cachée. Vous la trouverez dans le menu Fichier > Importer, sous le nom « Ouvrir une bibliothèque externe ». En fait, c'est exactement la même commande. Si, en plus, vous vous rappelez de l'ancien raccourci (Ctrl+Maj+O ou Cmd+Maj+O sur Mac), alors, je n'ai plus rien à vous apprendre concernant cet outil.

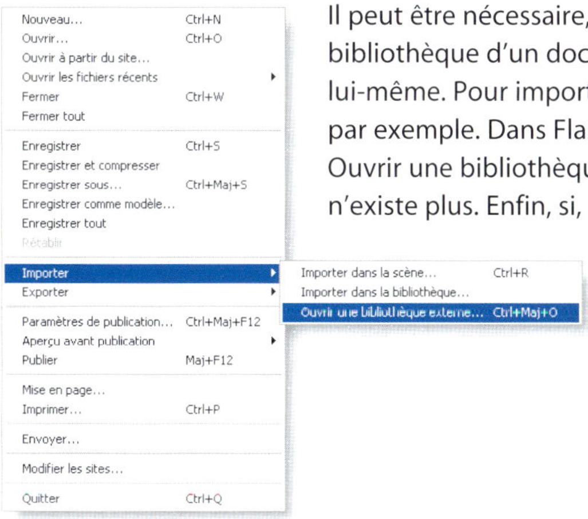

JE N'ARRIVE PAS À IMPORTER DE FICHIER QUICKTIME !

Etes-vous déjà tombé sur ce message en essayant d'importer un fichier QuickTime : « Erreur de lecture : l'importation de certains fichiers a échoué. »

Si oui, rassurez-vous, vous n'êtes pas le seul. C'est l'une des erreurs les plus courantes qu'il m'ait été donné de voir depuis que je suis dans ce métier. Mais, ne vous en faites pas, la solution est simple… Installez QuickTime ! Non, vous ne rêvez pas, si cette erreur se produit, c'est qu'il y a de fortes chances pour que QuickTime ne soit pas installé sur votre machine. Et n'oubliez pas que ce genre de problème peut se produire avec n'importe quel type de fichier à importer. Si le message d'erreur persiste, il ne vous reste plus qu'à faire appel aux solutions de support technique de Macromedia.

MISE À JOUR

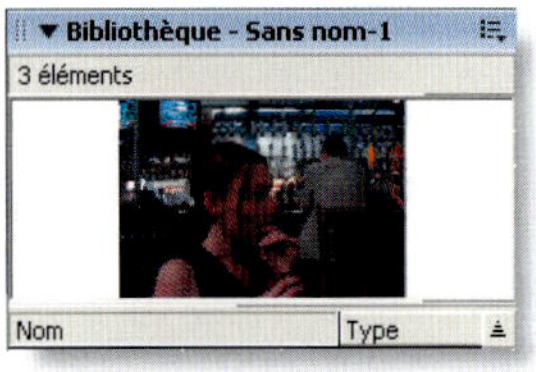

L'un des grands bonds en avant de Flash a été de permettre l'importation d'images, de vidéo et de son. Cependant, ces éléments peuvent parfois rendre difficile le travail d'expérimentation nécessaire à toute création dans Flash. Imaginez que vous vouliez convertir en noir et blanc une série d'images importées dans votre scène. Il n'y a aucun moyen de le faire dans Flash, et il serait dommage d'avoir à réimporter et à repositionner les images après les avoir modifiées dans un autre programme.

Voilà ce que vous devez faire : allez dans votre bibliothèque et cliquez droit sur l'image que vous venez de modifier. Choisissez l'option Mise à jour. Une boîte de dialogue apparaît qui permet de vérifier les mises à jour du fichier sélectionné. Cliquez sur OK. Flash remplace l'actif de votre bibliothèque par la dernière mise à jour correspondante. Cela ne peut fonctionner que si le fichier original se trouve toujours au même endroit. Dans le cas contraire, le message « Fichier introuvable » apparaîtra.

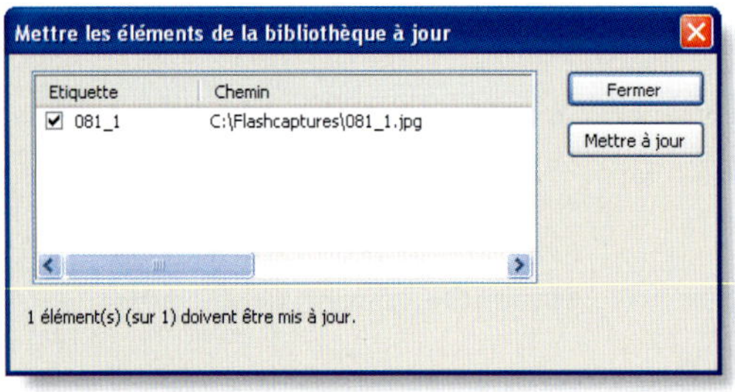

MON FICHIER A GROSSI

Avez-vous remarqué que, lorsque vous travaillez sur un fichier pendant plusieurs heures, en prenant soin d'appuyer régulièrement sur Ctrl+S (Enregistrer) pour sauvegarder vos changements, la taille de votre document FLA augmente de manière constante ? Vous aurez beau essayer d'alléger le fichier en supprimant quelques éléments de votre bibliothèque, la taille du document continuera à croître. En effet, au lieu d'écraser les versions précédentes d'un fichier de travail, Flash se contente d'y ajouter toutes les modifications apportées à chaque nouvel enregistrement. Auparavant, il fallait, pour remédier à ce problème, utiliser la commande Enregistrer sous et créer un nouveau fichier de sauvegarde. Ennuyeux, n'est-ce pas ? Heureusement, Flash MX 2004 a trouvé la solution en intégrant la commande Enregistrer et compresser. Je ne comprends toujours pas pourquoi ils n'en ont pas fait la commande de sauvegarde par défaut…

ILLUSTRATOR

Les infographistes Web utilisent souvent plusieurs applications vectorielles. L'une des plus connues est Adobe Illustrator. Voici donc une astuce pour importer vos fichiers d'Illustrator vers Flash.

Il existe plusieurs façons de procéder, la meilleure étant d'enregistrer directement votre travail sous Illustrator au format SWF (Illustrator 9 ou ultérieur) puis d'importer ce fichier dans Flash. Cette méthode est la seule à garantir une transition correcte d'un programme à l'autre. Si vous utilisez Illustrator 8, vous pouvez quand même exporter directement au format SWF, mais vous devez pour cela télécharger le plug-in adéquat à l'adresse suivante : **www.macromedia.com/software/flash/download/flashwriter/**.

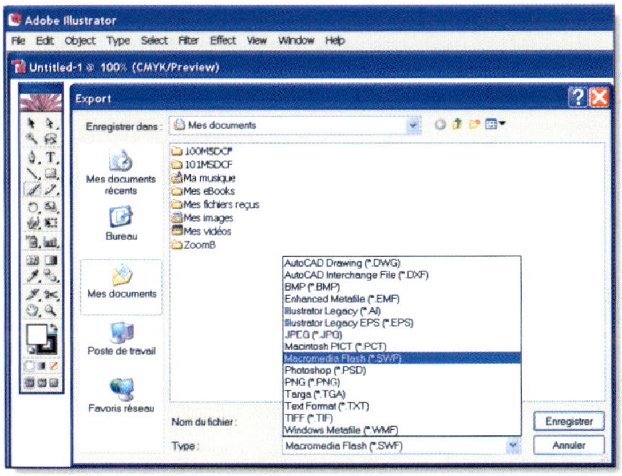

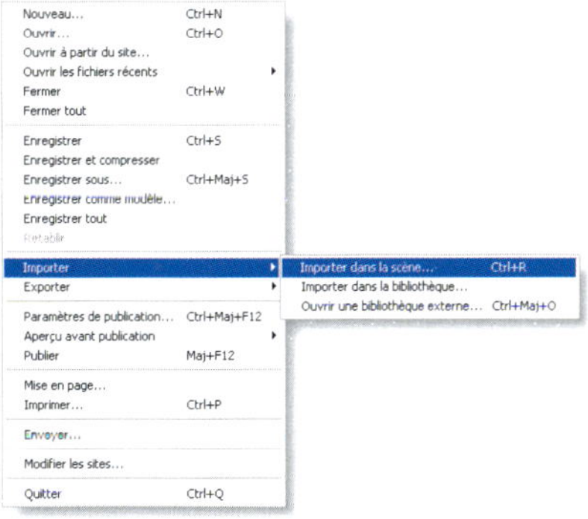

SÉQUENCES D'IMAGES

A l'époque où j'ai commencé à me servir de Flash, la seule façon d'inclure une vidéo dans un document était de l'importer sous la forme d'une séquence d'images fixes. Mais cette méthode générait des tailles de fichier beaucoup trop importantes, sans compter que les images devaient être chargées à chaque nouvelle ouverture du document. Depuis qu'il est possible d'importer directement des séquences vidéo dans Flash, cette méthode a perdu de son intérêt. Sauf en de rares occasions, lorsqu'on ne peut pas faire autrement que d'importer une séquence d'images fixes.

Quelle qu'en soit la raison, la marche à suivre est assez simple. Sélectionnez la première image clé vide de votre scénario et appuyez sur Ctrl+R. Sélectionnez ensuite la première image de la série et appuyez sur OK.

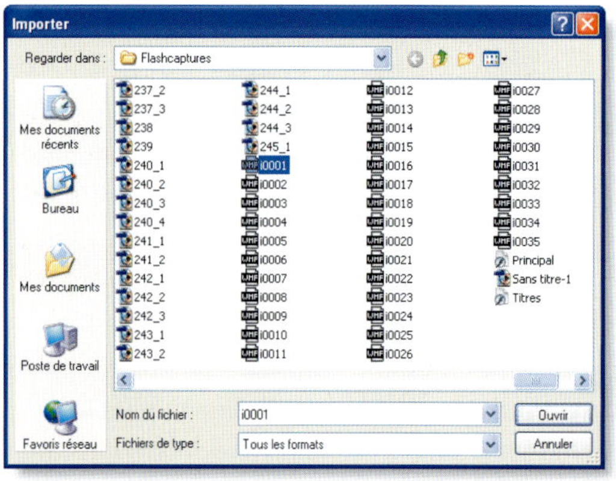

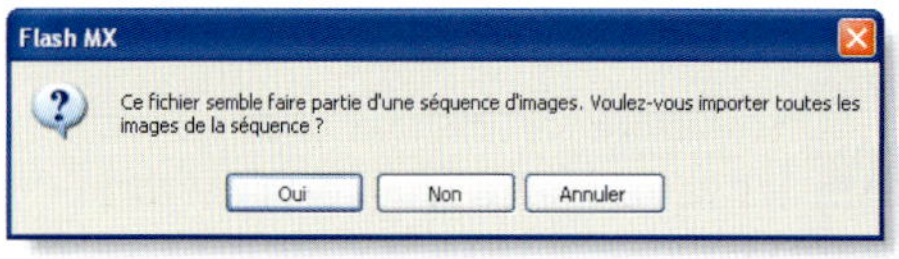

Note : les noms de fichiers d'une telle séquence doivent se terminer par un nombre et être rangés en ordre croissant.

Lorsque le processus d'importation démarre, Flash détecte la séquence et vous demande si vous souhaitez l'importer entièrement. Dans ce cas, Flash se chargera de disposer les images en bon ordre dans le scénario. Lancez la lecture et vous constaterez que la séquence s'anime comme n'importe quel fichier vidéo.

ECHANGE DE FICHIERS

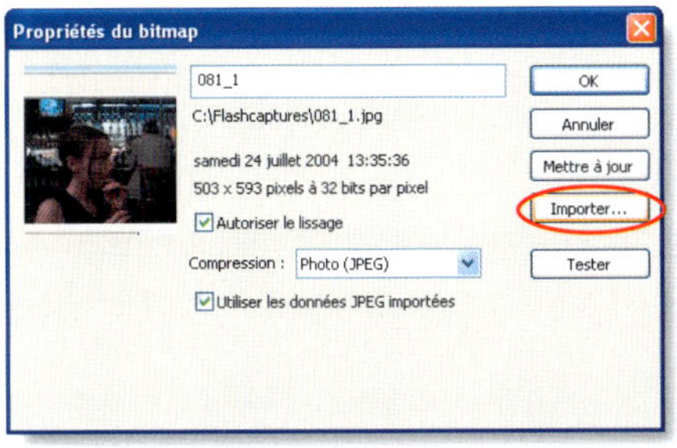

Ne vous emballez pas, il ne s'agit pas d'échanger des fichiers MP3 *via* Internet. D'ailleurs, Flash ne supporte pas ce format de fichier. Par échange de fichier, j'entends remplacement d'élément à l'intérieur de la bibliothèque. Autrement dit, s'il y a des fichiers importés (vidéo, son ou image) dans votre scène, vous pouvez facilement les remplacer par d'autres fichiers.

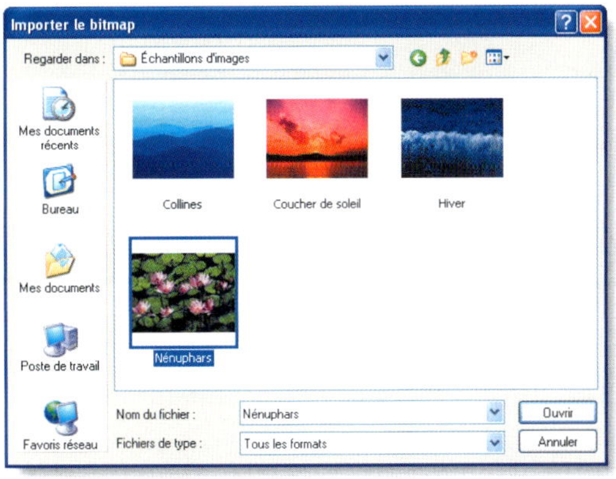

Double-cliquez sur un de ces éléments dans la bibliothèque, puis choisissez Importer. Vous retrouverez la même procédure que lors de la première importation du fichier, à la différence près qu'ici, au lieu d'en importer un nouveau, vous remplacerez le fichier actuel. C'est l'outil idéal, par exemple, pour remplacer plusieurs occurrences d'une même photo par une autre image. Là encore, Flash fait tout le travail à votre place.

UN PETIT APERÇU

Bien que les outils de prévisualisation ne manquent pas dans Flash, rien ne vaut un vrai test. Heureusement, il existe un moyen simple de tester votre œuvre sans sortir de votre environnement de travail.

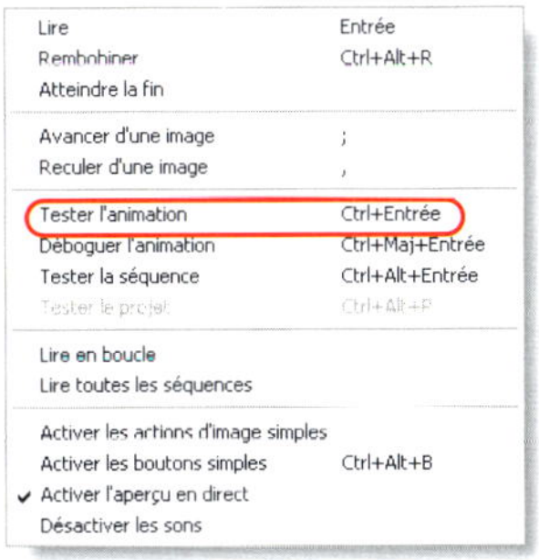

Le raccourci Ctrl+Entrée ou Cmd+Entrée (Tester l'animation) vous permet d'exporter rapidement votre film vers un fichier SWF et de le charger directement dans Flash. Une fois terminée la lecture de votre test, il suffit de fermer votre fenêtre pour revenir à la scène. Cela ne fonctionne pas dans tous les cas de figure, mais pour une utilisation basique c'est l'outil idéal.

L'ONGLET MODÈLE

Si vous êtes habitué à vous servir des modèles dans Flash, vous avez sans doute remarqué que la commande Nouveau à partir d'un modèle, présente dans la précédente version du logiciel, n'existait plus. Dans Flash MX 2004, cette commande a été remplacée par une boîte de dialogue bien plus pratique. Allez dans Fichier, puis Nouveau (Ctrl+N ou Cmd+N sur Mac) pour ouvrir cette nouvelle boîte de dialogue. Vous y trouverez d'une part un onglet Général abritant le modèle de document par défaut de Flash (le plus courant) et d'autre part un onglet Modèle rassemblant une liste des modèles classiques de Flash MX, agrémentés de quelques nouveautés et améliorations.

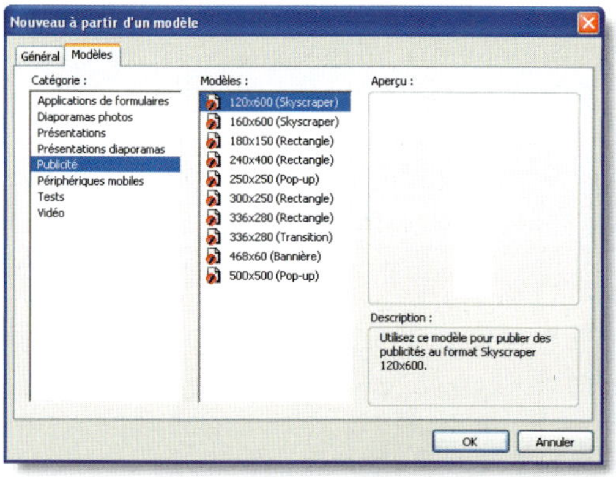

Choisissez l'un des nouveaux modèles et cliquez sur OK pour créer un nouveau document, tout comme vous l'auriez fait avec l'ancienne commande de Flash MX.

PROJECTEUR DE POCHE

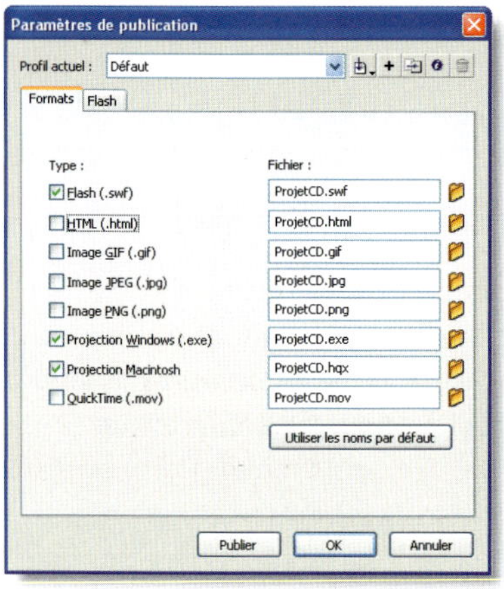

Allez dans les paramètres de publication (Ctrl+Maj+F12 ou Opt+Maj+F12 sur Mac) de n'importe quel document Flash, allez ensuite dans l'onglet Général, puis cochez l'une des deux options Projection (Windows ou Macintosh), suivant votre système d'exploitation. Appuyez sur Publication (Maj+F12). Double-cliquez sur le fichier de projection généré (au format .exe ou .hqx) pour voir votre film projeté sans l'aide d'aucun navigateur.

Les projecteurs sont essentiellement composés d'un clip et d'une copie du lecteur Flash permettant aux utilisateurs qui ne possèdent pas le logiciel de lire le clip. Je m'en sers pour envoyer mes créations à ma grand-mère, pour qui Flash est une lumière violente surgissant au-dessus des appareils photo lors des fêtes de famille. Accessoirement, je l'utilise aussi pour publier mes clips sur CD-ROM.

JE SUIS COINCÉ DANS FLASH MX 2004 – QUE FAIRE ?

Imaginons que Flash MX 2004 vienne de sortir dans les bacs et que vous en soyez l'un des premiers acheteurs. Le lendemain, un client vous demande de créer un film Flash. Vous lui envoyez votre fichier Flash, mais, problème, il fonctionne encore avec Flash MX, l'ancienne version du logiciel. Que faire ?

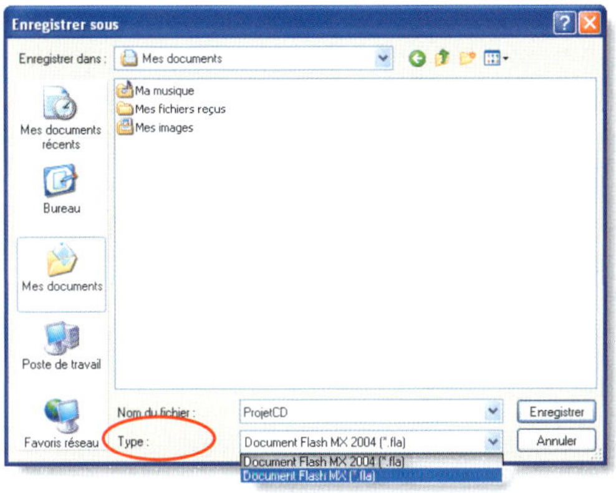

D'abord, ne pas s'inquiéter. Au moment d'enregistrer vos documents dans Flash (Fichier > Enregistrer ou Fichier > Enregistrer sous), choisissez de sauvegarder votre fichier FLA en passant du type Flash MX 2004 au type Flash MX. Cela n'aura aucune répercussion sur la qualité de votre document. Imaginons maintenant que le client vous appelle et vous demande de lui envoyer le fichier au format Flash 5. Vous lui répondez : « Désolé, je ne fais pas dans les formats archaïques. » Vous perdez le job et gagnez une bonne histoire à raconter lors d'une soirée entre amis. Que cela vous serve de leçon, vous n'avez le choix qu'entre deux types de formats FLA : Flash MX 2004 ou Flash MX.

MON MODÈLE

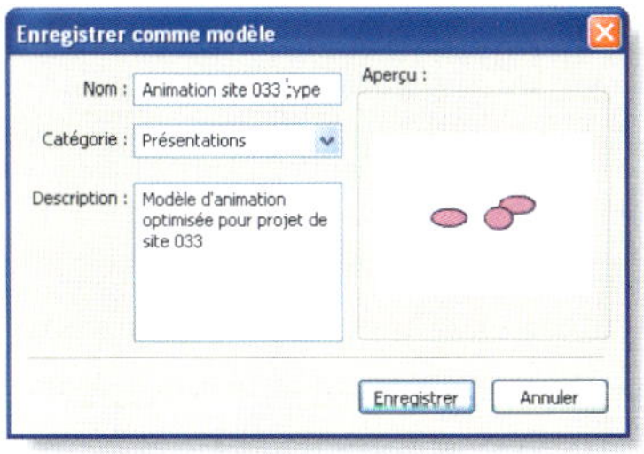

Que de temps gagné grâce aux modèles ! Savez-vous que vous pouvez créer les vôtres ? Les modèles Flash ne sont rien d'autre que des clips enregistrés dans un répertoire précis. Ils n'ont pas d'autres caractéristiques particulières. Si vous désirez transformer un de vos documents en modèle, il vous suffit de l'enregistrer à l'aide de la commande Enregistrer comme modèle. Donnez-lui un nom, attribuez-lui une catégorie, faites-en une rapide description et appuyez sur Enregistrer. La prochaine fois que vous créerez un nouveau document, vous le verrez listé parmi les autres modèles dans l'onglet Modèle de la boîte de dialogue idoine.

N'hésitez pas à prendre exemple sur les modèles de Flash et à en étudier la composition pour créer des modèles personnalisés fiables.

COPIE INTERDITE ?

Copier des images depuis le presse-papiers n'est pas la meilleure chose à faire. Mais il arrive que cela soit nécessaire. Certains problèmes peuvent alors survenir, en particulier si vous décidez de copier des images de grande taille en provenance d'autres programmes. Vous n'obtiendrez qu'un message d'erreur affirmant que Flash n'est pas en mesure de supporter de tels fichiers. Je pense que cela doit être dû à une capacité mémoire insuffisante. Il existe d'ailleurs dans la boîte de dialogue Préférences un onglet Presse-papiers spécialement consacré à ce sujet.

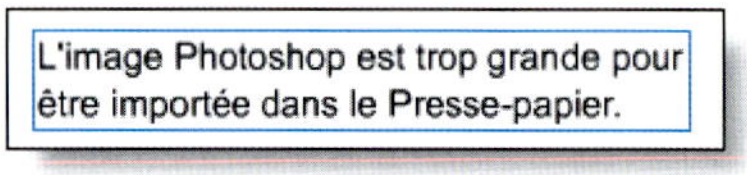

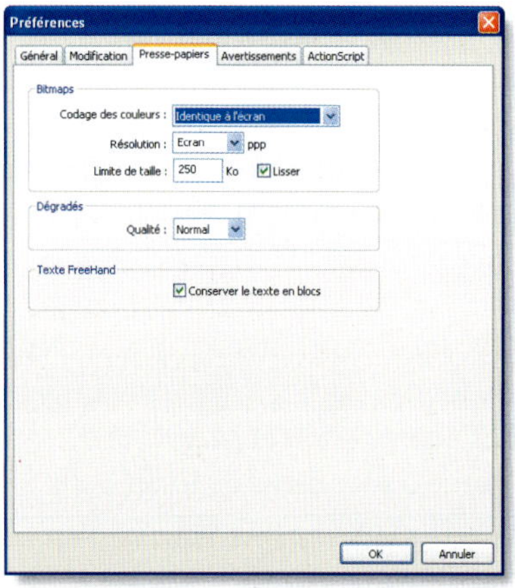

La taille des documents transférés par ce biais est limitée à 250 Ko (ce qui me semble peu), et vous pouvez l'augmenter jusqu'à 5 000 Ko (5 Mo) pour permettre des copier/coller de plus grande envergure. Les autres options de cet onglet se passent d'explication. Au-delà de 5 Mo, vous devrez importer vos fichiers par le biais de la procédure d'importation classique (Fichier > Importer). Ces réglages s'effectuent en fonction de la puissance de votre ordinateur. La quantité de mémoire vive installée peut avoir d'énormes répercussions sur les capacités de votre presse-papiers.

CANAL ALPHA

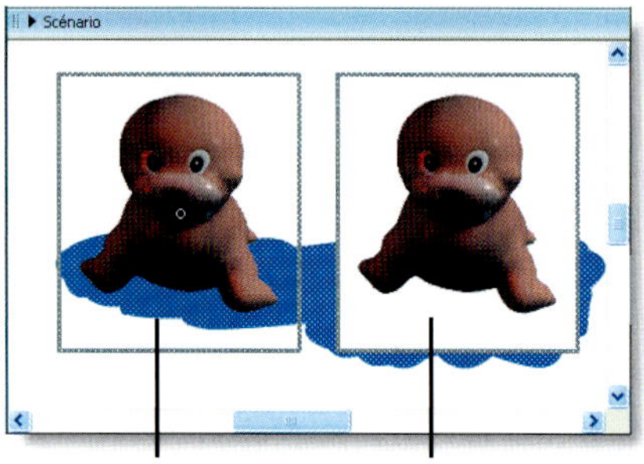

PNG avec transparence

JPEG sans transparence

Les images créées sous Photoshop ou Fireworks contiennent fréquemment un canal Alpha (transparence) que l'on souhaite retrouver dans Flash. C'est possible, à condition d'importer ces images à l'aide de la commande Fichier > Importer et de s'assurer que leur format est bien supporté par Flash. Parmi les formats qui gèrent les informations de transparence, on trouve le PNG-24, le GIF, le PICT et le TIFF.

EXPORTATION VIDÉO

Nous avons la chance de pouvoir, dans Flash, importer toute sorte de contenu vidéo directement dans l'espace de travail. Mais ce que l'on sait moins, c'est que l'inverse est également possible. C'est d'ailleurs la raison pour laquelle de plus en plus d'animateurs se servent de Flash pour créer leurs œuvres, avant de les exporter sous la forme de séquences QuickTime publiables sur CD ou DVD.

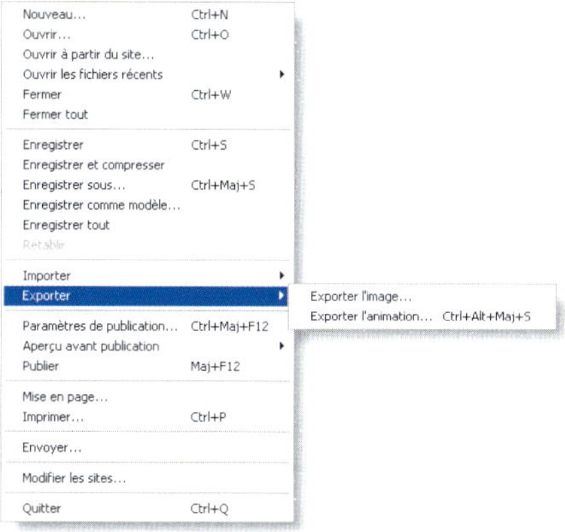

Si telle est votre intention, rappelez-vous qu'il y a certaines règles de base à respecter. Premièrement, toute votre animation doit se trouver dans le scénario principal. Ce qui veut dire qu'il ne peut y avoir de clips imbriqués, de boutons ou d'autres éléments avancés. Il existe une technique très simple pour savoir si votre film se prête à ce genre d'exportation : sélectionnez la première image de votre scénario et appuyez sur Entrée pour lancer la lecture de la séquence. Si votre animation se lit sans problème, vous êtes prêt à l'exporter au format vidéo de votre choix (QuickTime, AVI, etc.). Sinon vous avez encore un long chemin à faire.

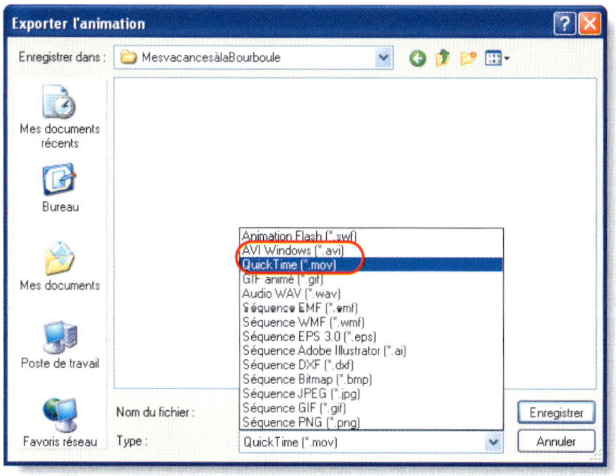

PAS DE PSD SANS QUICKTIME

Cette astuce ne s'adresse qu'aux utilisateurs de Windows. Admettons que vous ayez l'habitude de travailler sur Photoshop depuis des années. Vous avez sauvegardé 95 % de votre travail au format PSD. Un jour, vous décidez d'acheter Flash MX 2004, avec l'intention d'y importer vos fichiers Photoshop. Or ce n'est pas possible. Flash ne peut pas importer de fichiers PSD. Du moins pas sans l'aide de QuickTime. C'est d'ailleurs pour cela que le problème ne se pose pas pour les utilisateurs Mac, qui disposent naturellement de QuickTime. Sous Windows, vous devrez vous en procurer la dernière version (la version démo est gratuite) et l'installer. Au prochain essai d'importation de fichier PSD, Flash vous demandera si vous souhaitez passer par QuickTime. Répondez par l'affirmative, et tout se passera bien.

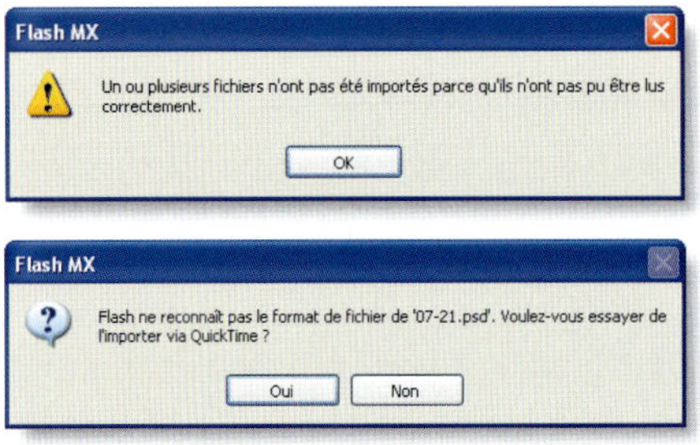

CONVERSION D'UN CLIP EN FICHIER SWF

Normalement, lorsque vous créez des fichiers SWF, vous devez partir d'un document source (un fichier FLA) pour chaque fichier SWF final. Mais vous pouvez procéder autrement. Si, par exemple, vous désirez faire d'un clip qui se trouve dans la bibliothèque courante un fichier SWF à part entière, vous pourrez le faire sans grande difficulté.

Cliquez droit (ou Ctrl+clic sur Mac) sur un clip de votre bibliothèque et choisissez l'option Exporter l'animation Flash. Personnellement, pour m'aider à y voir plus clair, je rassemble dans un répertoire spécial les clips destinés à être convertis.

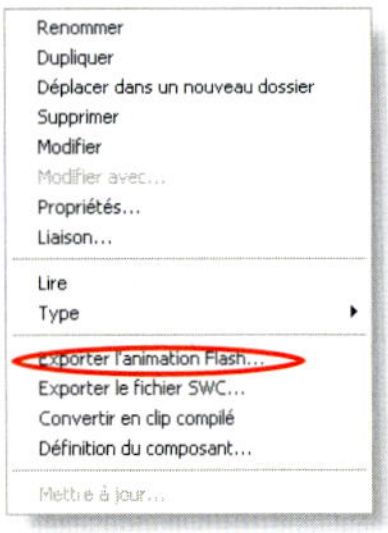

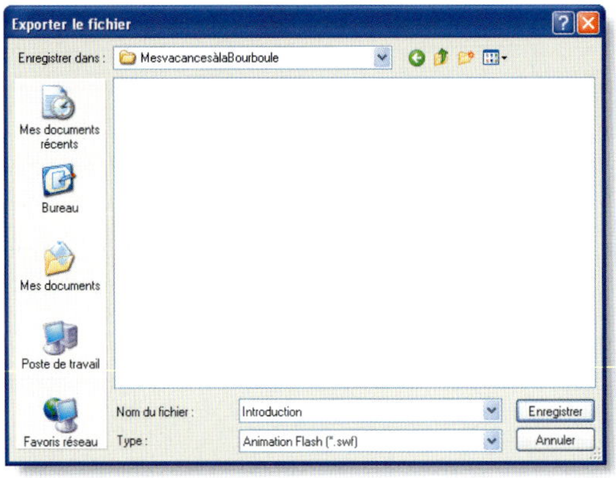

LA BONNE MANIÈRE

Il y a deux façons d'importer des éléments graphiques dans Flash. La première est d'effectuer un copier/coller à partir d'une autre application, l'autre consiste à utiliser les commandes Fichier > Importer > Importer dans la scène (Ctrl+R ou Cmd+R) ou Importer dans la bibliothèque. Quelle solution vous semble la plus intéressante ? Bien sûr, la première est la plus rapide, mais c'est loin d'être la plus fiable.

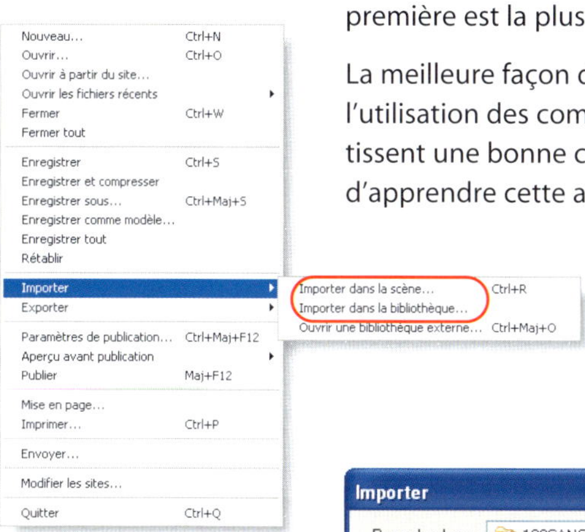

La meilleure façon d'importer des données dans Flash reste l'utilisation des commandes d'importation. Elles seules garantissent une bonne conversion des fichiers. Vous feriez mieux d'apprendre cette astuce par cœur.

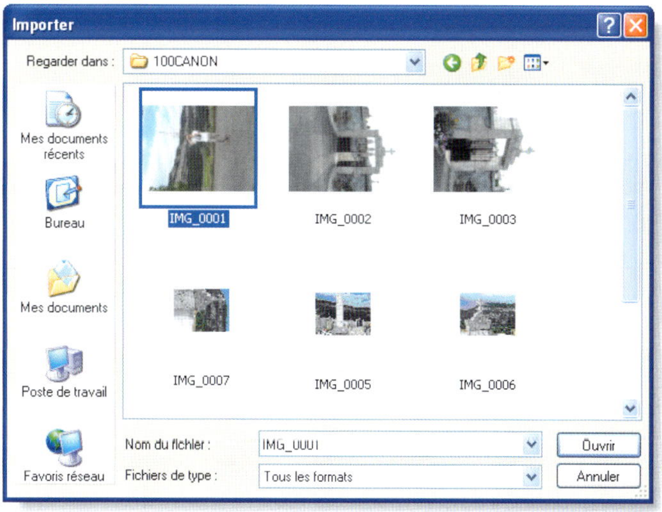

COMPRESSION DE SONS

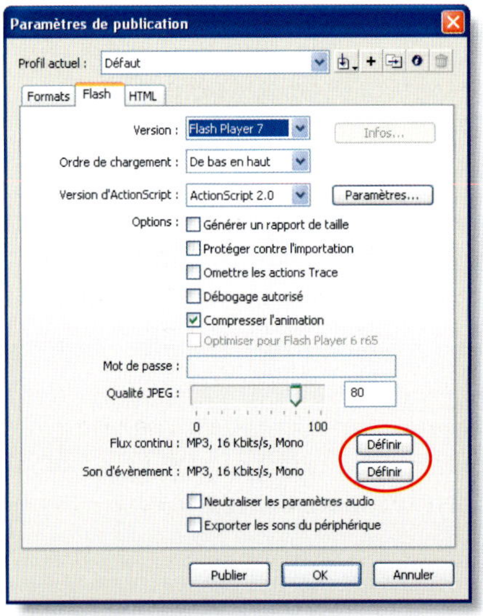

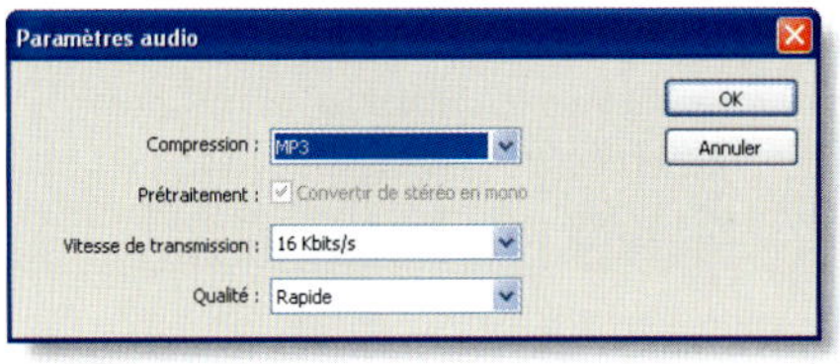

Si vous importez des sons ou de la musique dans votre document, sachez qu'ils seront tous compressés individuellement. Pour modifier ces paramètres de compression, double-cliquez sur l'un des sons de votre bibliothèque. Pour modifier globalement ces paramètres, au lieu de cliquer sur chaque son et de procéder à des changements au cas par cas, suivez plutôt la méthode suivante.

Dans la boîte de dialogue des paramètres de publication (Ctrl+Maj+F12 ou Opt+Maj+F12), dans l'onglet Flash, vous trouverez une option appelée Neutraliser les paramètres audio. Celle-ci affectera tous les sons de votre bibliothèque réglés sur le type de compression par défaut. Elle remplacera cette dernière par les réglages que vous aurez définis dans la boîte de dialogue des paramètres de publication.

Si vous utilisez des clips audio MP3, ceux-ci étant automatiquement basés sur les réglages de compression existants, ils ignoreront, à moins que vous ne le spécifiiez, vos propres ajustements. Il vous restera toujours la possibilité de compresser certains sons individuellement.

EDITION D'IMAGES

Il arrive que l'on ait besoin de retoucher une image après l'avoir importée dans Flash. Comme vous le savez, Flash n'est pas en mesure d'éditer lui-même des images bitmap. En revanche, il est possible de lancer depuis Flash un programme spécialisé de type Photoshop ou Fireworks.

Cliquez droit sur l'une des images de votre bibliothèque et choisissez la commande Modifier avec... Spécifiez l'emplacement du programme recherché, et Flash le lancera automatiquement. Une fois les modifications faites, enregistrez-les et retournez sous Flash. Dans votre document, l'image importée sera mise à jour en conséquence.

En travaillant avec Fireworks, vous gagnerez encore plus de temps grâce à la commande spéciale Modifier avec Fireworks, qui lancera automatiquement le programme. Comme c'est étrange... Flash fonctionne bien mieux avec Fireworks... Les deux programmes sont développés par Macromedia... Y aurait-il un rapport ?

VERROUILLAGE

Je suis tout à fait disposé, la plupart du temps, à partager mes idées, mon travail et même quelques scripts de ma fabrication. Surtout s'ils sont en rapport avec Flash. Cependant, il y a certaines choses que je préfère garder pour moi. Si tel est votre cas, suivez l'astuce suivante.

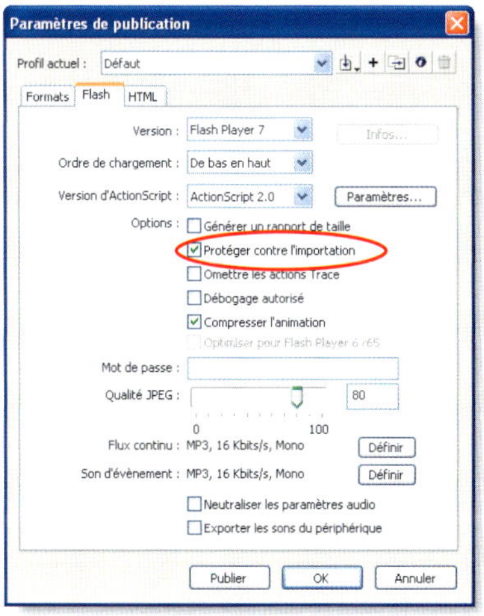

Dans vos paramètres de publication (Ctrl+Alt+F12 ou Opt+Alt+F12), sous l'onglet Flash, vérifiez que l'option Protéger contre l'importation est bien cochée avant de publier votre travail. Cela empêchera que d'autres développeurs s'attribuent la paternité de vos fichiers SWF. Ce n'est pas une solution parfaite, car il existe des programmes capables de décompiler les fichiers SWF, mais ce n'est pas une raison pour faciliter la tâche aux voleurs. Pareil pour ma voiture, si un voleur la veut, de toute façon il l'aura. Mais ce n'est pas une raison pour que je laisse les clés sur le tableau de bord.

PROFILS DE PUBLICATION

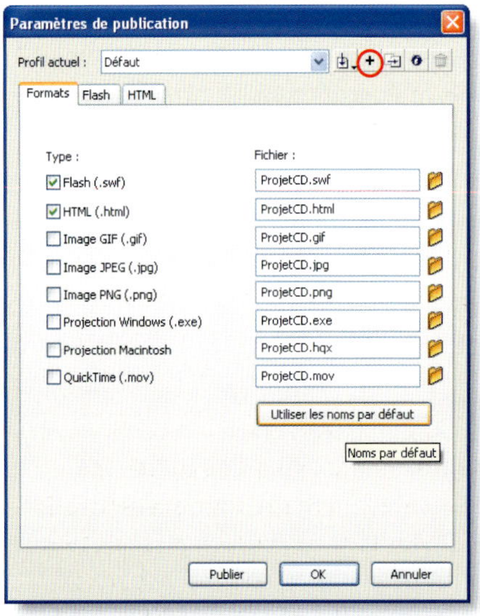

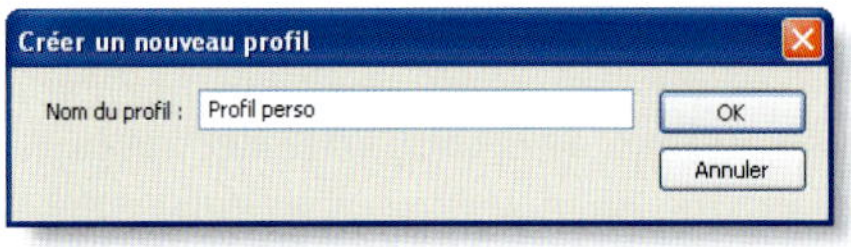

Il peut être ennuyeux, étant donné le nombre d'options d'exportation disponibles, d'avoir à changer les réglages par défaut à chaque nouvelle création de fichier. Par exemple, je ne me sers jamais des options d'exportation HTML. Je me contente de publier mes clips Flash, en sachant que Dreamweaver se chargera du reste. Le problème, c'est que cette option est active par défaut, ce qui signifie que je dois la décocher à chaque fois que je crée un nouveau fichier. A moins que…

Allez dans les paramètres de publication (Ctrl+Maj+F12 ou Opt+Maj+F12) et cliquez sur le bouton Créer un nouveau profil. Donnez-lui un nom et cliquez sur OK. Choisissez ensuite les formats à conserver, réglez les différentes options, cliquez sur le bouton Importer/Exporter le profil et choisissez Exporter. Enregistrez votre profil (au format XML), et le tour est joué. C'en est fini de cette perte de temps, vous avez à présent vos propres réglages par défaut.

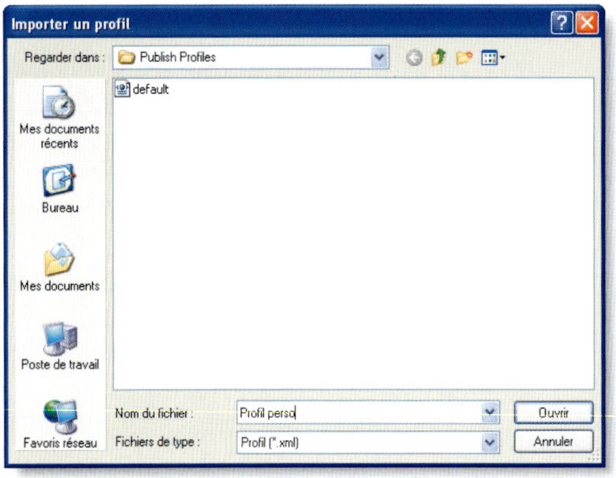

Le seul inconvénient, c'est que vous ne trouverez pas votre nouveau profil listé à la prochaine ouverture de fichier. Vous devrez repasser par le bouton Importer/Exporter le profil, cliquer sur Importer et choisir votre profil dans le répertoire correspondant.

A NOUS DEUX, HOLLYWOOD !

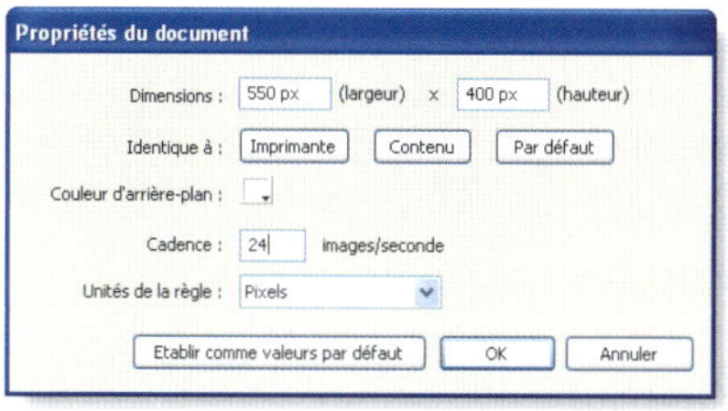

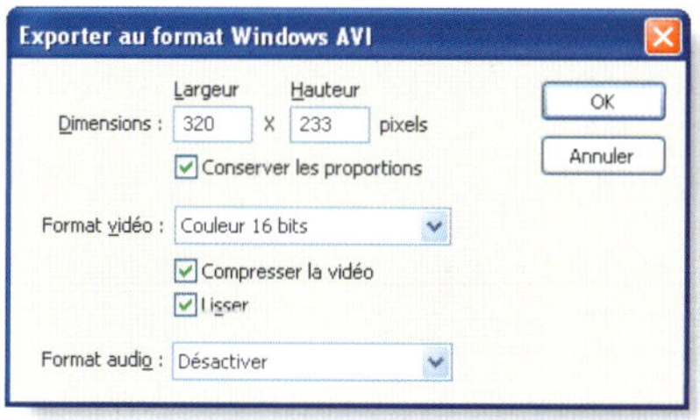

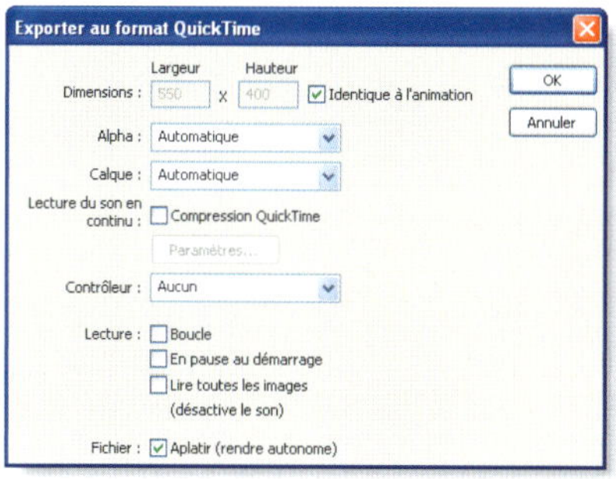

Au fil du temps, Flash s'est trouvé impliqué dans la création de projets très divers. Récemment, il a même été employé à la réalisation d'un long métrage d'animation. Qui aurait pu le prévoir ?

Le pire, c'est que ce n'est pas si difficile à faire. En gros, il vous suffit d'exporter vos séquences Flash au format QuickTime ou AVI, pour pouvoir ensuite les éditer et les monter dans des programmes spécialisés comme Premiere ou Final Cut Pro. Mais, pour cela, certaines règles doivent être observées.

Tout d'abord, assurez-vous que toutes vos animations se trouvent sur votre scénario principal et qu'elles sont visibles en mode Auteur (c'est-à-dire sans avoir besoin de recourir à un test ou à une exportation SWF). Vérifiez également qu'elles ne comprennent pas de symboles de clips, d'animations imbriquées, d'actions ou de boutons. Enfin, en fonction de votre projet, veillez à régler la vitesse de défilement de votre film à 24 ou 25 ips.

Je vous recommande aussi d'utiliser le modèle de publication vidéo Flash MX 2004. Il contient plusieurs guides conçus pour vous permettre de rester à l'intérieur des marges de sécurité.

D'autres réglages comme la taille des films sont déterminés par le choix du format de diffusion (DV, HiDef, etc.). Suivez dans un premier temps les règles de base citées plus haut, et tout devrait bien se passer.

ATTENTION AUX OPTIMISATIONS

Dans certains cas, les optimisations peuvent avoir des conséquences imprévisibles. C'est le cas par exemple de l'option Optimiser pour Flash Player 6r65, que vous trouverez dans l'onglet Flash de la boîte de dialogue des paramètres de publication (Ctrl+Maj+F12 ou Opt+Maj+F12) et que vous serez souvent amené à employer, tant que la version 7 du Flash Player n'aura pas été adoptée par la majorité des internautes.

Cette option rendra votre fichier SWF plus petit et plus rapide à lire, en vue de sa diffusion sur la version 6 du Flash Player. Mais, attention, si une personne cherche à lire votre création sur une version antérieure du programme, elle n'y parviendra pas. Honnêtement, je ne vois pas l'intérêt de proposer une option d'optimisation aussi limitée. Je trouve préférable de laisser cette option inactive, à moins que celle-ci réponde à un besoin spécifique de votre part.

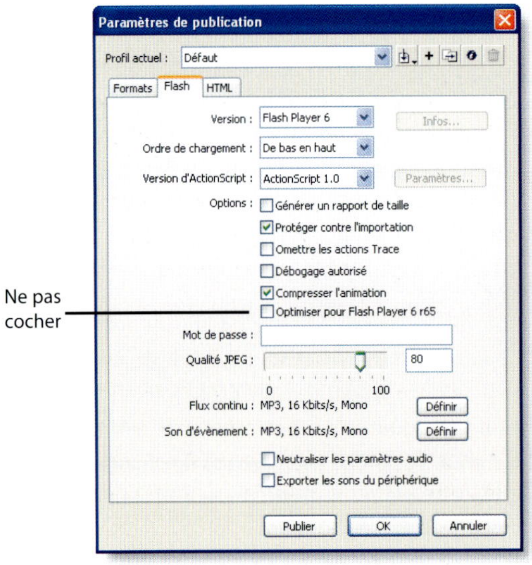

EN ATTENDANT

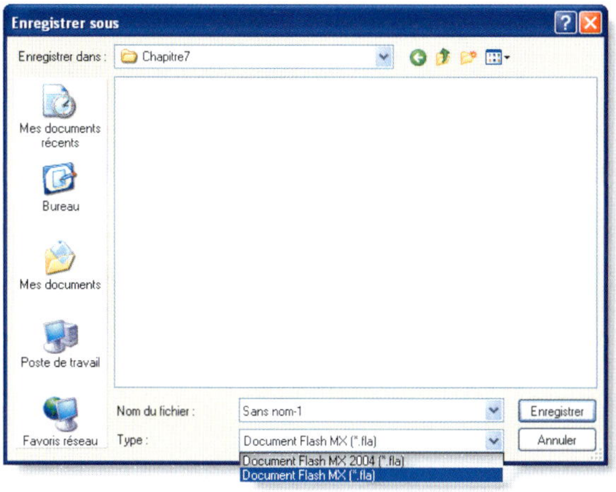

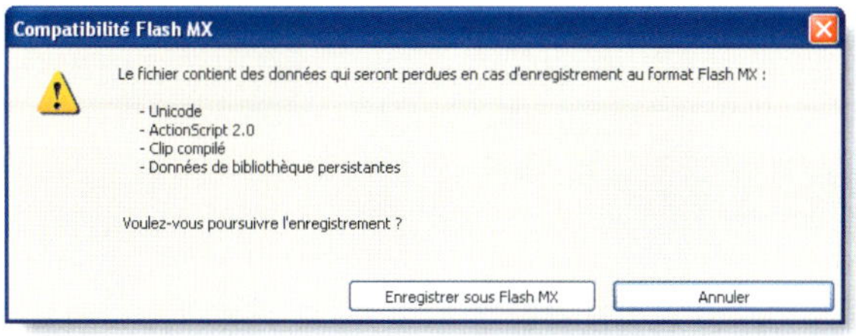

Nous finirons tous par reléguer Flash MX aux oubliettes de l'histoire pour nous convertir à Flash MX 2004. En attendant, vous devrez continuer à enregistrer une partie de votre travail au format Flash MX pour rester accessible au plus grand nombre. La bonne nouvelle, c'est que vous pouvez faire cela facilement, en choisissant le type de format Flash MX dans la boîte de dialogue Enregistrer sous. La mauvaise nouvelle, c'est qu'à chaque fois que vous utiliserez la commande Enregistrer pour sauvegarder vos changements Flash reconvertira le fichier au format 2004. Serait-ce une sorte de message subliminal envoyé par Macromedia ?

Bien qu'il n'y ait pas vraiment de solution à cet inconvénient, je vous propose une marche à suivre pour en réduire les nuisances. Enregistrez normalement votre fichier, lorsque vous travaillez, au format Flash MX 2004. Ne le convertissez au format MX que lorsque vous êtes prêt à le partager avec une personne ne possédant que la version antérieure de Flash. Assurez-vous que votre fichier n'utilise aucune des nouvelles fonctions de Flash MX 2004, vous risqueriez de les perdre. Un message d'avertissement vous donnera un aperçu du type de données concernées. Cet avertissement s'affiche par défaut, que vous ayez intégré ces éléments à votre document ou non.

Les outils de développement

Itinéraire conseillé
conseillé

Mieux exploiter les éléments existants

Chapitre 8

Quand j'étais petit, ma maman me répétait toujours deux choses : « N'accepte jamais de bonbons de la part d'un inconnu, demande plutôt de l'argent. » « Sers-toi de ce que le bon Dieu t'a donné et, si ça ne suffit pas, trouve quelqu'un qui possède plus que toi et dévalise-le. »
Ces maximes résument tout à fait l'esprit dans lequel ont été conçus les outils de développement proposés par Flash.
Mon intention est de vous aider, à travers les pages suivantes, à trouver les meilleures façons d'employer ces outils. Je vous proposerai quelques astuces pour mieux exploiter les panneaux et vous révélerai l'existence de certaines commandes secrètes (volontairement cachées ou peu usitées).
Au-delà, je ferai tout pour rendre ma mère fière de moi en vous apprenant comment prendre aux autres ce que vous n'avez pas.
Bon, d'accord, c'est à moi que vous le prendrez. Mais ça ne fait rien, je vous aurai quand même. Grâce à maman. Merci, maman.

DES COMPOSANTS PESANTS

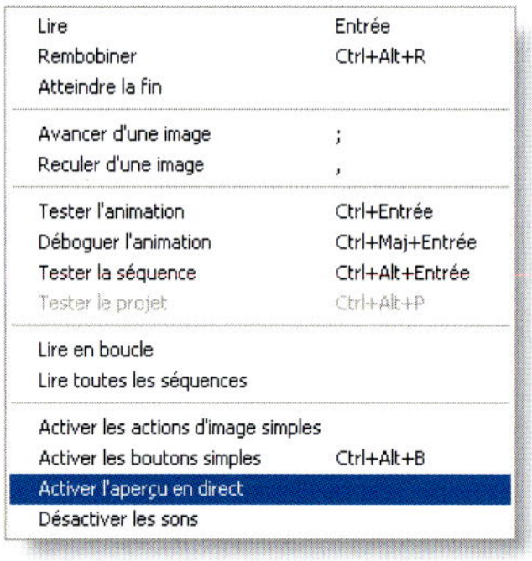

Peut-être avez-vous noté que Flash avait tendance à ralentir lorsque plusieurs composants (en particulier ceux intégrés à Flash ou ceux que l'on trouve sur MM Exchange) se trouvent placés dans les divers scénarios. Cela s'explique par l'activation par défaut de l'option «Activer l'aperçu en direct». Celle-ci permet de prévisualiser un document en mode Auteur et de visualiser les composants sur la scène tels qu'ils apparaîtront dans le contenu Flash publié. Bien qu'elle soit utile dans certains cas, la quantité de ressource physique nécessaire à son activation entraîne un tel ralentissement des capacités de la machine hôte qu'il vaut mieux la désactiver (Contrôles > Activer l'aperçu en direct). En l'absence de cette option, vos composants pourront s'afficher normalement.

LE CHAÎNON MANQUANT

« Comment ajouter, dans un document Flash, un lien vers une page Web spécifique ? » Voilà une question fréquemment posée par les utilisateurs Flash débutants. Pour y répondre, il faudrait expliquer le fonctionnement et les réglages inhérents à l'action `getURL`. Rien de tel pour effrayer la plupart des novices. Voici une solution plus simple.

Sélectionnez un bouton ou une occurrence de clip dans votre scène et allez dans le panneau Comportements (Maj+F3). Dans le menu déroulant, choisissez Web > Atteindre la page Web. Choisissez votre image cible et votre URL, et Flash se chargera d'ajouter les lignes de code nécessaires. Cette astuce ne s'adresse pas qu'aux débutants ; les utilisateurs de longue date, s'ils ne la connaissent pas déjà, peuvent s'en servir aussi pour gagner du temps.

POLICE POUR TOUS

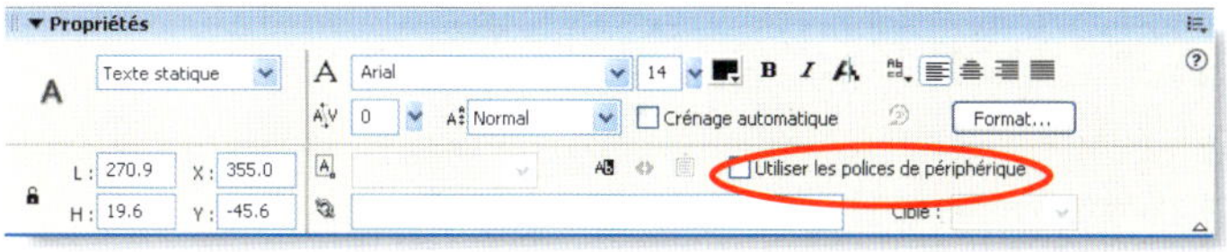

Une des préoccupations principales d'un développeur est de s'assurer que ses créations sont bien vues de la même manière par tous les utilisateurs. Se pose en particulier le problème des polices, dont les listes varient considérablement d'un ordinateur à l'autre.

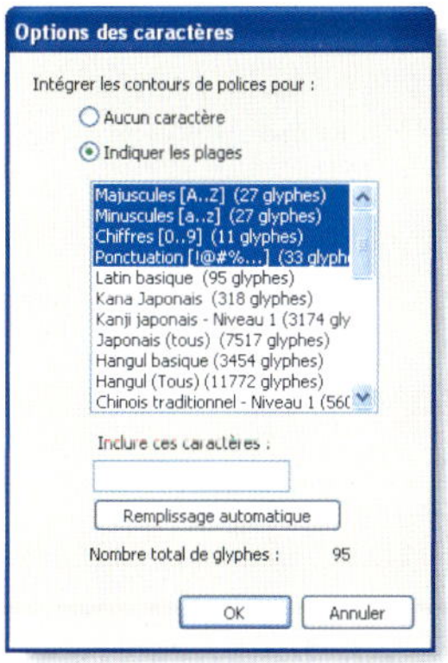

Pour vous assurer que le texte de vos projets peut être visible par le plus grand nombre, sélectionnez un champ de texte. Si c'est un texte statique, vérifiez que l'option Utiliser les polices de périphérique est décochée dans l'inspecteur des propriétés. S'il s'agit d'un texte dynamique ou d'un texte de saisie, appuyez sur le bouton Caractère, cliquez sur l'option Indiquer les plages, puis sélectionnez les quatre premiers éléments de la liste. Ces caractères seront automatiquement intégrés au document de sorte que n'importe quel utilisateur pourra voir votre texte, qu'il ait ou non la police requise.

SUS AUX VIEUX COMPOSANTS

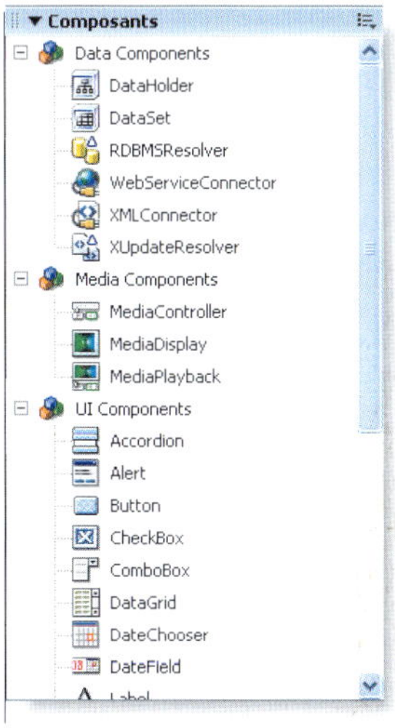

La plupart des anciens composants de Flash MX coexistent sans problème avec ceux de Flash MX 2004. Mais mieux vaut prendre la peine de les mettre à jour en les convertissant au nouveau format, par précaution. Surtout si vous prévoyez de diffuser votre travail *via* Flash Player 7. Les commandes ActionScript 2.0 semblent également avoir quelques difficultés à cohabiter avec ces composants.

J'ai moi-même souvent utilisé ce type de composant, notamment pour des travaux destinés à la version 7 de Flash Player, ce qui n'a pas manqué d'occasionner quelques problèmes. Prenez donc le temps de les mettre à jour, cela en vaut la peine. Espérons que la prochaine version de Flash ne comprendra pas autant de composants à convertir que les précédentes…

DES COMPOSANTS GOURMANDS

Créez un nouveau document Flash et, sans rien y apporter, publiez-le. La taille du fichier SWF devrait être approximativement de 4 Ko. Retournez dans le document et cliquez-glissez un composant Bouton du panneau Composants vers votre scène. Recréez un fichier SWF et vérifiez à nouveau sa taille. Elle devrait approcher les 42 Ko.

Retournez dans votre document et ajoutez à votre scène un composant Checkbox ainsi qu'un composant Label. Cette fois, vous devriez constater que la taille du fichier n'a augmenté que de quelques kilo-octets. En fait, même si les composants sont des éléments complexes et volumineux, ils ont l'avantage d'être basés sur des actifs communs. Ainsi, si le premier composant d'une scène augmente sensiblement la taille du fichier, les composants suivants, quel que soit leur nombre, n'ont que peu d'influence sur la taille globale du fichier.

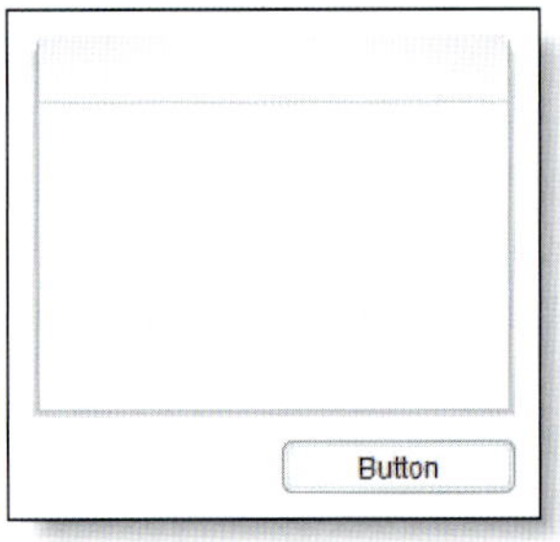

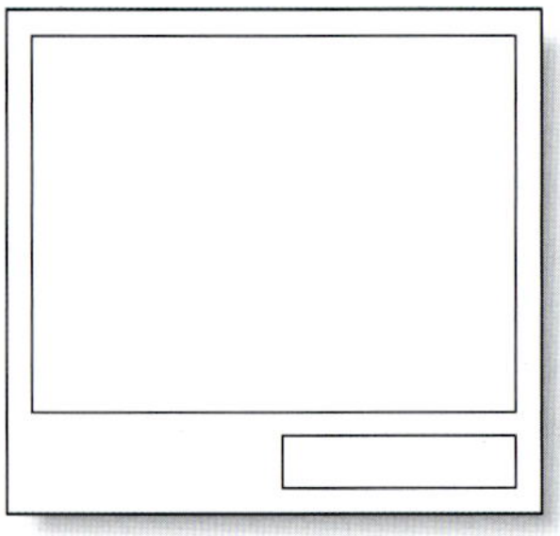

Attention, cependant, aux composants provenant de développeurs tiers ! En effet, cette astuce ne s'applique *a priori* qu'aux composants Macromedia ou assimilés.

TRANSFORMATION PRÉCISE

Il existe plusieurs façons de modifier l'échelle d'un objet. En général, on se sert pour cela de l'outil Transformation libre. Sauf si l'on souhaite effectuer une modification précise.

Pour modifier un objet à l'aide de valeurs numériques, ouvrez le panneau Transformation (Ctrl+T). Sélectionnez ensuite l'objet désiré. Vous devriez voir les différentes options du panneau s'activer. Cochez l'option Contraindre pour verrouiller les valeurs de transformation horizontales et verticales. Cette méthode peut par exemple servir à réduire précisément de moitié la copie d'un objet. Une telle opération serait difficilement concevable avec l'outil Transformation libre.

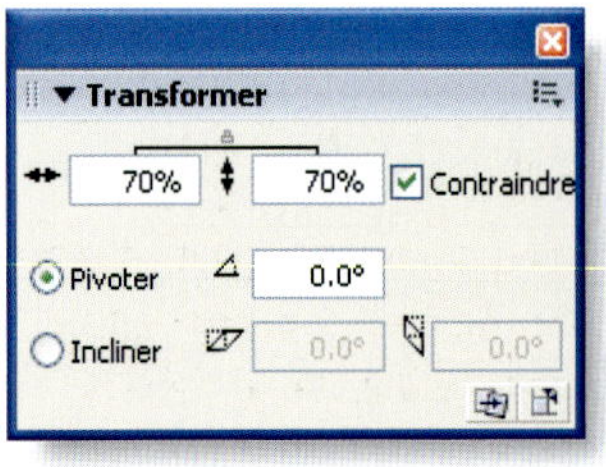

LECTEUR FLASH MEDIA

Vous ne tarderez pas à découvrir la puissance des nouveaux composants de Flash MX 2004. Prenez par exemple le composant MediaDisplay. Vous devriez le trouver dans votre panneau Composants (Ctrl+F7 ou Cmd+F7). Glissez-le dans votre scène. Sélectionnez l'occurrence que vous venez de créer puis cliquez sur le bouton Ouvrir l'inspecteur de composants, que vous trouverez dans l'inspecteur des propriétés. Choisissez un type de média (FLV ou MP3) puis indiquez l'adresse URL souhaitée (chemin et nom de fichier). Il ne vous reste plus qu'à publier votre film, en prenant soin de vérifier que le fichier média auquel se rapporte l'URL se trouve bien à sa place.

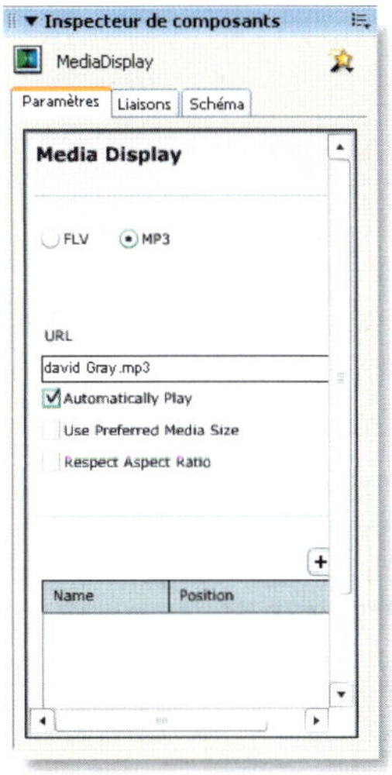

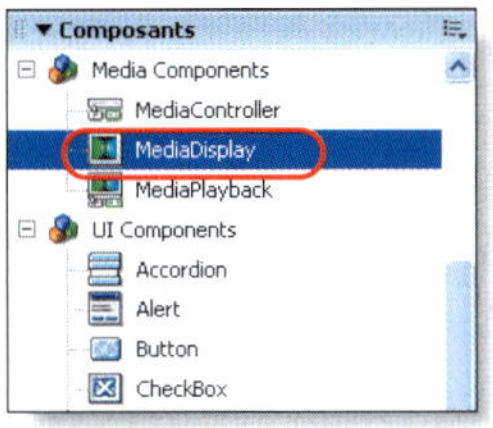

Vous verrez, à la lecture de votre fichier SWF, apparaître un lecteur média intégré du plus bel effet. Pour faire apparaître tous les contrôles, il suffit de se placer au-dessus de la barre média. Pas mal, non ? N'hésitez pas à manipuler les autres options pour découvrir toutes les possibilités de ce sympathique composant.

GARDEZ VOS DISTANCES

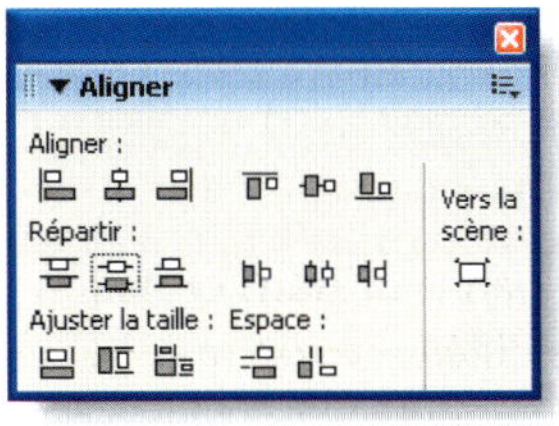

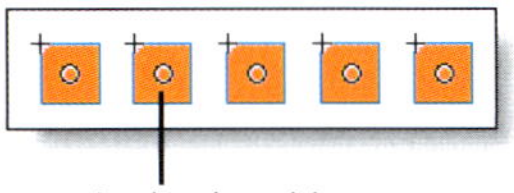
Après répartition

Pour placer plusieurs objets à égale distance les uns des autres, vous pouvez soit, en vous armant d'un papier et d'un crayon, mesurer la longueur et la largeur de chaque objet pour calculer la formule adéquate, soit laisser à Flash le soin de faire tout cela à votre place. Qu'en pensez-vous ?

Dans Flash, les commandes nécessaires à ce type d'action sont rassemblées dans le panneau Aligner (Ctrl+K ou Cmd+K sur Mac). Sélectionnez quelques objets dans votre scène, puis cliquez sur l'une des options de répartition. Pour ma part, j'utilise surtout les deux boutons de centrage (Horizontal et Vertical). En quelques clics, les objets sont parfaitement disposés à travers la scène. Admettez que c'est tout de même mieux qu'une calculette et un bout de crayon !

INSPECTEUR DE COMPOSANTS CONTRE INSPECTEUR DES PROPRIÉTÉS

L'inspecteur des propriétés permet de gérer les paramètres de la plupart des éléments présents sur un document. Cela s'applique par exemple aux occurrences de composants, dont les options peuvent être réglées par ce biais.

On pourrait penser, dans ce dernier cas, que l'inspecteur des propriétés fait doublon avec l'inspecteur de composants (Alt+F7). En fait, ce dernier permet d'accéder à quelques options avancées, alors que l'inspecteur des propriétés ne propose que les paramètres de base spécifiés par l'auteur du composant. Il arrive aussi que les options de certains composants ne soient accessibles que dans l'inspecteur de composants (par exemple MediaDisplay).

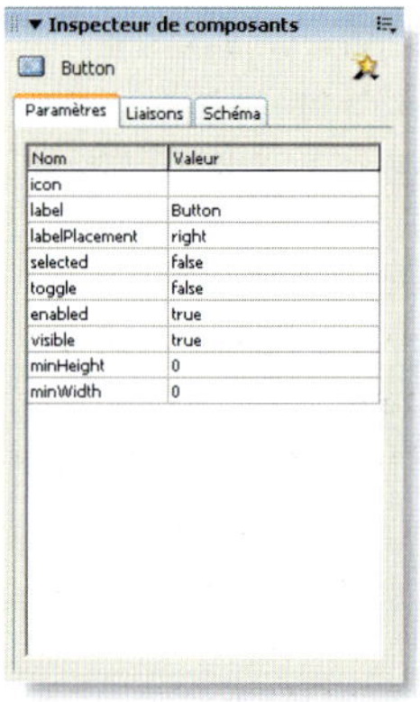

Voici mon conseil : à moins que vous ne soyez un utilisateur expérimenté, limitez-vous autant que possible à l'inspecteur des propriétés.

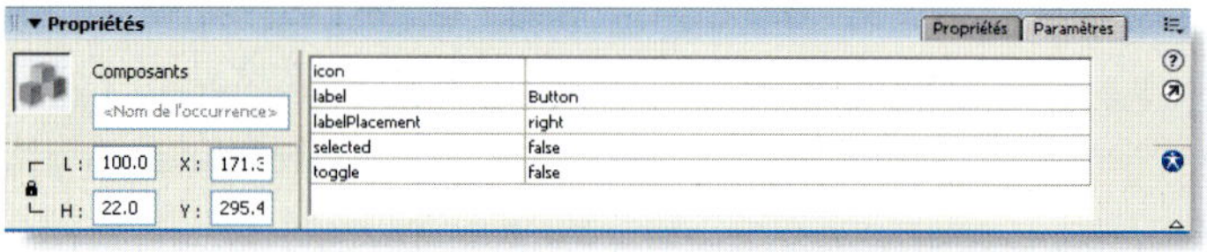

UNE SCIENCE EXACTE

Les designers méticuleux, soucieux de régler précisément la taille de chaque objet et l'alignement de chaque bloc de texte, n'apprécient généralement pas de travailler à la souris. Il faut admettre que cet outil n'est pas adapté aux travaux de précision.

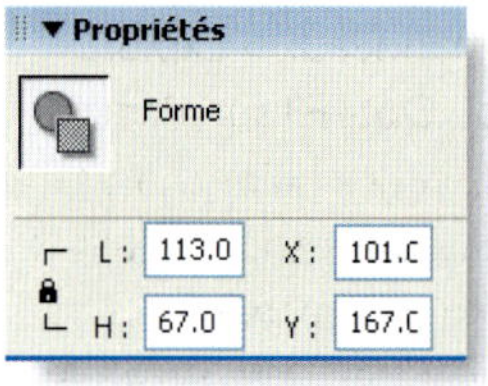

Sélectionnez un objet ou une forme dans votre scène et allez dans l'inspecteur des propriétés. Vous y trouverez quatre options contrôlant les valeurs de positionnement et d'échelle de l'élément choisi (Hauteur, Largeur, Emplacement X, Emplacement Y). Pour régler précisément la position d'un bloc de texte ou pour contrôler la taille exacte d'un logo, entrez les valeurs numériques souhaitées dans les champs correspondants.

Il y a même un petit bouton en forme de cadenas qui, lorsqu'on clique dessus, verrouille le rapport Hauteur/Largeur de la sélection. Astucieux, n'est-ce pas ?

COMMANDEZ ET FLASH OBÉIRA

Etapes sélectionnées

Le panneau Historique est l'une des nouveautés de Flash MX 2004. Il permet d'enregistrer une série d'actions accomplies dans un document et de les transformer en commandes réutilisables. Pour ce faire, ouvrez le panneau Historique (Ctrl+F10 ou Opt+F10 sur Mac) et sélectionnez les étapes que vous souhaitez. Cliquez ensuite sur le bouton Enregistrer situé en bas à droite du panneau, puis donnez un nom à votre nouvelle commande. Pour l'exécuter, allez dans le menu Commandes, et choisissez-la dans la liste. Pour la supprimer, allez dans le même menu, choisissez l'option Gérer les commandes enregistrées, cliquez sur la commande souhaitée et appuyez sur le bouton Supprimer. Cette fonction, qui permet d'automatiser les tâches redondantes, a toutes les chances de devenir populaire auprès des utilisateurs Flash, notamment ceux habitués à se servir de ce type d'outil sur Photoshop.

Votre nouvelle commande

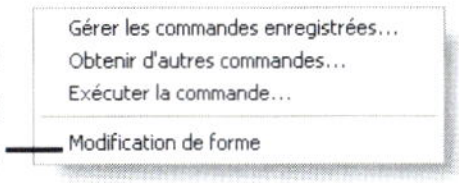

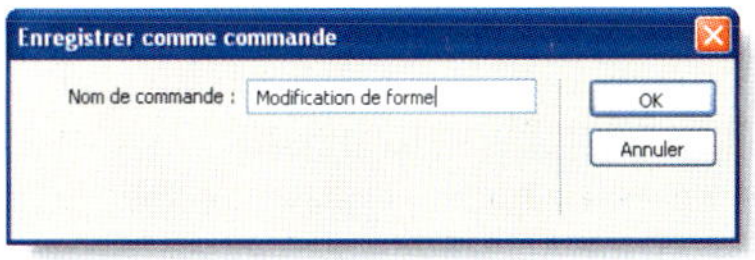

EXPLORATEUR D'ANIMATION

Il est si facile, dans Flash, de créer ou d'importer du texte, des clips vidéo, des graphiques, des sons, des boutons, des actions et tant de choses encore que l'on a vite fait de se retrouver avec des documents très complexes. Lorsque cela devient ingérable ou simplement lorsque vous souhaitez avoir une vue d'ensemble de la structure d'un document, vous pouvez utiliser l'explorateur d'animation (Alt+F3 ou Fenêtre > Autres panneaux > Explorateur d'animation dans la barre de menu, ou Opt+F3 sur Mac). Une fois ouvert, celui-ci affiche une arborescence hiérarchique navigable contenant l'ensemble du contenu de votre document. Vous pouvez passer d'un élément à un autre ou encore isoler un type de contenu en cliquant sur l'un des boutons Afficher situés en haut de l'explorateur d'animation. Vous noterez aussi la présence d'une option Rechercher, permettant de chercher des mots clés à l'intérieur d'un document Flash.

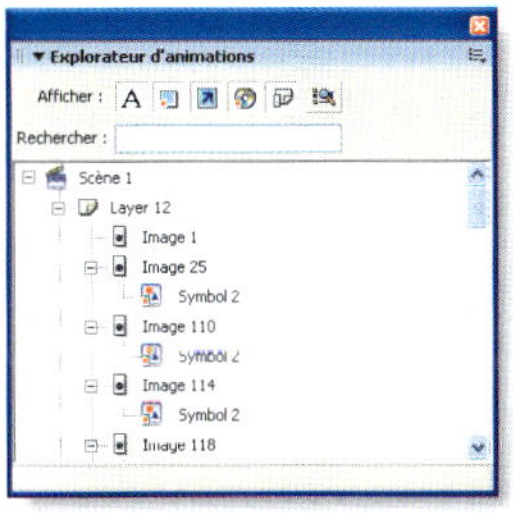

BIBLIOTHÈQUES COMMUNES

Connaissez-vous ces bibliothèques communes que l'on trouve sous Fenêtre > Autres panneaux > Bibliothèques communes ? N'avez-vous jamais eu envie de créer les vôtres ? Si ? Moi aussi, alors, allons-y ! Ces bibliothèques communes ne sont rien d'autre que des documents Flash placés dans un répertoire spécifique. Il vous suffit de créer un document Flash contenant tous les actifs de bibliothèque auxquels vous souhaitez accéder fréquemment, puis de placer le tout dans un répertoire approprié. Placez votre document dans le sous-dossier Libraries, situé dans le dossier First run de votre répertoire Flash. Pour plus d'informations à ce propos, consultez l'astuce «Le bon chemin» située à la fin du Chapitre 1.

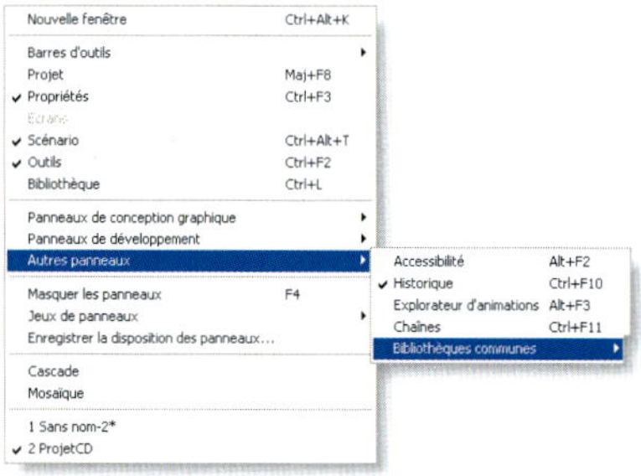

Une fois l'opération terminée, pas besoin de redémarrer Flash, vous trouverez votre nouvelle bibliothèque dans le panneau Bibliothèque commune.

CHERCHER ET TROUVER

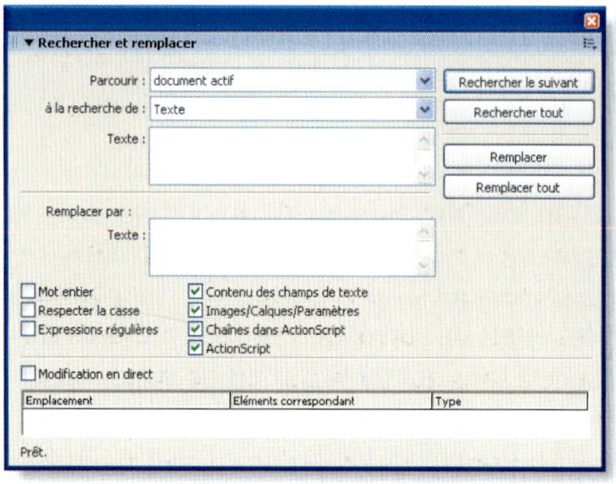

Récemment encore, la seule façon que l'on avait de chercher un élément à l'intérieur d'un document Flash était d'ouvrir l'explorateur d'animation pour espérer le trouver dans l'arborescence hiérarchique. Or l'opération n'était pas toujours des plus commodes. Heureusement, Macromedia, à l'écoute de ses clients, a intégré un nouvel outil dans Flash MX 2004 : la fenêtre Rechercher et remplacer (Ctrl+F ou Cmd+F sur Mac). Celle-ci permet de trouver n'importe quel type d'élément à l'intérieur d'un document ou d'une séquence. La recherche s'effectue dans la scène, sur chaque image clé ainsi que dans chaque script, suivant vos spécifications. Une fois l'élément trouvé, vous pouvez soit le sélectionner et l'éditer par vos propres moyens, soit laisser Flash effectuer un remplacement ponctuel ou global. C'est une de mes fonctions préférées.

EN PLEIN CENTRE

On a souvent besoin de centrer un objet, horizontalement ou verticalement, à l'intérieur d'une scène ou d'un symbole. Les raisons pour le faire sont infinies, mais il n'existe qu'une seule façon de procéder.

Ouvrez le panneau Aligner (Fenêtre > Panneaux de conception graphique ou Ctrl+K). Sélectionnez dans votre scène l'objet ou les objets que vous désirez centrer. Dans le panneau Aligner, assurez-vous que l'option Vers la scène est active, puis appuyez sur les boutons Aligner les centres verticalement et Aligner les centres horizontalement. Les objets sélectionnés devraient se retrouver placés en plein centre de la scène. Cette technique sert aussi à caler des éléments graphiques au milieu d'un symbole.

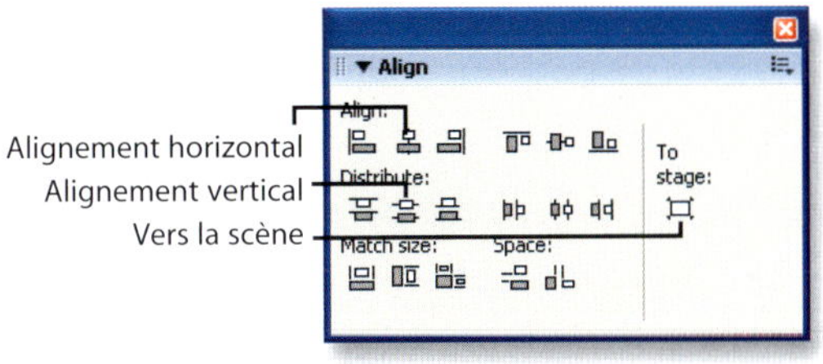

INTERACTION SIMPLE

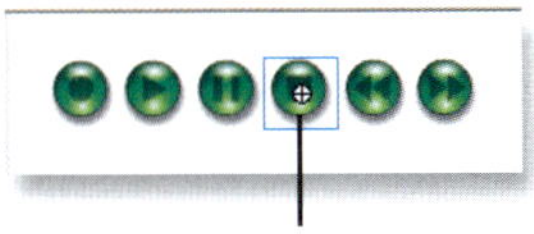
Par défaut, le test d'un bouton est impossible en mode Auteur

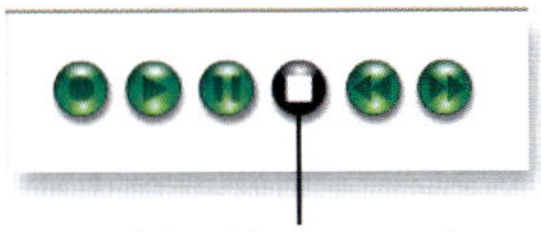
Grâce à la commande Activer les boutons simples, le bouton Stop peut être testé

Vous venez de créer un contenu Flash assez complexe, il ne vous reste plus qu'à réaliser quelques petits réglages pour finaliser votre travail. Vous devez, par exemple, vérifier l'interactivité d'un bouton. Le problème, c'est que vous n'avez pas le temps de publier ou de lancer un test d'animation.

Pas de souci ! Allez dans Contrôle > Activer les boutons simples (Ctrl+Maj+B). Cela vous permettra d'interagir avec ce type de bouton, directement dans votre scène. Vous pouvez aussi bien tester les effets de survol que les sons présents sur vos boutons. Tout cela sans quitter le confort de votre espace de travail. En contrepartie, vous ne pourrez pas déplacer ces boutons, car ils répondront aux sollicitations de votre souris comme s'ils étaient publiés. Pour déplacer un bouton, vous pouvez soit désactiver cette option, soit utiliser les flèches de votre clavier.

MÉTHODES D'ALIGNEMENT

Tout programme de conception graphique digne de ce nom doit disposer d'une gamme d'outils d'alignement. Flash ne fait pas exception. Pour aligner rapidement les objets de votre scène, ouvrez le panneau Aligner (Fenêtre > Panneaux de conception graphique >Aligner ou Ctrl+K). Sélectionnez les objets de votre choix et choisissez l'une des méthodes d'alignement proposées : Aligner les bords gauches, les bords droits, les centres horizontalement, verticalement ou encore Aligner les bords inférieurs. Les titres de ces boutons sont suffisamment explicites !

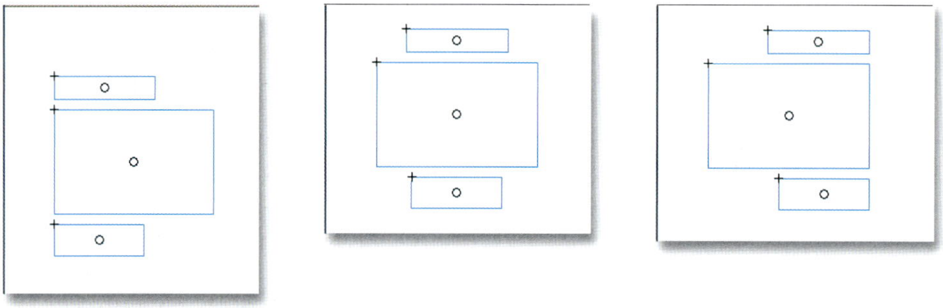

GESTION DE SÉQUENCES

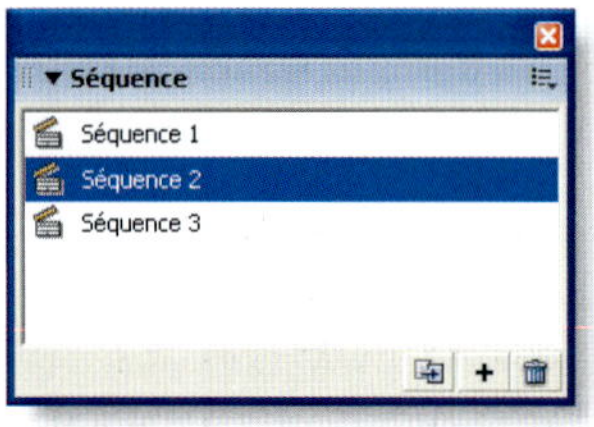

A ce stade, vous devriez être habitué au concept de séquences. Elles permettent de diviser un film Flash en plusieurs sections, à la manière d'un diaporama. Pour en créer une, il suffit d'aller dans le menu principal, de cliquer sur Insertion, puis sur Séquence. Mais il existe aussi un panneau spécialement développé pour vous aider à ajouter et à gérer les différentes séquences de votre document. Ce panneau, judicieusement appelé le panneau Séquence, n'est pas inclus dans la disposition par défaut. Vous devez donc l'activer vous-même.

Allez dans Fenêtre > Panneaux de conception graphique > Séquence (Maj+F2) pour ouvrir le panneau Séquence. Vous pouvez dupliquer, ajouter ou supprimer des scènes à l'aide des boutons situés en bas à droite du panneau. Vous pouvez aussi passer d'une séquence à l'autre en double-cliquant sur l'une d'entre elles.

DÉBOGAGE RAPIDE

On a beau dire, nous avons tous dû un jour nous résoudre à admettre que le code que nous avions rédigé ne fonctionnait pas. Remarquez, je suis peut-être le seul dans ce cas… Peu importe, puisque Flash intègre un outil de débogage spécialement conçu pour sortir les développeurs en herbe de leur mauvais pas (en particulier les utilisateurs d'ActionScript).

Pour faire apparaître le débogueur, lorsque cela devient nécessaire, allez dans le menu Contrôle et sélectionnez Déboguer l'animation (Ctrl+Maj+Entrée ou Maj+Cmd+Entrée sur Mac). Cette commande, très proche de la commande Tester l'animation, active automatiquement le débogage pendant que votre film est testé au format SWF.

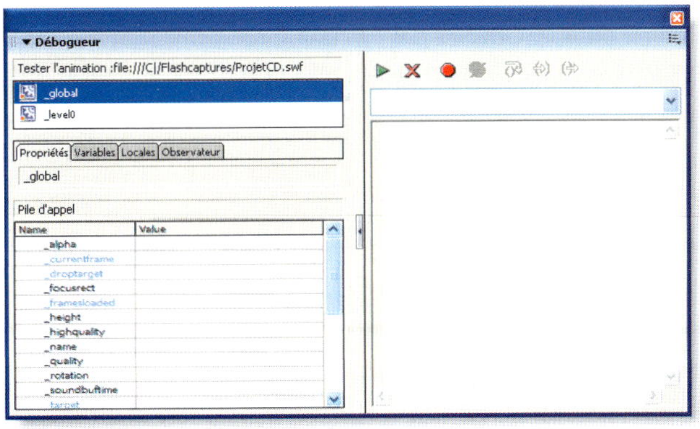

Je ne m'attarderai pas dans ce livre sur les différentes façons de régler une opération de débogage. Peut-être trouverai-je assez de courage pour aborder le sujet dans mon prochain ouvrage…

EN BOUCLE

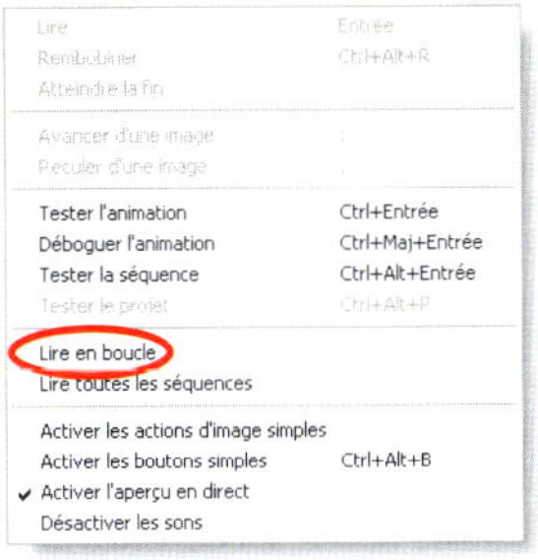

Saviez-vous que les scénarios de films Flash étaient lus en boucle par défaut ? Du moins si vous publiez votre film au format SWF ou si vous testez votre animation dans le Flash Player. En mode Auteur, en revanche, l'option boucle n'étant pas activée, le scénario ne sera lu qu'une fois.

Si vous souhaitez lire votre film en boucle sans avoir à le publier, allez dans le menu principal, choisissez Contrôle, puis cliquez sur l'option Lire en boucle. Appuyez ensuite sur Entrée pour lancer la lecture. Vous pouvez désactiver cette option à tout moment.

DISSOCIER OU SÉPARER ?

Beaucoup d'entre nous se servent des options de groupement pour classer ou manipuler plus facilement un ensemble d'objets à l'intérieur d'une séquence. Il est préférable d'utiliser un groupe plutôt qu'un symbole lorsque les objets sélectionnés ne sont pas destinés à être réutilisés, car un groupe augmente moins la taille d'un fichier.

Lorsque vous groupez plusieurs objets à l'aide du raccourci Ctrl+G ou Cmd+G sur Mac, sachez qu'il est possible, par la suite, d'effectuer l'opération inverse en choisissant Modification > Dissocier (Ctrl+Maj+G ou Maj+Cmd+G sur Mac). Je n'ai d'ailleurs toujours pas compris pourquoi cette commande avait été créée, alors qu'il existe déjà la commande Séparer (Ctrl+B ou Cmd+B), qui produit un effet identique dans ce cas de figure. Personnellement, je ne me sers que de cette dernière, car elle m'évite d'avoir à entrer un raccourci à trois touches. Oui, je sais, je suis feignant…

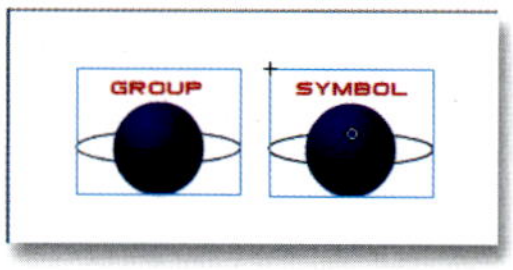

Les deux objets, après avoir été dissociés

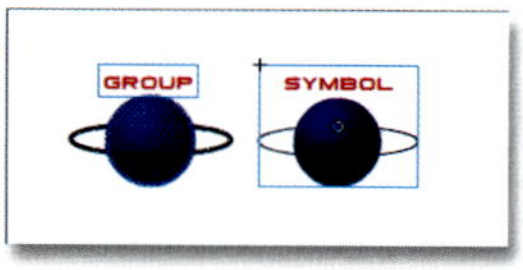

Les deux objets, après avoir été séparés

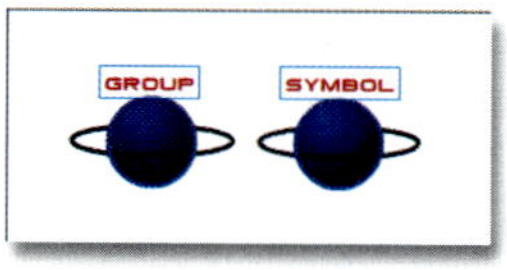

MAPPAGE DES POLICES

Quand je travaille au sein d'une équipe de développeurs sur un projet Flash, je tombe toujours sur le même problème. Au moment d'ouvrir le fichier FLA d'un de mes collègues, je reçois un message m'indiquant que je ne possède pas la police utilisée pour la création de ce fichier. Ce qui est bien, c'est que Flash me propose dans le même temps de substituer la police manquante par une des polices disponibles sur ma machine. La première chose à faire dans ce cas est d'essayer de trouver la police la plus proche de celle d'origine. Si vous décidez de choisir une police de substitution, allez dans Edition > Mappage des polices (Flash MX > Mappage des polices sur Mac) et sélectionnez une nouvelle police. Si vous ne connaissez pas l'aspect de la police manquante, il vous faudra passer par plusieurs essais, mais ne vous découragez pas, vous finirez par trouver !

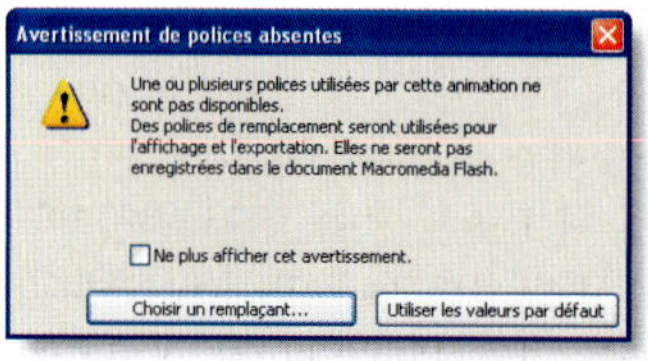

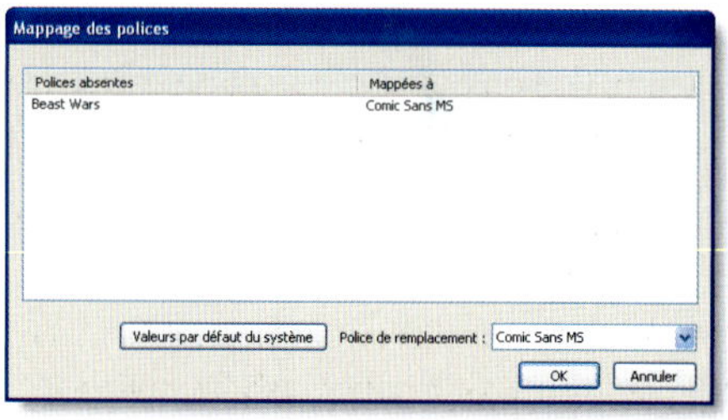

VÉRIFICATEUR D'ORTHOGRAPHE

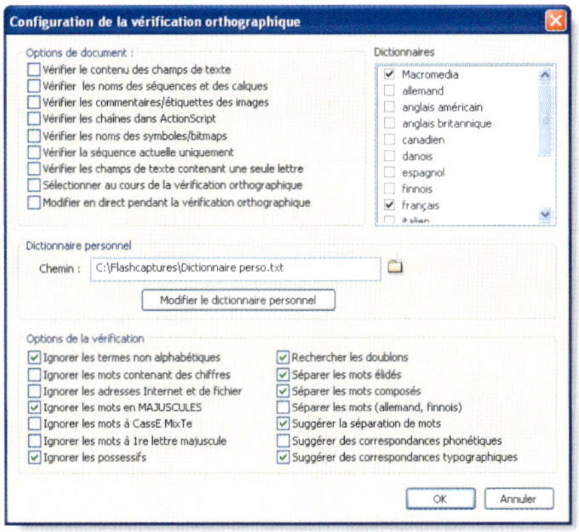

Nous l'attendions depuis longtemps, et cette fois ça y est, Flash MX 2004 intègre enfin un correcteur orthographique. Mais avant de vous précipiter dessus pour vérifier tous vos anciens documents, vous devez procéder à quelques réglages. Allez dans Texte > Configuration de la vérification orthographique. Là, vous serez invité à spécifier, à travers un certain nombre d'options, la façon dont Flash doit effectuer les corrections. Cliquez sur OK pour accepter les réglages par défaut, retournez dans le menu Texte et choisissez la commande Vérifier l'orthographe. Vous pouvez effectuer les corrections à l'intérieur même de cette nouvelle fenêtre. Bien entendu, il est possible de retourner à tout moment dans le panneau de configuration de cet outil.

A L'AIDE !

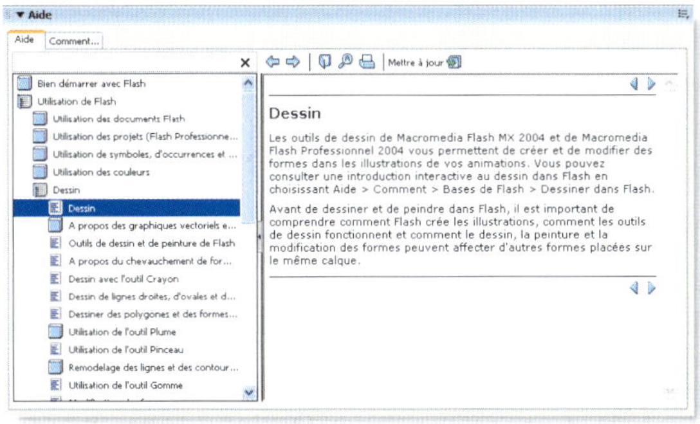

Si vous utilisez Flash depuis longtemps, peut-être vous rappelez-vous à quel point il était difficile de mettre à jour les fichiers d'aide. Par le passé, en effet, ces fichiers se présentaient sous la forme d'une série de pages HTML que l'on était régulièrement invité à mettre à jour, autrement dit à remplacer entièrement. Dans Flash MX 2004, non seulement le système d'aide est intégré à l'interface, mais il existe en plus une fonction de mise à jour automatique.

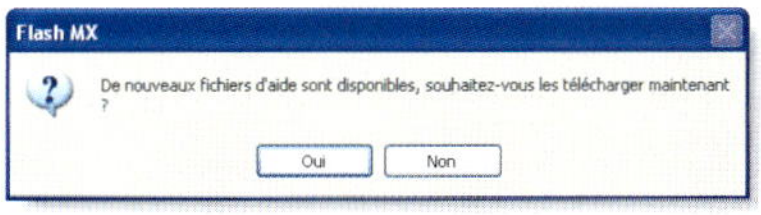

Dans le panneau Aide, cliquez sur le bouton de mise à jour pour télécharger les nouvelles entrées publiées par Macromedia. Ah ! Pourquoi ne font-ils pas ce genre de mise à jour pour Flash lui-même ?

DES COMPOSANTS BIEN DISTINCTS

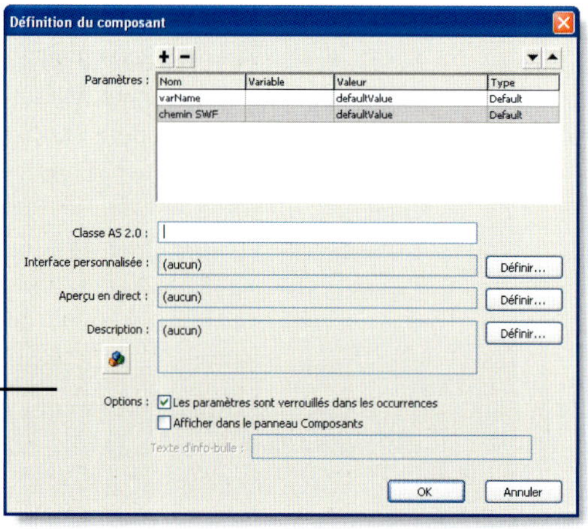

Bouton Icône

Certains d'entre vous se sont peut-être déjà essayés à l'exercice fastidieux de la création de composants. Apparus dans Flash MX, les composants se sont révélés un excellent moyen de développer des lignes de code personnalisables et réutilisables. Peut-être avez-vous aussi remarqué que, dans la bibliothèque, seul le nom de ces composants permet de les différencier. Par défaut, en effet, ils sont tous affublés d'une même icône disgracieuse (trois cubes de couleur).

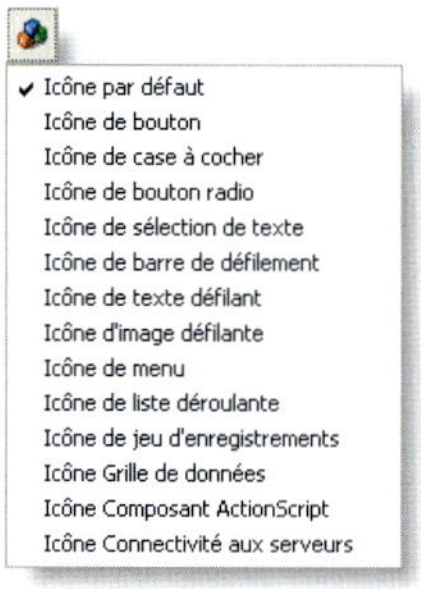

Pour diversifier l'apparence de vos boutons, cliquez droit sur l'un d'entre eux, dans la bibliothèque, et choisissez Définition du composant. Dans la fenêtre qui apparaît, cliquez sur le bouton Icône pour accéder à la liste des icônes disponibles. C'est peu de chose, mais cela permet au moins de les différencier.

PARTAGER SES COMPOSANTS

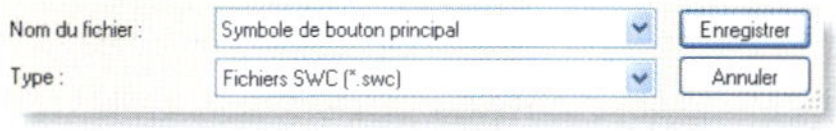

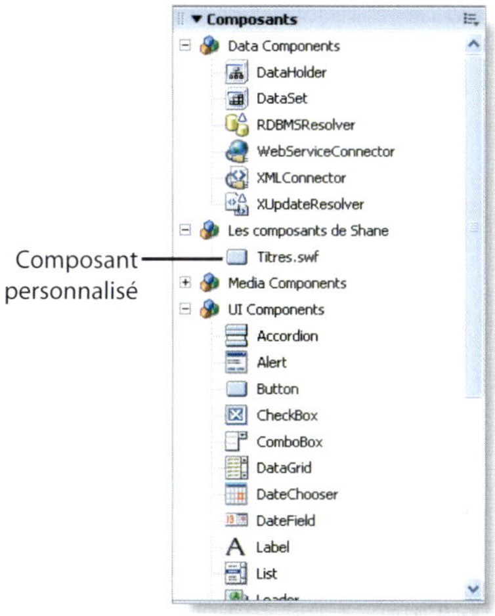

Si vous appréciez le fait de créer puis de partager vos composants avec d'autres utilisateurs, sachez que Flash MX 2004 a pensé à vous.

Cliquez droit sur l'un des composants de votre bibliothèque et choisissez Exporter le fichier SWC. Donnez un nom à ce fichier, puis enregistrez-le dans le répertoire First Run\ Components. Pour connaître l'emplacement exact de ce dossier dans votre système, reportez-vous à l'astuce «Bibliothèques communes» située plus avant dans ce chapitre. Allez dans le menu du panneau Composants et cliquez sur Recharger. Vous devriez voir votre propre composant apparaître dans le panneau (Ctrl+F7), au milieu des composants Flash par défaut.

VOTRE CHOIX DE COMPOSANTS

Comme nous venons de le voir dans l'astuce précédente, vous pouvez charger vos propres composants à l'intérieur du panneau Composants (Ctrl+F7) de manière à rendre ces derniers plus facilement accessibles. Mais ce n'est pas tout : le panneau Composants permet également d'accueillir vos propres répertoires de composants, ainsi que leur contenu. Allez dans le répertoire First Run\ Components. Pour connaître l'emplacement exact de ce dossier dans votre système, reportez-vous à l'astuce «Bibliothèques communes». Vous devriez voir trois sous-dossiers à cet emplacement. Chacun contient une liste de fichiers SWC (composants compilés). Vous pouvez, si vous ne vous en servez pas, les déplacer dans un autre dossier de façon qu'il ne prenne pas trop de place dans le panneau Composants.

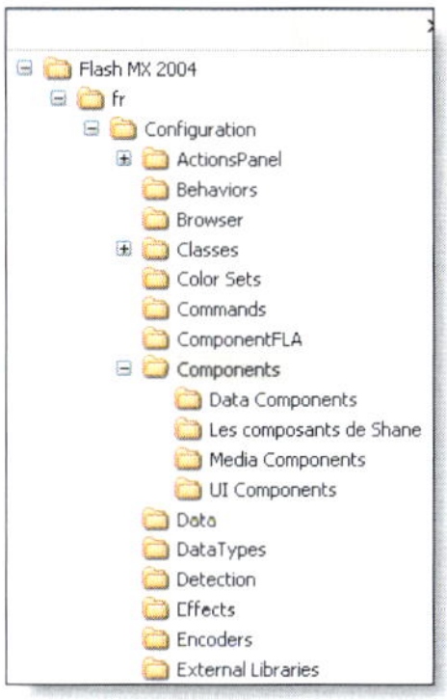

Cela signifie que vous pouvez ajouter autant de composants que vous le souhaitez, les classer dans les répertoires de votre choix, en sachant que votre arborescence se retrouvera ensuite dans le panneau. N'oubliez pas, cependant, de cliquer sur l'option Recharger, située dans le menu du panneau Composants.

TIMELINE
ASK
ACTION
Action
Script
STAGE
FECTS
Bombay
2 500 km
PANEL
IMPORT
EXPORT

Envie d'une histoire drôle ? Non ? Moi non plus. Je vais plutôt vous raconter ma rencontre avec ActionScript. La première fois que j'ai entendu son nom,

S'y retrouver avec ActionScript

Chapitre 9

j'ai cru qu'on disait « sanskrit ». En professionnel consciencieux, je suis aussitôt parti en Inde pendant deux ans pour participer à des cours de rattrapage intensifs. A la fin de cette aventure, les textes sacrés de l'hindouisme n'avaient plus aucun secret pour moi. Je me sentais enfin prêt à affronter Flash à bras le corps. C'est à ce moment précis qu'un triste sir dont je tairai le nom a cru bon de me rappeler mon effroyable erreur. Qu'importe, il n'est pas donné à tout le monde de maîtriser une langue vieille de plusieurs milliers d'années. J'aurai au moins la satisfaction de briller dans les soirées mondaines. Concernant ActionScript, si comme moi vous ne comprenez pas grand-chose à ce langage, sachez que vous trouverez dans ce chapitre toutes les astuces nécessaires à son utilisation. Et n'oubliez pas : ce n'est pas du sanskrit…

DÉPOSER DU CODE

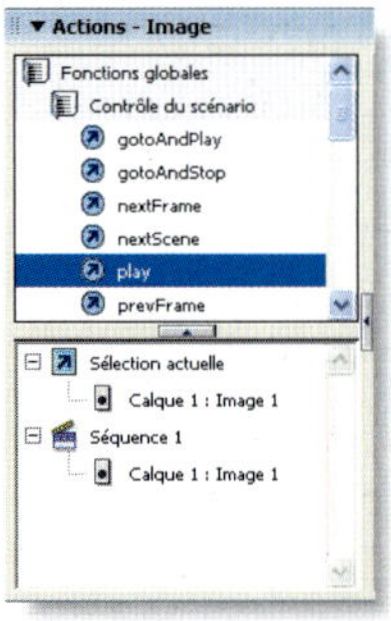

C'est à partir de Flash 5 qu'ActionScript a subi sa première refonte d'envergure. Dès lors, il n'a plus été possible d'appliquer des scripts à l'aide des méthodes classiques de glisser-déposer ou de cliquer-glisser. Certains y ont trouvé leur compte, d'autres pas. Heureusement, le panneau Actions contenait un mode Normal destiné à ceux qui ne souhaitaient pas ou ne savaient pas entrer leur code manuellement. Seulement, ce mode n'existe plus dans Flash MX 2004. Toutefois, il reste possible de glisser-déposer du code.

Ouvrez le panneau Actions et assurez-vous que la partie gauche de celui-ci n'est pas masquée (elle doit afficher une liste d'actions prédéfinies). Glissez l'action de votre choix dans la fenêtre de script, à droite du panneau. Vous pouvez aussi double-cliquer sur l'action pour obtenir le même résultat ; ou bien encore cliquer sur le petit bouton + pour choisir l'action voulue parmi la liste déroulante. Si vous procédez de cette façon, vérifiez que votre curseur se trouve placé au bon point d'entrée dans la fenêtre de script.

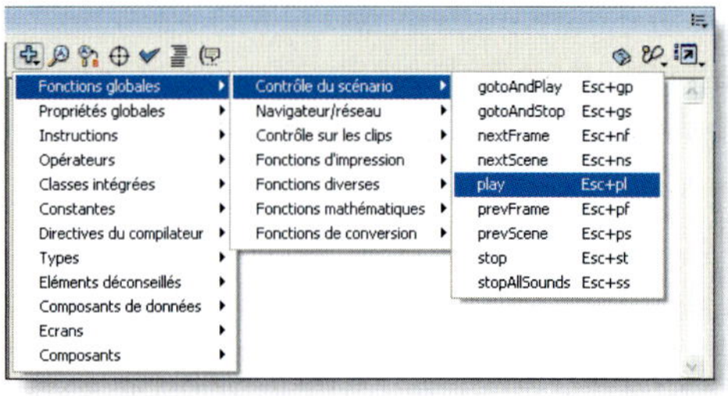

EXTERNALISATION D'ACTIONSCRIPT

La mise à jour de clips assez longs répartis dans plusieurs documents peut être fastidieuse car il faut ouvrir chaque fichier et trouver l'emplacement du script avant de pouvoir effectuer les changements. Voici une petite astuce pour garder tous vos scripts dans un document à part. Vous pourrez ainsi créer votre propre bibliothèque de scripts, les partager comme bon vous semble et les modifier au même endroit si nécessaire. Pour ce faire, vous pouvez soit copier-coller un script existant, soit en écrire un sous la forme d'un fichier texte enregistré au format AS. Il suffira ensuite de placer la ligne de code suivante sur l'une des images clés de votre document.

```
#include "votrenomdefichier.as"
```

Flash chargera automatiquement votre script à chaque test, chaque exportation et chaque publication. Vous pouvez également éditer vos fichiers AS à l'aide de votre traitement de texte habituel ou bien avec Dreamweaver MX 2004, qui offre l'avantage d'intégrer un vérificateur de syntaxe ainsi qu'un débogueur.

UN NOUVEAU CODE COULEUR

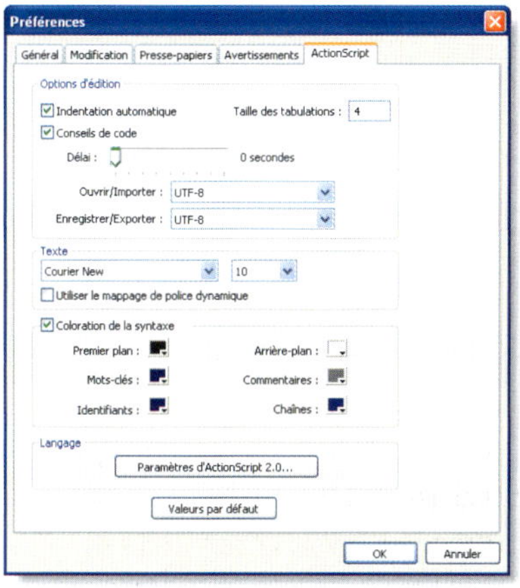

S'il vous est déjà arrivé de programmer dans d'autres environnements tels que Visual Studio.NET, il se peut que vous soyez habitué au principe des codes couleur. ActionScript 2.0 dispose de son propre système de couleurs, qu'il est possible de modifier si, par exemple, vous souhaitez retrouver les références auxquelles vous étiez habitué. Ouvrez la fenêtre des préférences (Ctrl+U ou Flash > Préférences sur Mac) et sélectionnez l'onglet ActionScript. Vous pouvez y définir votre propre système de mise en évidence de la syntaxe. J'ai pour ma part l'habitude de changer les couleurs, trop semblables à mon goût, des mots clés et des identifiants. Et voilà encore un moyen de personnaliser votre environnement Flash.

QUELLE LIGNE ?

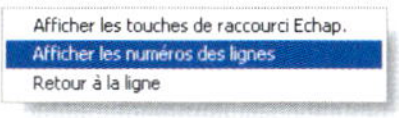

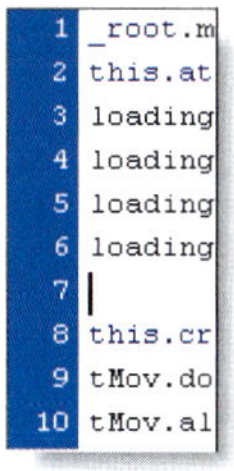

Cette astuce s'adresse plus particulièrement aux personnes qui utilisent fréquemment de longs scripts dans leurs documents ou qui ont pour habitude d'écrire elles-mêmes leur code ActionScript. Admettons qu'au moment de publier votre document un message apparaît faisant référence à une erreur située sur l'une de vos lignes de script. Au lieu d'utiliser les flèches de votre clavier pour faire défiler chaque ligne, cliquez sur le bouton Options d'affichage, situé en haut à droite du panneau, et activez l'option Afficher les numéros de ligne. Vous n'aurez ainsi aucun mal à repérer la ligne incriminée. Cette fonction peut également servir à vous donner le nombre exact de lignes que votre script comprend.

CONSEILS DE CODE

Lorsque vous utilisez la fenêtre ActionScript, Flash active automatiquement la fonction de conseil de code, ce qui signifie que, lorsque vous entrez un code reconnu, une liste de méthodes et de propriétés apparaît. Vous avez peut-être remarqué, par exemple, que lorsque vous tapiez **_root** Flash affichait une liste d'actions relatives aux clips. Bien que cette fonction s'applique aussi à vos propres variables, vous devez leur attribuer un suffixe reconnu de façon que Flash, qui ne garde pas de trace du type de variable que vous employez, puisse lancer le conseil de code. L'astuce consiste à entrer un suffixe de quelques lettres après chaque nom de variable. Flash affiche ensuite une liste d'actions et de méthodes adaptées à chaque type d'objet. Vous trouverez ci-après une liste des suffixes les plus usités. Pour une liste plus complète, consultez dans l'aide de Flash le paragraphe intitulé « Utilisation de suffixes pour déclencher des conseils de code ».

Type	Suffixe	Exemple
Array	`_array`	`myList_array`
Button	`_btn`	`lyButton_btn`
Color	`_color`	`myColor_color`
Date	`_date`	`myDate_date`
Movie Clip	`_mc`	`myMovie_mc`
Sound	`_sound`	`myMusic_sound`
String	`_str`	`myVar_str`
Text Field	`_txt`	`eyField_txt`
XML	`_xml`	`myData_xml`

PLUS DE CLIC DROIT

Par défaut, il suffit de cliquer droit à l'intérieur d'une séquence Flash pour accéder au menu contextuel contenant toutes les options de lecture disponibles. On peut zoomer, imprimer et contrôler les paramètres de lecture du clip. Dans Flash MX, la seule façon d'éviter cela était d'entrer un paramètre spécial à l'intérieur de la page HTML contenant le clip Flash, pour désactiver le clic droit.

Heureusement, il existe dans Flash MX 2004 un nouvel objet AS appelé ContextMenu, spécialement conçu pour contrôler l'activation de ce menu Clic-droit. Ajoutez les lignes de code suivantes à la première image clé de votre scénario, publiez votre clip, puis faites un clic droit pour voir le résultat.

```
var newMenu = new ContextMenu();
newMenu.hideBuiltInItems();
_root.menu = newMenu;
```

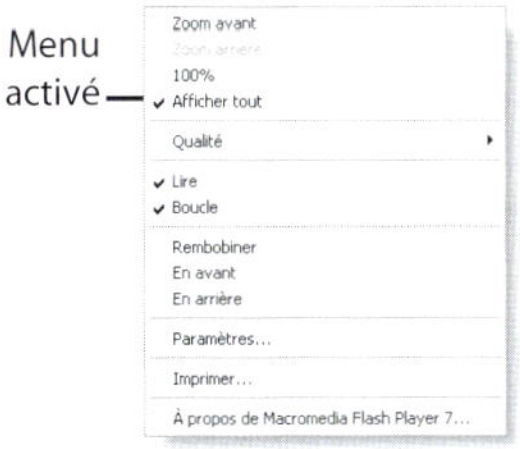

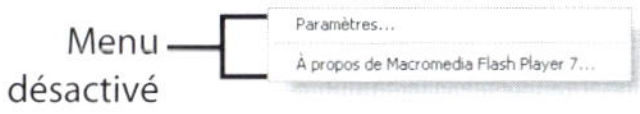

Vous devriez voir que toutes les options du menu Clic-droit ont été désactivées, ne laissant à l'utilisateur que les paramètres de base du plug-in et les informations relatives au Player Flash. Ces options ne peuvent pas être retirées.

IGNORER LES ESPACES

L'utilisation du langage XML dans Flash n'est pas des plus simples. Un certain nombre de règles doivent être respectées. Par exemple, si vous importez dans un objet XML un fichier XML comprenant des onglets, des espaces et des caractères d'entrée (ce qui est le cas la plupart du temps), vous risquez d'avoir quelques soucis, car Flash considérera ces caractères (ces espaces blancs) comme des nœuds. Une solution consisterait à supprimer ces espaces pour faire du fichier une longue ligne continue. Mais cela rendrait sa lecture trop difficile. Je vous conseille plutôt d'utiliser le code suivant :

```
myData = new XML();
myData.ignoreWhite = true ;
myData.load("myfile.xml");
```

Avec l'attribut ignoreWhite réglé sur true, Flash ignorera ces espaces et traitera lui-même le fichier comme une longue ligne continue. Je trouve que cette option devrait être définie par défaut. Enfin, c'est mon avis...

JAVASCRIPT

Contrairement à ce que l'on pourrait penser, il est assez simple de gérer une fonction JavaScript dans Flash. Encore faut-il connaître le langage lui-même. Lorsqu'une fonction de ce type se trouve dans la même page HTML que votre clip Flash, tout ce que vous avez à faire, c'est d'entrer le code suivant dans votre document.

Pour un bouton ou une occurrence de clip :

```
on(release) {
 getERL("javascript:myFunction();");
}
```

Pour une image clé (image action) :

```
getURL("javascript:myFunction();");
```

Le principe est le même que pour le ciblage d'une page HTML, sauf qu'ici l'URL est remplacée par le terme `javascript:` suivi de la fonction appelée.

CRÉER UN E-MAIL

Comment créer une adresse e-mail dans Flash ? La réponse à cette question fréquente est : vous ne pouvez pas. En revanche, Flash peut effectuer un appel HTML pour lancer un e-mail, à condition bien sûr que l'utilisateur dispose sur sa machine d'un programme de messagerie.

Pour un bouton ou une occurrence de clip :

```
on(release) {
 getURL("mailto:email@nomdedomaine.com");
}
```

Pour une image clé (image action) :

```
getURL("mailto:email@nomdedomaine.com");
```

L'ajout de la directive mailto: permet de lancer automatiquement la messagerie de l'utilisateur. Si celui-ci ne dispose pas de messagerie ou si celle-ci n'est pas correctement configurée, cela risque de ne pas fonctionner. Dans tous les cas, il s'agit d'une méthode très courante en HTML, dont la fiabilité n'est plus à démontrer.

BOUCLONS-LA

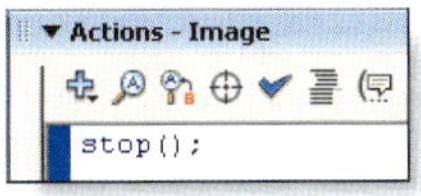

Comme vous l'avez certainement constaté, la lecture du contenu d'un scénario Flash s'effectue par défaut en boucle. Cela s'applique autant aux scénarios principaux qu'aux scénarios de symboles de clips. Personnellement, je préfère m'assurer que mes clips ne seront lus qu'une fois par l'utilisateur. Si, comme moi, vous n'êtes pas amateur de boucles sans fin, essayez cette astuce : dans le scénario visé, créez un nouveau calque et appelez-le **actions**. Créez une image clé dans ce calque sur la toute dernière image du scénario. Ouvrez le panneau Actions (F9) et sélectionnez la dernière image clé. Dans la zone de script, entrez `stop();` pour définir une lecture unique du fichier. Voilà, la boucle est bouclée.

PUNAISE !

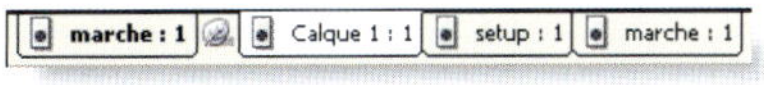

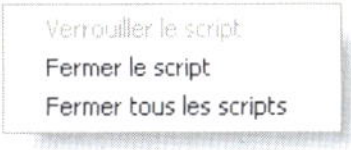

Les développeurs chevronnés ont souvent tendance à trouver limitées les capacités du panneau Actions, en particulier lorsqu'il s'agit de gérer des clips complexes. Heureusement, les choses ont évolué dans Flash MX 2004, qui offre désormais la possibilité de visualiser plusieurs clips en même temps.

Commencez par afficher l'un de vos scripts dans le panneau Actions. Cliquez sur la punaise située en bas du panneau pour verrouiller le script actif. Vous pouvez maintenant vous rendre à un autre emplacement de votre document, visualiser d'autres scripts et les verrouiller de la même manière. Cela vous permettra d'accéder à chaque script en cliquant sur l'onglet correspondant. Pour fermer l'un de ces scripts, activez-le et cliquez une fois de plus sur la punaise.

Pour fermer tous les clips en une seule fois, cliquez droit sur un des onglets et choisissez l'option Fermer tous les scripts. Je ne sais pas pour vous mais, quand j'ai su que cette option existait, j'ai sauté de joie en pensant au temps qu'elle allait me faire gagner.

COMMENTER DU CODE

La plupart du temps, mieux vaut écrire un type de code (ActionScript) auquel Flash prêtera attention. Mais il arrive parfois que l'on ait justement besoin que Flash ignore le code que l'on écrit. On appelle cela « commenter du code ». Il existe deux façons d'ignorer du code dans ActionScript. La première, qui permet de n'ignorer qu'une seule ligne de code :

```
// Tout ce que j'écris sur cette ligne ne sera pas pris en
compte par Flash
```

La seconde méthode permet de déterminer un point de départ (/*) et un point d'arrêt (*/) pour votre commentaire, qui peut dès lors s'étendre sur plusieurs lignes :

```
/* Tout ce que j'écris à l'intérieur de ces balises ne sera pas
pris en compte par Flash */
```

Vous pouvez utiliser l'une de ces méthodes soit pour désactiver le code lors d'un test, soit pour écrire un commentaire, soit pour noter votre liste de courses. Tout commentaire s'affiche en gris par défaut.

FORMAT AUTOMATIQUE

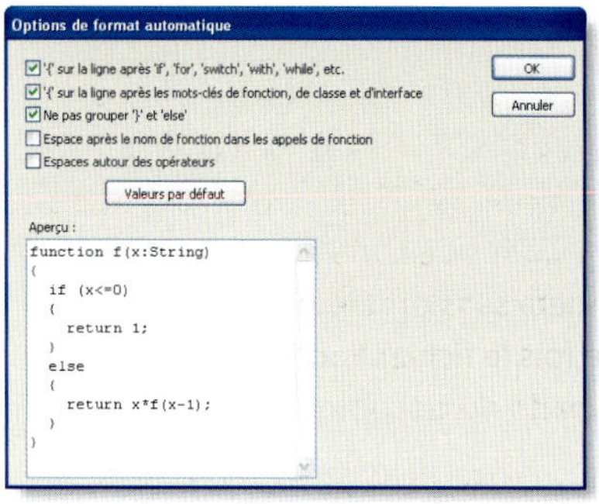

Attention, programmeur, celle-ci est pour vous ! Si vous utilisez Visual Studio, les produits Borlet ou les programmes IBM, vous êtes peut-être habitué à voir votre code se formater d'une certaine manière au cours de la frappe. Dans Flash, les choses se passent différemment car le code n'est pas le même. Mais ne vous découragez pas ! Ouvrez le menu du panneau Actions et choisissez Options de format automatique. Cela vous permettra de bidouiller le type de formatage d'ActionScript de façon que votre code ressemble plus au modèle auquel vous êtes habitué. J'active en général les trois premières options, car j'ai l'habitude de travailler sous Visual Studio.NET. La boîte de dialogue offre même un aperçu de l'aspect que votre code aura une fois les options acceptées.

FENÊTRE CONTEXTUELLE

Comment faire apparaître dans Flash une fenêtre contextuelle (pop-up) sans cadre, sans boutons et sans menus ? Il faut pour cela employer JavaScript. Nous avions déjà abordé le concept d'appel de fonctions JavaScript dans l'astuce du même nom, je vais donc entrer directement dans le vif du sujet. Commencez par ajouter le code nécessaire :

```
getURL("javascript:myPopup('http://www.mondomaine.com');");
```

Ajoutez ensuite le code JavaScript entre les balises `<head> </head>` situées à l'intérieur de la page HTML dans laquelle le clip Flash se trouve :

```
<script language="JavaScript" type="text/JavaScript">
<!–
function myPopup(url)
{
 window.open(url,"newWin", "width=500, height=500");
}
//–>
</script>
```

Vous pouvez, dans ce code, changer comme bon vous semble les valeurs de hauteur et de largeur (exprimées en pixels) de votre nouvelle fenêtre. Si vous avez besoin d'accéder à un plus grand nombre d'options pour cette fenêtre, vous devrez modifier la commande window.open, mais pour une fenêtre contextuelle basique cette ligne de code est suffisante.

CHEMIN CIBLE

Admettons que vous ayez sous les yeux un document Main.fla ayant la particularité de charger plusieurs clips Flash (au format SWF) à l'aide de la commande loadMovie. L'un de ces fichiers, Footer.swf, comprend un certain nombre de lignes de code se référant à _root. Si vous lancez ce fichier à part, le code fonctionnera sans problème, car _root se réfère au scénario principal du fichier. En revanche, une fois le fichier Footer.swf chargé à l'intérieur du document Main, _root pointe vers le scénario du document Main.swf.

Heureusement, la nouvelle valeur booléenne _lockroot de Flash MX 2004 permet de corriger ce problème. Dans cet exemple, vous devrez placer le code suivant dans le scénario principal du fichier Footer.fla :

```
this._lockroot = true;
```

Grâce à cette astuce, le chemin cible _root du fichier Footer.swf se référera bien au scénario principal de ce fichier, même si celui-ci est chargé à l'intérieur d'un autre clip.

JE NE SUIS PAS PRÊT

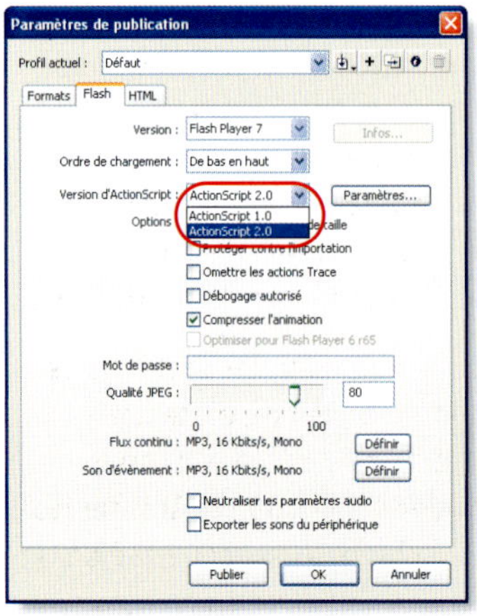

A la sortie d'ActionScript 2, tous les gens qui n'avaient pas encore complètement maîtrisé la première mouture de ce langage se sentirent lésés. Fort heureusement, Flash MX 2004 laisse à chaque utilisateur le soin de déterminer soi-même la version à utiliser. Ouvrez la boîte de dialogue des paramètres de publication de votre document (Ctrl+Maj+F12), allez dans l'onglet Flash, vous devriez y trouver une option qui permet de passer d'une version à l'autre d'ActionScript.

Cela ne doit pas, à mon avis, vous dissuader d'apprendre les spécificités d'ActionScript 2. En effet, la version 1 ne tardera pas à devenir obsolète. Et vous ne voudriez pas vous retrouver à la traîne, n'est-ce pas ?

TEXTE DÉFILANT

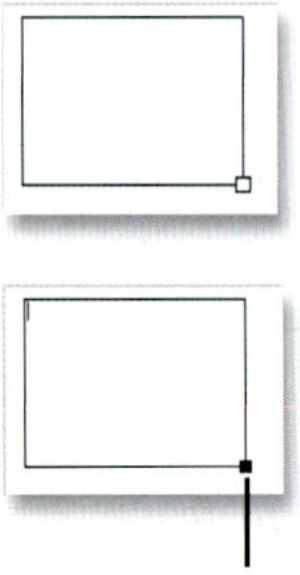
En appuyant sur Maj et en double-cliquant

Que diriez-vous de créer du texte défilant en moins d'une minute ? Tout d'abord, créez un champ de texte dynamique à l'aide de l'outil Texte. Cliquez-glissez dans votre scène pour déterminer une zone rectangulaire. Double-cliquez ensuite sur le petit rectangle tout en gardant la touche Maj enfoncée (cela permet de transformer rapidement le texte en texte défilant). Attribuez un nom à votre occurrence de texte (je l'appelle `scrollText)`. Placez ensuite deux boutons pour représenter les flèches de défilement. Sélectionnez le bouton du haut, allez dans le panneau Actions et placez-y le code suivant :

```
on(release)
{
 scrollText.scroll -= 1;
}
```

Faites de même avec le bouton du bas, mais en remplaçant -= par +=. Aussi étrange que cela puisse paraître, le signe + fera défiler le texte vers le bas. Il ne vous reste plus qu'à taper votre texte à l'intérieur du bloc. Si vous êtes motivé, vous pouvez aussi paramétrer le texte de façon dynamique à l'aide d'ActionScript. Et voilà, une corde de plus à votre arc !

UN PETIT CONSEIL

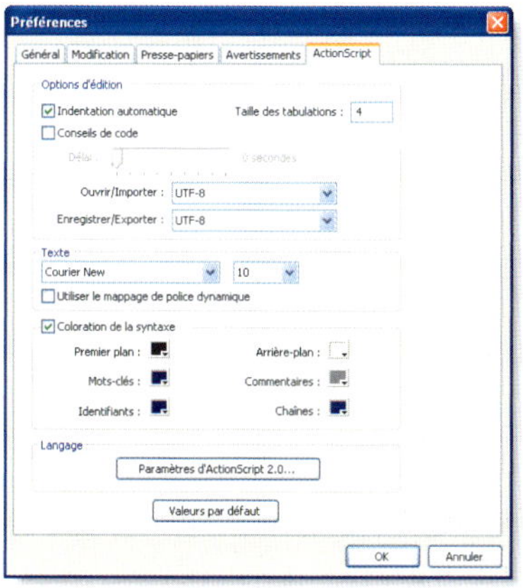

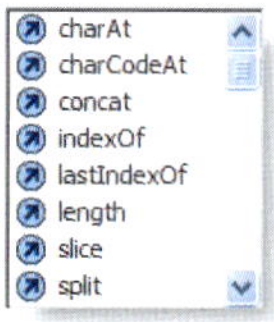

Les conseils de code peuvent se révéler utiles lorsqu'on utilise ActionScript. En effet, il est rare que l'on se souvienne de tous les noms des propriétés et des méthodes inhérentes à ce langage. De plus, il est aussi facile d'appeler cet outil que de le désactiver.

Pour cela, allez dans le panneau des préférences (Ctrl+U) sous l'onglet ActionScript, et désélectionnez l'option Conseils de code. Pour activer cette fonction, appuyez sur le bouton Afficher les conseils de code (Ctrl+Barre d'espace), situé dans le panneau Actions. Et ne vous inquiétez pas, vous n'hériterez pas d'un conseil vexant à la moindre ligne de code entrée dans vos actions.

LE BON JPEG

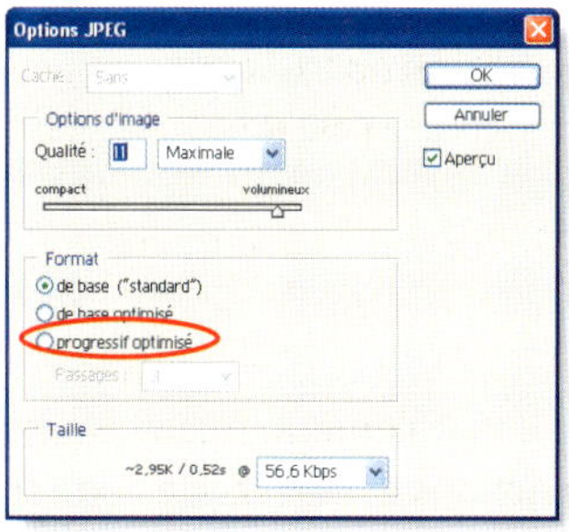

Si vous êtes habitué à développer sous Flash, vous avez certainement déjà essayé de charger une image JPEG dans un fichier SWF à l'aide de la commande `loadMovie`. J'étais fou de joie à l'annonce de cette nouvelle possibilité. Rendez-vous compte ! Plus besoin de convertir chaque image au format SWF ! Cependant, il faut savoir que cette astuce ne s'applique qu'à certains types de JPEG. Si vous ne parvenez pas à charger votre image de cette manière, il y a de fortes chances pour qu'il s'agisse d'un JPEG progressif. Ce format permet, dans un navigateur, de voir une image se charger en temps réel. Le problème, c'est que le Flash Player ne dispose pas du codec de compression adéquat pour visualiser ce type d'image, contrairement au programme Flash MX 2004. Je ne peux donc que vous conseiller de tester régulièrement votre travail. Maintenant que vous savez pourquoi une image ne se charge pas correctement, il ne vous reste plus qu'à la convertir au format JPEG non progressif.

ATTENTION À LA CASSE

Peut-être avez-vous déjà eu la désagréable surprise de constater que votre code ActionScript ne réagissait pas correctement lorsqu'il était importé dans Flash MX 2004. Les différences entre les deux versions d'ActionScript étant assez importantes, il vous faudra fournir un travail assez considérable pour convertir votre code au format AS 2.0. L'une de ces différences est le fait que les identifiants (noms d'occurrences, variables) sont maintenant sensibles à la casse. Autrement dit, alors que vous pouviez, par exemple, utiliser indifféremment `myVar` et `MyVar` dans la version précédente de Flash, ces deux entrées sont désormais considérées comme deux identifiants distincts.

Même s'il faut un peu de temps pour s'habituer, croyez-moi, c'est mieux ainsi. Je vous recommande par conséquent de prêter une attention toute particulière aux casses employées dans vos lignes de code, que cela soit nécessaire ou non.

COMMENTAIRE

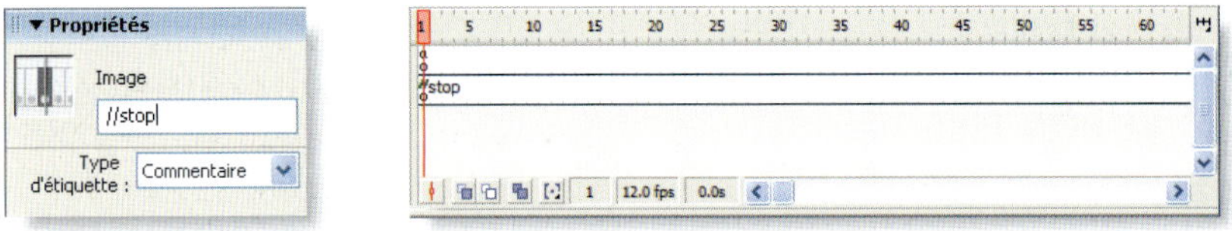

Le fait de parsemer de commentaires ses lignes de code ActionScript est une pratique courante. Mais il est plus rare d'annoter des images à l'intérieur d'un scénario. Admettons par exemple que vous ayez placé dans l'une des images clés de votre scénario une action de stop (arrêt de lecture). Celle-ci n'étant indiquée que par un petit « a », vous ne tarderez pas à oublier le type d'action dont il s'agit. Au lieu de sélectionner sans cesse l'image clé pour voir ce qu'elle contient, vous pouvez ajouter un commentaire pour vous le rappeler.

Sélectionnez une image clé, allez dans l'inspecteur des propriétés, et entrez un commentaire (« stop » dans ce cas) dans le champ d'étiquette d'image. Choisissez ensuite le type d'étiquette Commentaire. Flash ignorera ce commentaire, mais cela vous permettra de vous le rappeler facilement. Ces commentaires permettent notamment à vos collègues de comprendre le fonctionnement de votre scénario.

Vous pouvez accomplir cette action encore plus vite en créant une étiquette d'image, puis en entrant « // » devant le nom que vous lui avez attribué.

IMPOSSIBLE D'IMPRIMER

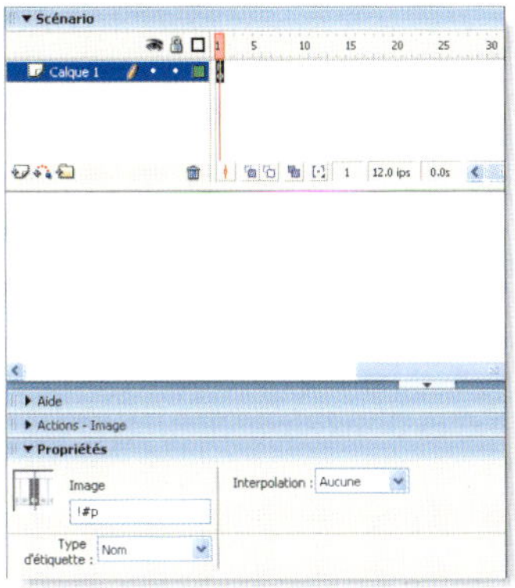

Par défaut il est possible, lorsqu'on regarde un clip Flash, d'accéder à un certain nombre d'options d'un simple clic droit. L'une de ces options permet aux utilisateurs d'imprimer toutes les images d'un scénario. Or il arrive souvent que l'on ne souhaite pas laisser cette possibilité ouverte, en particulier lorsqu'il s'agit de contenu visuel protégé.

Pour verrouiller cette option, au lieu de passer par l'opération laborieuse de désactivation des éléments de menu, créez une étiquette d'image `!#p` sur la première image de votre scénario principal. Cela empêchera quiconque d'imprimer tout ou partie de votre scénario. Les amateurs de techniques de protection de données devraient apprécier cette astuce.

REPÉRER UNE ERREUR

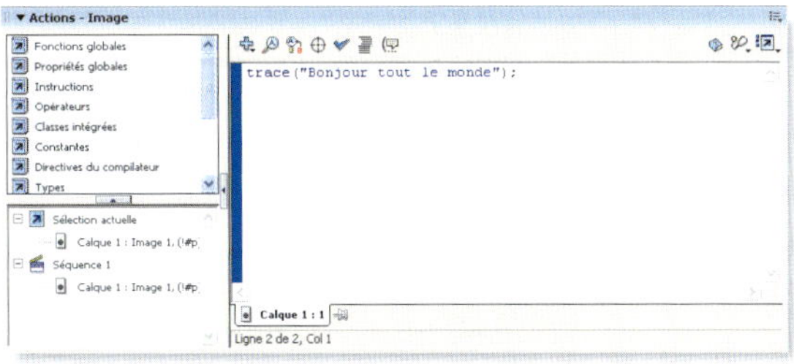

Il m'arrive parfois de commettre certaines erreurs lors de la rédaction de scripts. L'inconvénient, c'est qu'il est difficile de repérer ses propres fautes, surtout lorsqu'on travaille seul et depuis plusieurs heures sur le même projet. D'autant qu'en général il s'agit d'erreurs stupides, comme un nom de variable mal orthographié.

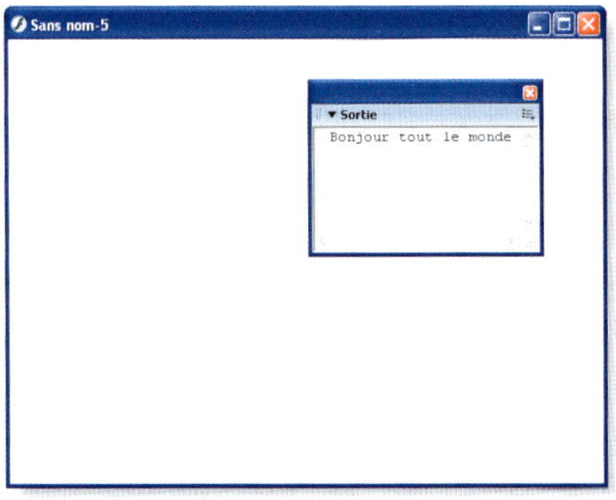

L'action `trace` peut vous permettre d'identifier vos problèmes. Placez-la n'importe où dans votre script, comme ceci :

```
trace("Bonjour tout le monde ");
```

Testez ensuite votre clip (Ctrl+Entrée ou Cmd+Entrée). Vous devriez voir apparaître une fenêtre de sortie affichant la phrase `Bonjour tout le monde`. En théorie, tout ce que vous mettrez entre les parenthèses de l'action `trace` s'affichera dans la fenêtre de sortie, qu'il s'agisse d'une variable ou d'une séquence d'échappement. En résumé, cette action permet de vérifier la fiabilité de votre script lors d'un test.

MASQUER LE MENU CONTEXTUEL

La désactivation du menu contextuel de Flash Player est une pratique assez courante de la part des développeurs Flash. Nous avions déjà abordé la nouvelle méthode de désactivation de menu apparue dans Flash MX 2004. Nous allons maintenant parler de la méthode classique, tout aussi efficace.

Dans le code de la page HTML contenant votre séquence Flash, vous devriez voir une balise `<object>` ainsi qu'une balise `<embed>`. Ces deux balises fonctionnent ensemble et servent à s'assurer du bon affichage du contenu Flash dans la plupart des navigateurs. Pour masquer un menu contextuel, ajoutez la balise suivante à la balise objet de la page HTML :

```
<param name="menu" value="false">
```

Ajoutez ensuite le paramètre de menu à la balise intégrée, en prenant soin de le placer parmi les paramètres déjà présents :

```
menu="false"
```

Bien sûr, la nouvelle version de Flash Player vous permet d'effectuer cette opération à l'aide d'ActionScript, mais cette méthode présente l'avantage de fonctionner avec des versions plus anciennes de ce programme. Cette astuce devrait donc vous être utile si vous continuez par exemple à publier du contenu au format Flash 6.

UNE LIAISON CORRECTE

J'ai remarqué qu'un certain nombre de gens essayaient de charger des fichiers SWF (ou autres) depuis leurs disques durs locaux pour les intégrer dans leurs clips Flash. Peut-être veulent-ils de cette manière préparer Flash Player à charger soit un fichier média à partir du disque d'un utilisateur, soit une image, à l'aide de la fonction `loadMovie`, à partir d'un disque local. Il y a une bonne et une mauvaise façon de faire cela. Je vous épargne la mauvaise, passons directement à la bonne.

Chaque fois que vous faites référence à un fichier situé sur un disque local et que vous connaissez son chemin absolu (son emplacement), assurez-vous de bien placer le code suivant devant le chemin du fichier (de la même manière que vous placeriez `http://` devant une adresse Internet) :

```
fichier://
```

Ce code fait référence à l'ordinateur sur lequel est lue la séquence Flash. Ainsi, pour ouvrir une image appelée `alwaysthere.jpg` depuis un disque C, il faut écrire :

```
_root.loadMovie("fichier://c/alwaysthere.jpg ");
```

LES BOUTONS D'ACTIONS ONT DISPARU

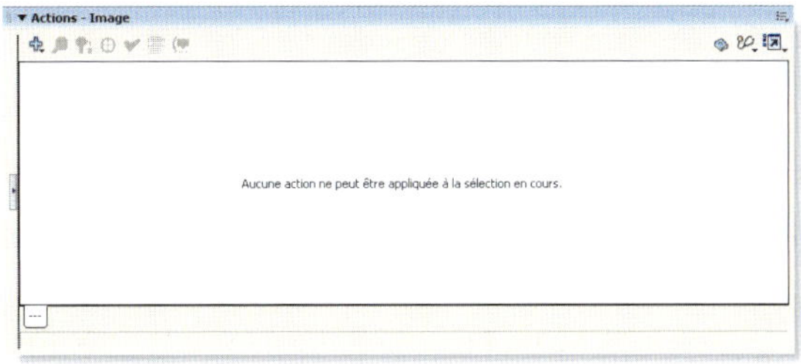

Dans le passé, les designers plaçaient leurs actions d'image dans des scénarios de boutons. Cette méthode, même si elle fonctionnait, n'était pas recommandée. Si tel était votre cas, n'espérez pas continuer car Flash MX 2004 ne le permet plus. En fait, si vous ouvrez le panneau Actions après avoir sélectionné une image sur un scénario de bouton, vous trouverez un message vous informant qu'il est impossible d'appliquer une action à la sélection courante. Une action de bouton ne peut en effet se placer que sur l'occurrence de ce dernier. Sélectionnez donc une occurrence de bouton et placez-y votre action. On ne fait plus ce qu'on veut de nos jours…

Un clip vidéo sur votre site

Point d'anecdotes croustillantes ni de saillies drolatiques dans cette introduction. Nous sommes arrivés au dernier chapitre, et il s'agit d'être sérieux.

Insérer un clip Flash sur votre site

Chapitre 10

Je vais donc vous exposer mon point de vue sur la situation en Irak. Oups ! Pardon, je vais plutôt vous parler du contenu du chapitre, qui renferme à mon avis les astuces les plus importantes du livre. Dans le petit monde des utilisateurs Flash, elles sont ce qui sépare les blancs-becs des hommes, les vrais. Tout le monde peut être capable de créer des clips Flash, mais seule une poignée d'entre nous est en mesure de le faire de la façon la plus efficace possible. Une fois que vous aurez appris sur le bout des doigts et assimilé chaque mot de ce chapitre, vous serez en bonne voie pour devenir l'un de ces maîtres de Flash. Félicitez-vous d'avoir acheté ce livre, il vous hissera vers les plus hautes sphères de notre métier et contribuera à financer une partie du coût astronomique de ma psychothérapie.

PERFORMANCES ESTIMÉES

Pour savoir dans quelles conditions votre travail sera vu par un utilisateur surfant avec un modem 56K. Testez vos clips en appuyant sur Ctrl+Entrée et en sélectionnant Testeur de bande passante dans le menu Affichage. Un graphe indique la quantité de données envoyées pour chaque image selon la vitesse définie. Pour simuler un téléchargement à 56K, allez dans le menu Affichage > Paramètre de téléchargement et sélectionnez l'option 56K.

Chaque barre du graphe représente une image de votre film. Si l'une d'elles franchit la ligne rouge, cela signifie que l'utilisateur devra patienter avant de voir cette image s'afficher. Vous pouvez modifier les paramètres de téléchargement pour tester le comportement de votre film dans d'autres situations. C'est un outil utile pour s'adapter aux vitesses de connexion les plus lentes.

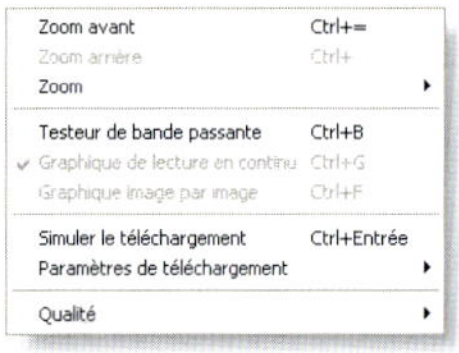

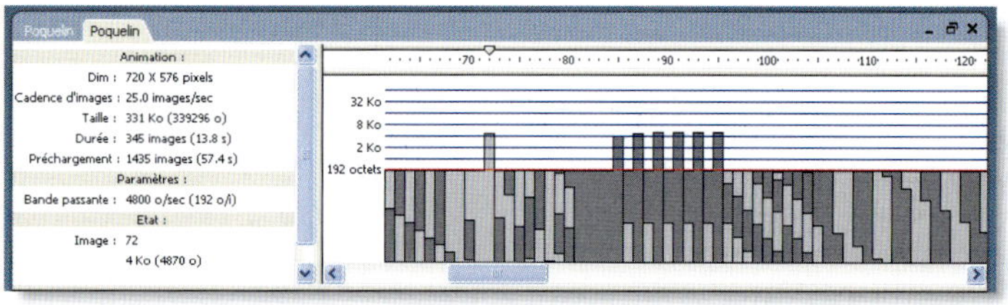

DES CONTOURS UTILES

Comme nous l'avons vu précédemment, l'intégration d'une police se fait en général, par mesure de précaution, avec l'ensemble des caractères disponibles pour cette police. Cependant, si vous êtes certain de n'avoir besoin que de quelques caractères, mieux vaut procéder autrement : vous réduirez ainsi considérablement la taille de votre fichier. Cela vaut, par exemple, pour un champ de texte dynamique ne comprenant que des nombres. Il n'y a aucun intérêt à inclure les contours de toutes les lettres de l'alphabet. Sélectionnez le champ de texte, ouvrez le panneau des options de caractères et choisissez uniquement la plage des chiffres dans la liste. Répétez l'opération pour l'ensemble du document. N'oubliez pas que, si vous avez deux champs de texte (texte dynamique ou texte de saisie) partageant la même police et que l'un d'entre eux intègre tous les contours de police, vous n'économiserez aucun espace sur votre fichier. En effet, à partir du moment où ces contours sont inclus dans un champ de texte, ils sont aussi intégrés au fichier SWF final.

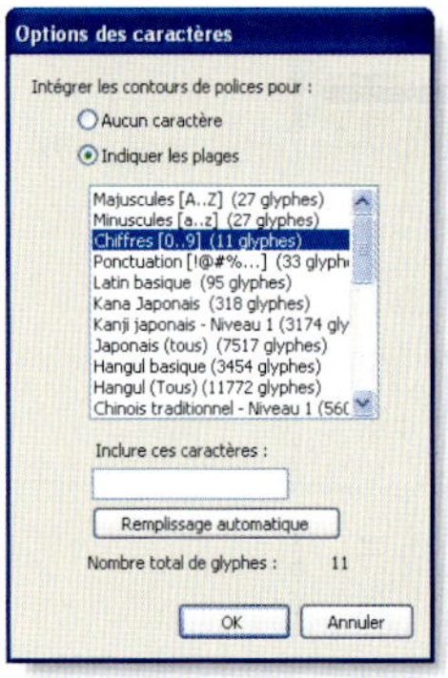

DES DOCUMENTS SWF TRANSPARENTS ?

En théorie, le monde des arrière-plans transparents est réservé aux images GIF des pages HTML. Cependant, Flash dispose d'un outil méconnu qui permet à ses utilisateurs de créer des clips sur fond transparent.

Allez dans le panneau des paramètres de publication (Ctrl+Maj+F12), puis choisissez, dans l'onglet HTML, l'option Sans fenêtre transparent. Editez votre document et faites en sorte que votre page HTML dispose d'une image d'arrière-plan ou d'un fond quelconque.

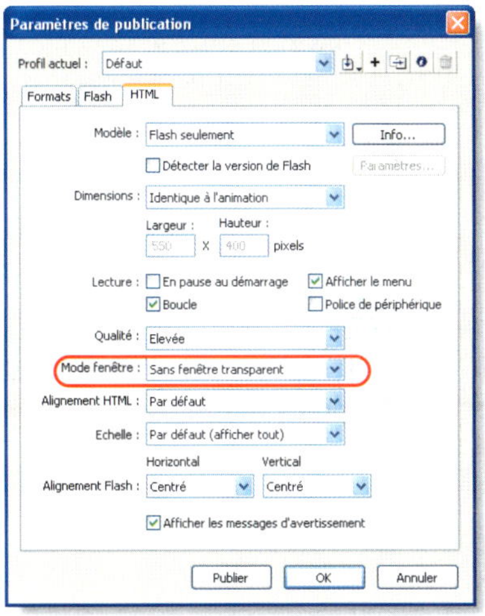

S'il s'agit d'une page HTML existante, ajoutez les paramètres suivants à la balise <objet> :

```
<param name="wmode"
value="transparent">
```

Ajoutez ensuite les paramètres suivants à la balise `<embed>` :

```
wmode="transparent"
```

Pour que cette astuce fonctionne, vous devez au moins être équipé des versions 6,0,65,0 (Windows) ou 6,0,67,0 (Macintosh) du Flash Player de Macromedia. Consultez régulièrement le site **www.macromedia.com** pour obtenir une liste des navigateurs compatibles. Malgré quelques petites restrictions, cette astuce constitue l'outil idéal pour intégrer vos créations Flash dans un contenu HTML.

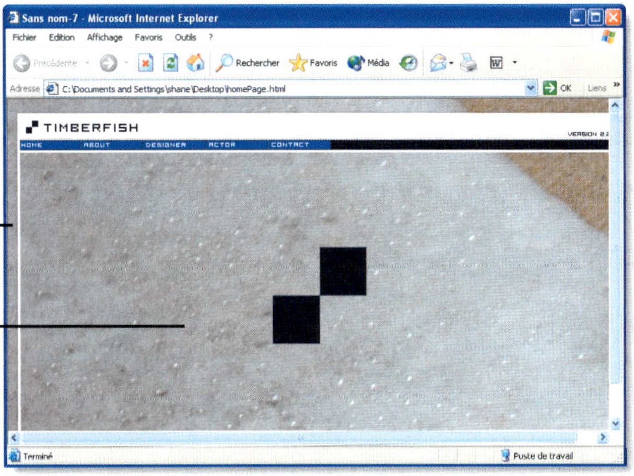

Sur une page HTML

Contenu Flash sur fond transparent

PALETTE WEB

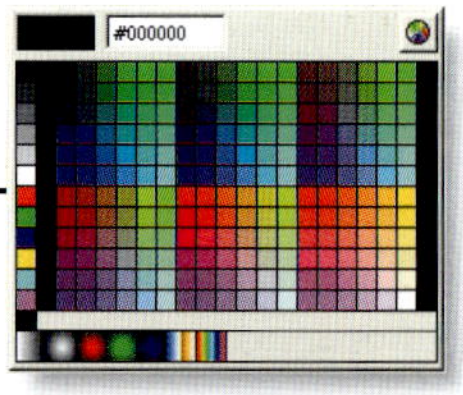

Palette Web par défaut

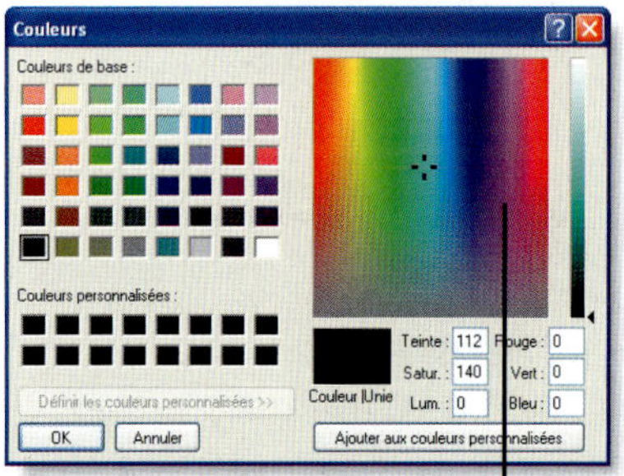

Créez votre propre palette de couleurs

On croit souvent que les seules couleurs autorisées dans le domaine de la conception Web sont celles que l'on trouve dans la fameuse palette Web de 216 couleurs. Il n'y a pas si longtemps, la plupart des ordinateurs étaient équipés de cartes vidéo basiques limitées à un affichage couleur 8 bits (256 couleurs). On s'est aperçu par la suite que la seule façon d'afficher un contenu Web de la même façon sur la plupart des navigateurs et des systèmes d'exploitation était de partir d'une base de couleurs commune. Ces 216 couleurs ont fini par constituer la palette Web. En utilisant ces couleurs, vous avez la garantie que votre travail sera vu de la même façon par l'ensemble des internautes. Le problème, c'est que ces couleurs sont assez pauvres, ce qui est d'autant plus regrettable qu'aujourd'hui une immense majorité (94 %) de moniteurs sont capables d'afficher plusieurs millions de couleurs. Voici donc mon conseil : oubliez cette palette de 216 couleurs. Flash s'y accroche désespérément en la plaçant par défaut, mais cela ne doit pas vous empêcher de créer vos propres palettes.

REDIMENSIONNER

Si vous ne savez pas quelle doit être la résolution de sortie de votre séquence Flash, mieux vaut ne redimensionner votre travail qu'après l'avoir entièrement terminé, car cette opération n'est pas aussi simple que dans Photoshop ou Fireworks. Retenez ceci : lors de votre prochain redimensionnement, veillez à placer votre contenu vers le coin supérieur gauche de la scène, car Flash agrandit ou coupe la scène en partant du coin opposé, en bas à droite.

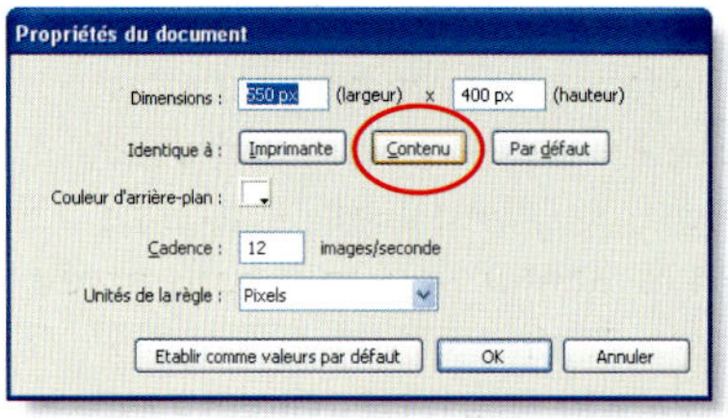

Maintenant, la partie intéressante du processus : ouvrez le panneau Propriétés du document (Ctrl+J ou Cmd+J) et appuyez sur le bouton Contenu. Vous adapterez ainsi automatiquement la taille de votre document à son contenu, en laissant en plus une marge de sécurité sur les côtés. Pour résumer, et en attendant que cette manipulation soit simplifiée, une seule chose à faire : appuyer sur Contenu.

CHOISIR LA TAILLE D'UN DOCUMENT

Quand vous créez un nouveau document Flash, la taille par défaut de votre film est toujours de 550 × 400 pixels. Cela peut paraître arbitraire, mais c'est tout à fait compréhensible. Auparavant, la résolution d'écran la plus commune était de 640 × 480 pixels, et si vous regardez un document Flash dans un navigateur vous constaterez que celui-ci occupe déjà une grande partie des pixels de l'écran. Ainsi, la résolution 550 × 400 permet de s'assurer que votre film pourra être vu en entier. La résolution d'écran la plus répandue est actuellement de 800 × 600, mais elle ne tardera pas à être remplacée par une résolution encore plus élevée. Inutile donc d'espérer obtenir une réponse précise à la question « quelle doit être la résolution de mon clip ? », car il n'y en a pas. Posez-vous plutôt la question : « A quel type de support mon clip est-il destiné ? Un bouton, une barre d'outils, un site entier, etc. ? » Ou encore : « Sur quel genre d'écran mon travail sera-t-il vu ? »

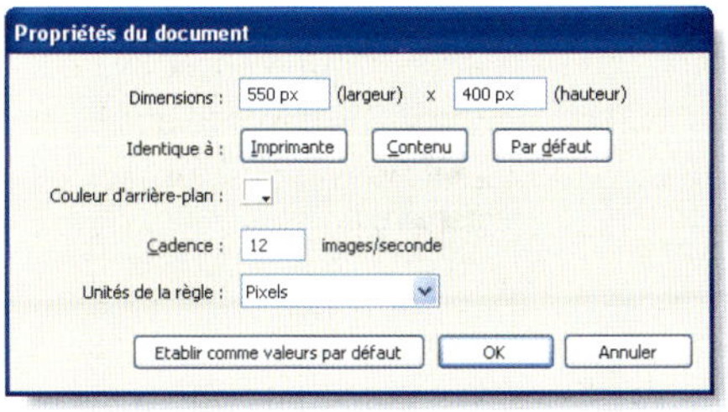

Une fois que vous aurez répondu à ces questions, vous pourrez décider des meilleures dimensions à attribuer à votre film. Essayez autant que possible de vous rendre accessible au plus grand nombre en adoptant les réglages les plus courants. Etant donné qu'il est assez fastidieux de redimensionner un document après coup, prenez le temps de bien choisir la taille adéquate.

PROBLÈME DE LECTURE SUR MAC

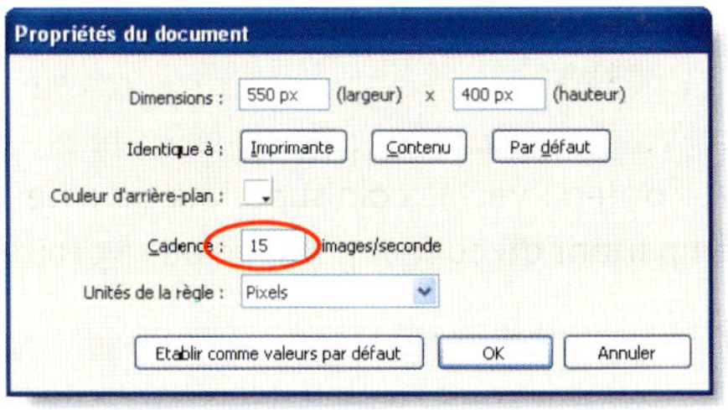

Le fait est que, pour quelque raison obscure, la lecture des clips Flash a toujours été plus lente sur Mac que sur Windows. Cela étant, Flash Player 7, contrairement à ces prédécesseurs, a été précisément conçu pour gommer au maximum ces différences entre plates-formes.

Que peut-on faire pour corriger cela ? Pas grand-chose, à vrai dire. Vous pourriez par exemple régler la vitesse de lecture de vos clips sur 15 ips. Ainsi, vous aurez la garantie qu'ils seront lus sur Mac à 12 ips au minimum. Les résultats étant malgré tout trop imprévisibles, je vous suggère de tester sur un Mac les documents destinés à être lus sur cette plate-forme. C'est la seule manière d'être vraiment sûr. Macromedia reconnaît qu'il existe bien une différence de lecture. Cela ne règle rien, mais c'est déjà ça !

UNE LUMINOSITÉ INCERTAINE

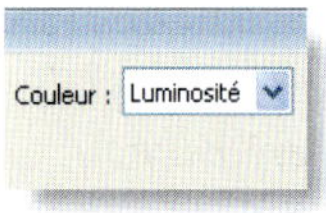

L'optimisation du clip final est l'une des parties les plus importantes du processus de création sous Flash. Après tout, il est naturel de vouloir s'assurer que votre contenu pourra être vu sans problème par tous les utilisateurs. Les perfectionnistes apprécieront sans doute l'astuce suivante, qui concerne la taille du fichier.

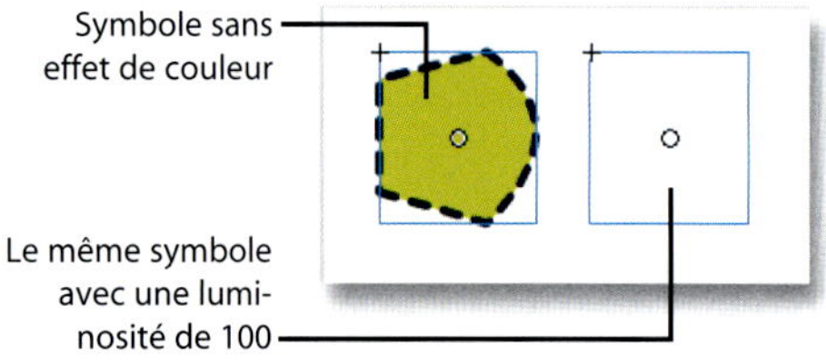

Vous devriez normalement, pour créer un effet de fondu, modifier les paramètres Alpha d'une occurrence. Cependant, il est possible d'obtenir un résultat identique en jouant sur la valeur de la luminosité (dans l'inspecteur des propriétés). Réglez-la sur 100, et l'occurrence virera au blanc. Réglez-la sur –100, l'occurrence deviendra noire. Si votre film dispose d'un arrière-plan blanc ou noir, vous pourrez simuler la disparition de votre occurrence. L'avantage est que cet effet demande beaucoup moins de ressources mémoire qu'un véritable fondu Alpha. Cela peut devenir très rentable si vous avez plusieurs fondus à effectuer, surtout si ces derniers concernent des formes complexes. Cela ne fonctionne pas dans tous les cas, mais ça vaut le coup d'essayer !

FLASH, C'EST POUR LE WEB, NON ?

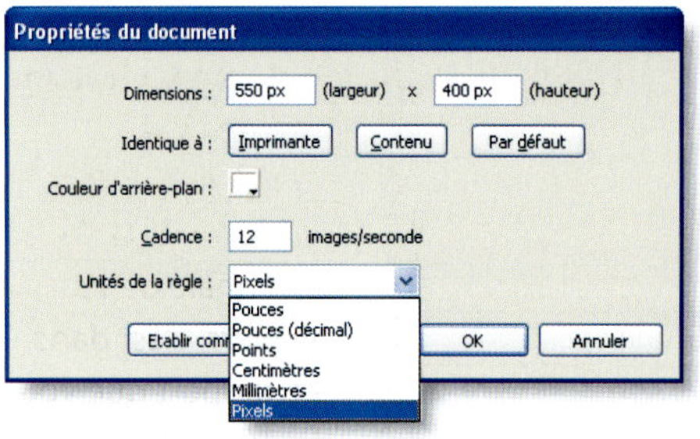

Plus seulement. A chaque nouvelle version de Flash, Macromedia accroît le nombre de domaines d'application de son logiciel, du multimédia à la vidéo en passant par l'impression. Flash 2004 ne fait pas exception. En fait, on peut même affirmer qu'il s'agit de la version la plus aboutie à ce sujet. Ouvrez le panneau des propriétés du document (Ctrl+J). Vous devriez voir en bas de ce panneau une liste déroulante énumérant les différentes unités de règle disponibles. Le pixel est l'unité par défaut, mais vous pouvez facilement passer au pouce ou au système métrique, qui convient plus à un document destiné à l'impression.

Evidemment, si vous êtes habitué à travailler sur Illustrator, Photoshop ou Fireworks, vous ne trouverez pas cette astuce particulièrement impressionnante. Cependant, c'est une petite révolution pour les utilisateurs de Flash, qui peuvent désormais s'ouvrir à d'autres médias que le Web.

POURQUOI MON FICHIER EST-IL SI GROS ?

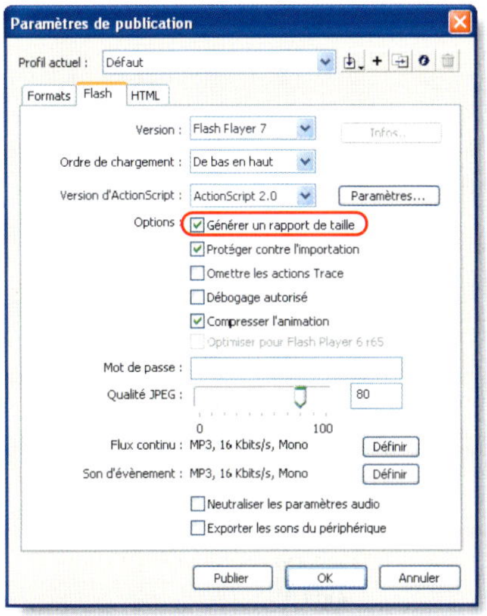

N'avez-vous jamais frôlé l'évanouissement à la vue de la taille de votre document SWF final ? Comment un projet si simple peut-il donner naissance à un si gros fichier ? C'est ce que nous allons découvrir.

Allez dans l'onglet Flash du panneau des paramètres de publication de votre document (Ctrl+Maj+F12 ou Opt+Maj+F12 sur Mac). Cochez l'option Générer un rapport de taille. Publiez votre clip. La fenêtre de sortie devrait afficher un rapport indiquant la taille de chaque actif inclus dans votre document ainsi que la taille globale de ce dernier. Vous trouverez également une copie de ce rapport sous la forme d'un fichier texte placé à l'intérieur du dossier dans lequel votre fichier SWF a été publié.

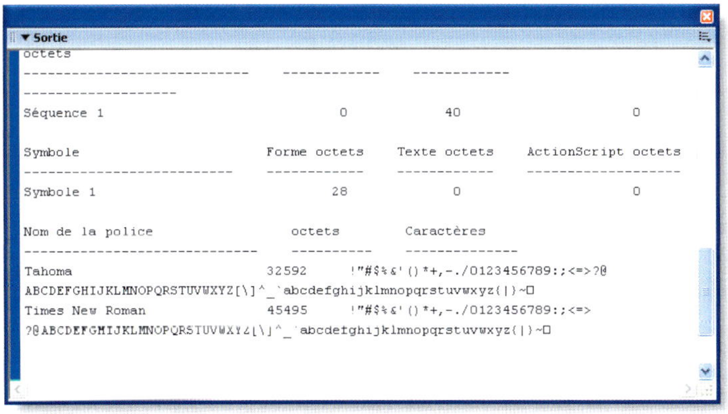

En général, lorsque je consulte ce genre de rapport, je m'aperçois qu'une police est à l'origine du problème. Quelle que soit la cause de la taille anormale de vos fichiers, c'est dans ce rapport que vous la dénicherez.

AH, LES VITESSES DE DÉFILEMENT…

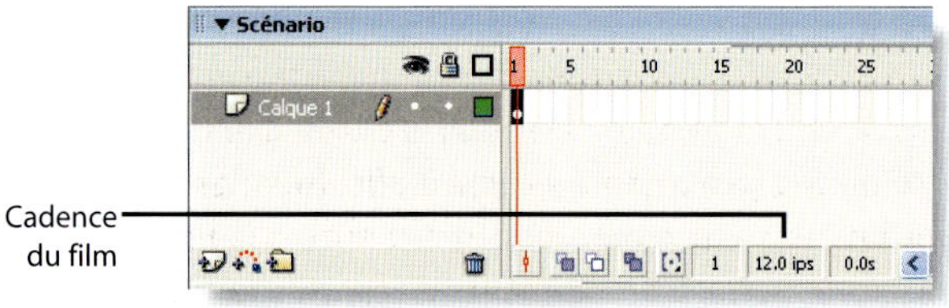

Il est assez difficile de choisir une bonne vitesse de lecture pour un film. Il y a tellement de facteurs à prendre en compte. La solution de facilité serait de choisir une cadence de 12 ips (vitesse par défaut de Flash). *A priori*, cette vitesse convient dans la plupart des cas. Si cela ne vous satisfait pas, vous devrez choisir une vitesse adaptée à votre public. Cela dépend également du type de contenu que vous comptez publier. Par exemple, si vous souhaitez publier votre clip au format QuickTime en vue d'une diffusion vidéo, vous devrez régler votre cadence à 25 ips. Voici quelques recommandations.

Contenu	Public	IPS
Animation basique	Utilisateurs bas débit	12
Animation basique/interactive	Utilisateurs moyen débit	15
Scénario chronométré/animation basique	Utilisateurs haut débit	20
Video Broadcast	Editeur vidéo	24/30

Il ne s'agit bien sûr que de recommandations. Vous ne pourrez déterminer votre cadence idéale qu'en effectuant une série de tests. La solution de repli reste de toute façon la cadence par défaut, à 12 ips.

JAMAIS TROP TARD POUR SAUVEGARDER

Laissez-moi vous conter une histoire : c'était au début de ma carrière de designer Flash. Je travaillais sur un projet (un fichier) si important que je prenais soin de l'enregistrer très régulièrement, pour ne pas dire sans arrêt. J'ai passé des semaines à travailler dessus avant d'en venir à bout et, pendant tout ce temps, je n'ai jamais cessé d'effectuer des sauvegardes. Un matin, j'ai allumé mon ordinateur, lancé mon document, mais à la place de celui-ci un message d'erreur est apparu : « Format de fichier non reconnu ». J'ai aussitôt essayé de le relancer. Sans succès. J'ai réinstallé Flash, redémarré ma machine. Toujours rien. J'ai essayé de le lancer sur un autre ordinateur. Mais, là encore, le même message est apparu. Le fichier était corrompu, sans que je sache pourquoi. Mon travail était définitivement perdu, et je ne pouvais rien y faire. Voici donc mon conseil : lorsque vous travaillez, enregistrez autant que possible, mais surtout, à chaque nouvelle étape importante, pensez à sauvegarder votre travail sur un nouveau fichier. Numérotez les fichiers successifs de cette façon : `Monprojet_100.fla`, `Monprojet_101.fla`, etc. Si quelque chose tourne mal, vous disposerez toujours d'une version intacte de votre projet. Croyez-moi, c'est important !

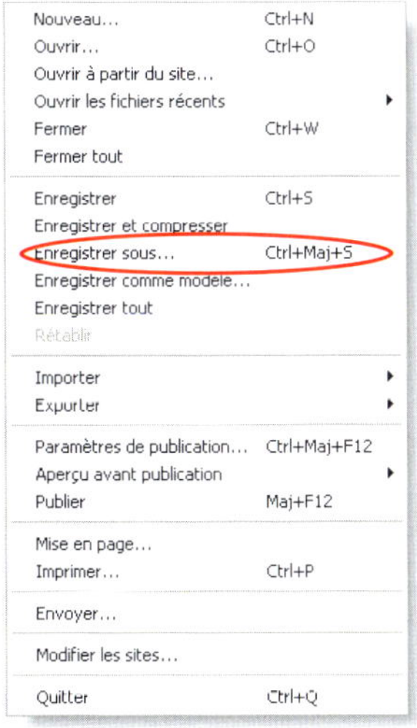

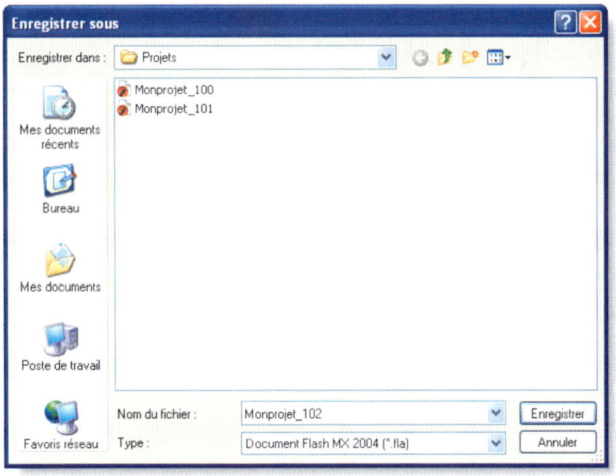

LES PRÉVISIONS DE FLASH

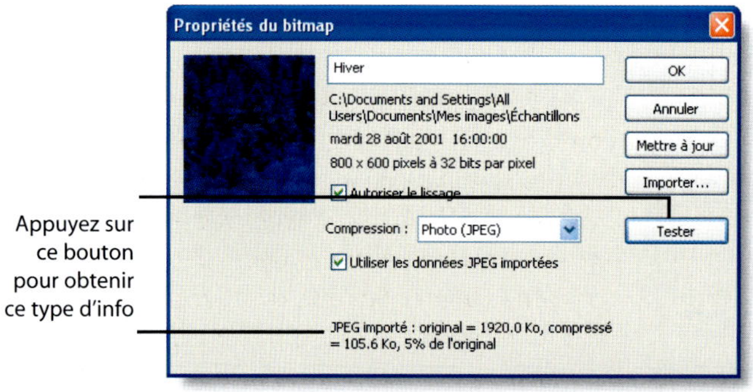

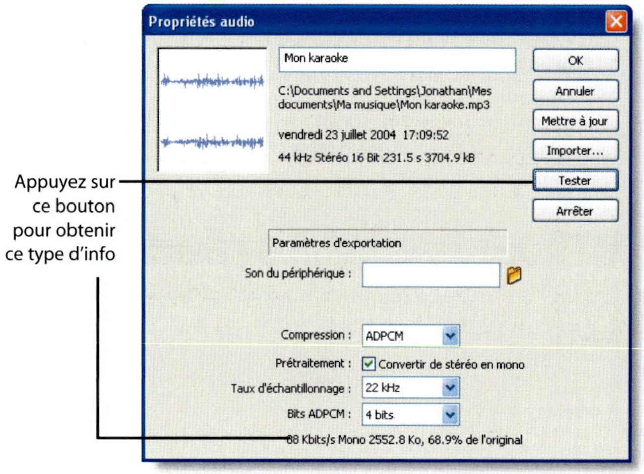

En général, il est difficile de savoir à l'avance dans quelle mesure les éléments médias importés, sons ou images, augmenteront la taille du fichier Flash final. Surtout si ceux-ci sont recompressés par Flash.

Double-cliquez sur l'une des images ou l'un des sons de votre bibliothèque. Vous devriez voir un bouton Test apparaître dans la fenêtre des propriétés. Cliquez dessus pour obtenir des informations concernant la taille des actifs sélectionnés. Cette fenêtre contient aussi des options vous permettant de modifier la compression des fichiers sélectionnés suivant vos besoins. Vous disposez en outre, en haut à gauche de la fenêtre, d'une vignette d'aperçu qui vous permet de tester le résultat de vos essais, qu'il s'agisse d'un son ou d'une image. Servez-vous de cette astuce pour déterminer les meilleurs compromis entre qualité et taille de fichier.

DES QUALITÉS INDIVIDUELLES

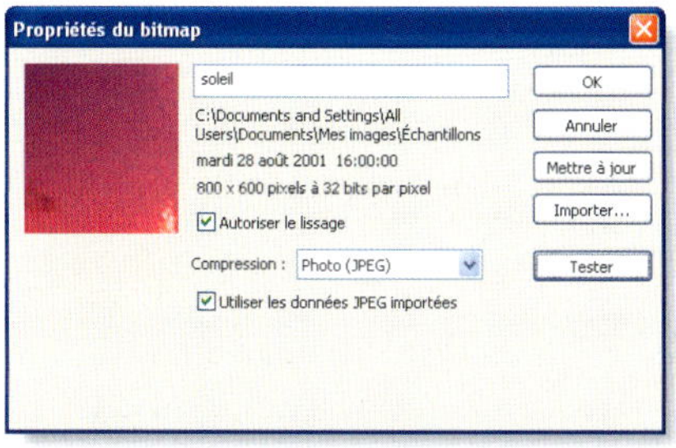

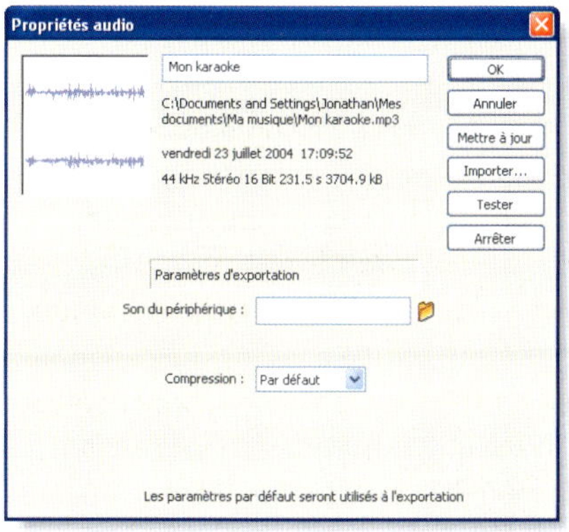

Il est fréquent de trouver plusieurs extraits sonores et plusieurs images à l'intérieur d'un même document. Généralement, ces actifs importés sont compressés dans Flash suivant les paramètres de compression par défaut. C'est un bon choix si vous souhaitez garder une certaine cohérence qualitative entre chaque élément média de votre document. Mais admettons que vous ayez dix effets sonores de survol de bouton et une piste son s'étendant sur l'ensemble de votre scénario. Il est plus important de conserver la qualité de ce dernier que celle des effets sonores, qui ne seront entendus qu'un bref instant.

Pour résumer, chaque actif se doit d'avoir son propre réglage, adapté à sa fonction et à son type d'utilisation. Pour accéder à ces réglages, double-cliquez sur une image ou un son de votre bibliothèque. Les réglages par défaut diffèrent d'un type de fichier à un autre, mais il est toujours possible de personnaliser leurs paramètres.

DE FAIBLES RESSOURCES

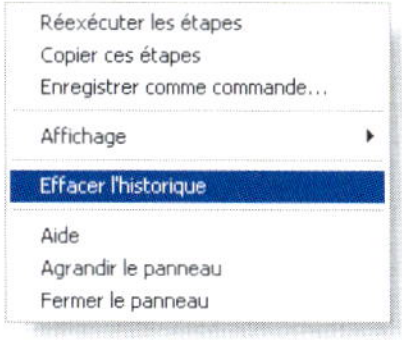

Vous ne possédez pas le dernier cri en matière d'équipement informatique ? Vous êtes obligé de ne lancer qu'un programme à la fois pour ne pas fatiguer votre machine ? Ne vous inquiétez pas, il vous reste une solution pour accélérer la vitesse de fonctionnement de Flash. Il suffit de nettoyer votre historique. Surtout si vous avez récemment travaillé sur plusieurs documents, ce qui a pour conséquence de cumuler les historiques et d'accaparer une part importante de vos capacités mémoire. Pour effacer rapidement l'historique d'un document, ouvrez le panneau Historique (Ctrl+F10 ou Opt+F10 sur Mac) et choisissez l'option Effacer l'historique dans le menu. C'est le même principe qu'avec l'historique d'un navigateur, à la différence près qu'ici les informations sont stockées non pas sur un disque local mais dans la mémoire. Si cette astuce n'améliore pas les performances de Flash, vous pouvez commencer à chercher un nouvel ordinateur...

IMAGES DÉFECTUEUSES

N'avez-vous jamais eu de problème lors de l'importation d'images bitmap dans votre scène ? Cela vient en général de la façon dont on effectue ce type d'importation. Vous pouvez placer une image sur votre scène en cliquant-glissant une occurrence de symbole depuis votre bibliothèque, mais mieux vaut procéder de la manière suivante.

Convertissez votre image bitmap à l'aide de l'outil Modification > Séparer (Ctrl+B). Si l'image est à l'intérieur d'un symbole, modifiez le symbole et séparez l'image en place. Le fait de séparer une image bitmap permet de s'assurer que celle-ci s'affichera correctement dans un document Flash. Ne me demandez pas pourquoi, je n'en sais rien. Ce qui est sûr, c'est que cette méthode est recommandée par Macromedia. Autrement dit, vous feriez mieux d'écouter.

HISTORIQUE À LA CARTE

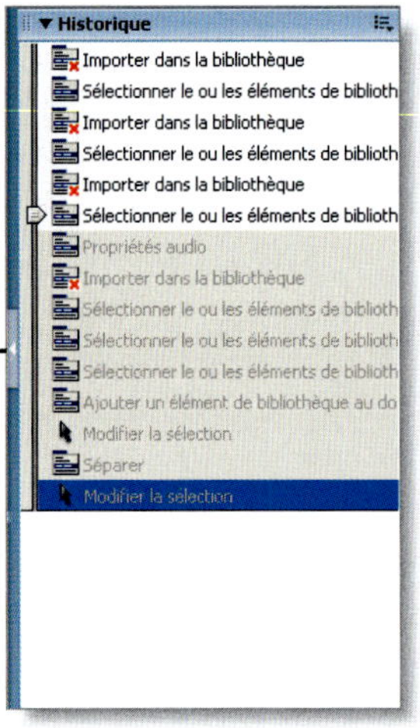

Utilisez cette flèche pour vous déplacer dans l'historique

Le panneau Historique (Alt+F10) est l'une des grandes nouveautés de Flash MX 2004. Il permet en effet, en plus de toutes les autres astuces dont je vous ai déjà parlé, d'annuler plusieurs actions en même temps, d'un seul mouvement de souris. Ouvrez le panneau et déplacez vers le haut la petite flèche située à gauche de la liste d'actions pour remonter jusqu'à la dernière action que vous souhaiteriez conserver. Les changements devraient être visibles en temps réel, sur votre scène comme dans votre scénario. La prochaine action que vous réaliserez remplacera automatiquement toutes les actions situées sous le niveau de la flèche. Cette astuce permet de savoir exactement quelles actions sont annulées, contrairement à la méthode d'annulation classique (Ctrl+Z). D'ailleurs, en ce qui me concerne, je ne me sers plus que de l'historique.

LES ANCRES NOMMÉES

Auparavant, mes clients se plaignaient toujours de la même chose : « Flash, c'est très bien, mais comment se fait-il que les internautes ne puissent pas se servir des boutons de leurs navigateurs pour se déplacer à travers un document Flash ? » Ce à quoi je répondais : « Taisez-vous, bande d'ignorants ! » Puis vint Flash MX et son système d'ancres nommées, qui me permit d'arrêter d'insulter mes clients.

Pour voir comment tout cela fonctionne, créez un calque appelé `ancres` puis créez une image clé toutes les dix images. Sélectionnez la première image clé et tapez `ancre1` dans le champ de texte de l'option image de l'inspecteur des propriétés. Choisissez ensuite le type d'étiquette Ancre, et répétez ces étapes pour les images clés suivantes, en veillant à attribuer un nom unique à chaque ancre. Créez un autre calque, en plaçant des images clés sous chaque image clé du premier calque.

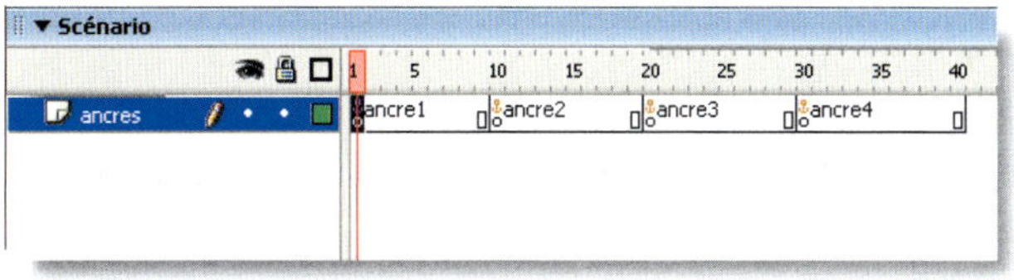

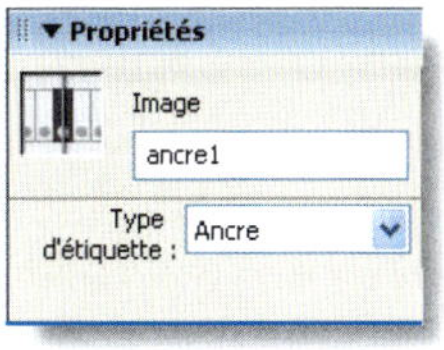

Remplacez, dans ce calque, les ancres par des éléments graphiques de votre choix. Enfin, placez une action sur la dernière image clé de façon que le clip ne soit lu qu'une seule fois.

Ouvrez les paramètres de publication de votre document (Ctrl+Maj+F12 ou Opt+Maj+F12 sur Mac) et, dans l'onglet HTML, sélectionnez le modèle Flash avec ancres nommées. Publiez ensuite votre travail et ouvrez la page HTML correspondante. Les boutons de déplacement du navigateur devraient être actifs. Une fois la lecture de votre clip terminée, vous pouvez appuyer sur les boutons Page précédente ou Page suivante pour sauter d'une ancre à l'autre de votre scénario.

« FLASHER » UNE IMAGE

« Flasher ». Joli terme, n'est-ce pas ? Je viens juste de l'inventer. J'ai même prévu une définition ! Flasher : action consistant à convertir une image ligne par ligne en image vectorielle. De nombreux programmes font cela, mais Flash le fait si bien qu'il n'est pas nécessaire d'aller voir ailleurs.

Sélectionnez n'importe quelle image bitmap dans votre scène et allez dans Modification > Bitmap > Tracer le bitmap. Plus les valeurs de ces options sont élevées, plus la version vectorielle de votre image se rapproche de l'original. A l'inverse, des valeurs moins élevées diminuent la qualité de votre image, mais diminuent aussi, en contrepartie, la taille de votre fichier et la durée de conversion.

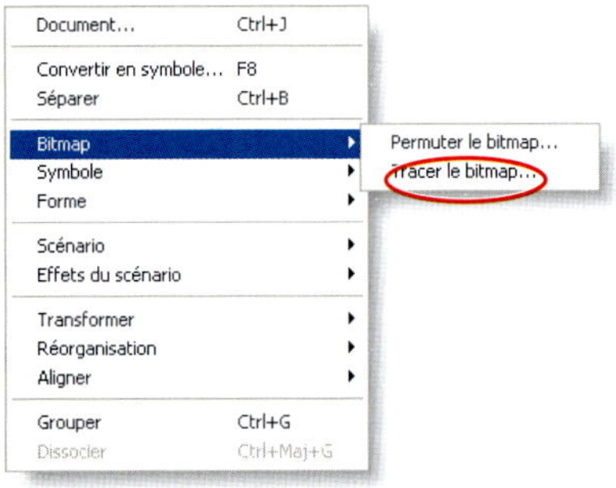

Il m'arrive souvent de tracer des images bitmap pour créer des effets graphiques ou pour réduire la taille de mes documents, lorsque ceux-ci contiennent beaucoup d'images. Attention, cependant, une image vectorielle très complexe peut parfois se révéler plus volumineuse que la version bitmap originale.

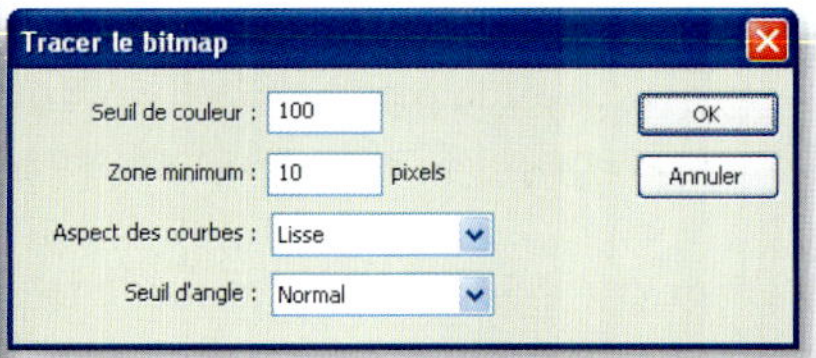

ENCORE DU REMPLISSAGE !

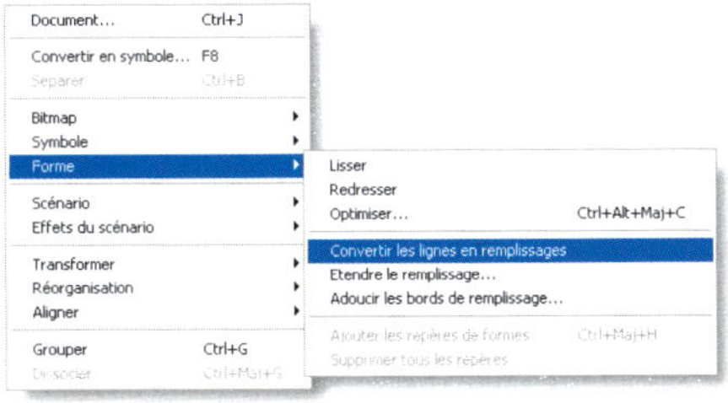

Le fait de réduire ou d'animer des éléments graphiques complexes peut engendrer une perte sensible de qualité, voire un ralentissement de l'animation sur les machines les plus lentes. Sélectionnez la forme en question (contour et remplissage), allez dans Modification > Forme et choisissez Convertir les lignes de remplissage. Cela aura pour effet d'améliorer l'affichage des éléments graphiques complexes et de petite taille et d'accélérer leur affichage dans le cas d'une animation. En revanche, cela peut augmenter la taille de votre fichier. Je vous laisse donc le choix. Eh oui, encore un compromis !

Lignes de remplissage converties

FONTES AU CARRÉ

De plus en plus de designers sacrifient au Pixel Art en utilisant dans leurs travaux des fontes « Pixel ». Vous savez, ces polices de petite taille, souvent très lisibles et très nettes. Vous pouvez en trouver sur de nombreux sites comme **www.orgdot.com**, **www.atomicmedia.net** ou encore **www.fontsforflash.com**. Je dois admettre que je suis moi-même un grand amateur de ces petites polices, que vous ne manquerez pas de trouver dans mes créations. Les fontes Pixel se doivent d'être utilisées d'une façon précise, sous peine de les voir apparaître floues.

Ce qui arrive lorsqu'on ne respecte pas les règles

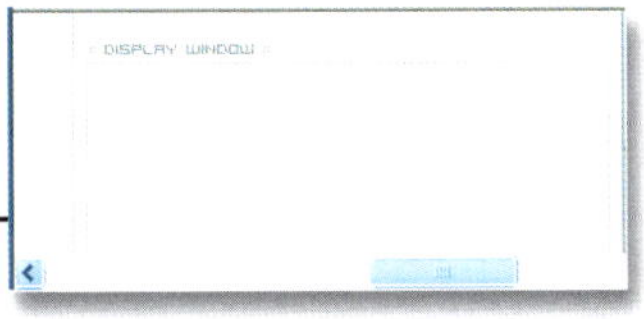

Après correction

Lorsque vous employez ce type de police, vérifiez dans l'inspecteur des propriétés que vous avez bien positionné le bloc de texte sur un pixel entier. Autrement dit, au lieu de placer votre bloc sur les coordonnées X : 1,4, Y : 5,8, vous devez le placer sur X : 1,0, Y : 6,0. De même, si votre texte se trouve à l'intérieur d'un symbole, celui-ci doit aussi être positionné sur un pixel entier. Pour connaître l'ensemble des règles à respecter afin de bien utiliser ce genre de fonte, reportez-vous au site fournisseur.

NOMBRE D'ANNULATIONS

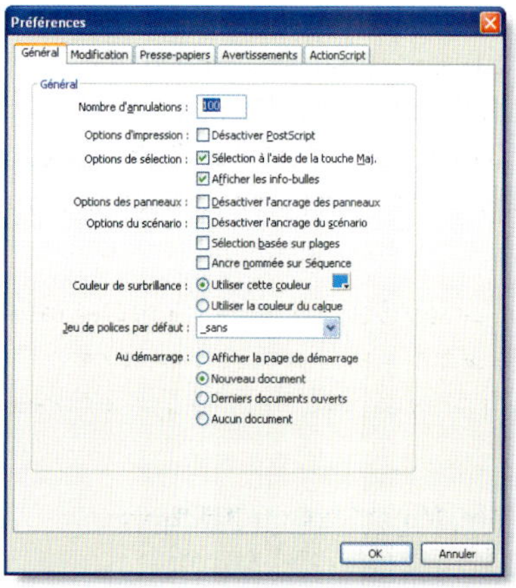

L'erreur est humaine... Flash l'a bien compris et vous laisse la possibilité d'annuler tout ou partie de votre travail en cours. Cependant, Flash limite par défaut sa capacité d'annulation aux cent dernières actions effectuées. Je vous l'accorde, une centaine d'annulations, c'est largement suffisant. Mais c'est justement là que je veux en venir. Plus le nombre d'annulations est grand, plus il accapare les ressources mémoire de votre ordinateur. Vous pouvez donc le changer, en fonction de vos besoins ou de la puissance de votre équipement. Pour cela, ouvrez le panneau des préférences (Ctrl+U) et entrez, dans l'onglet Général, le nombre d'annulations de votre choix. Ce nombre doit être compris entre 2 et 9 999.

DÉPOUSSIÉRER LA BIBLIOTHÈQUE

Cela fait des heures que vous travaillez sur votre document. Vous avez importé des images, créé des boutons, des clips et j'en passe... Vous avez tellement modifié vos animations que vous seriez bien incapable de dire à quoi elles ressemblaient au début de la session. Si vous jetez un coup d'œil à votre bibliothèque, vous y trouverez une tonne d'actifs. Il y a fort à parier qu'une bonne moitié de ces éléments ne vous est plus d'aucune utilité. Heureusement, le panneau Bibliothèque permet de savoir si un élément est utilisé ou non dans le document courant.

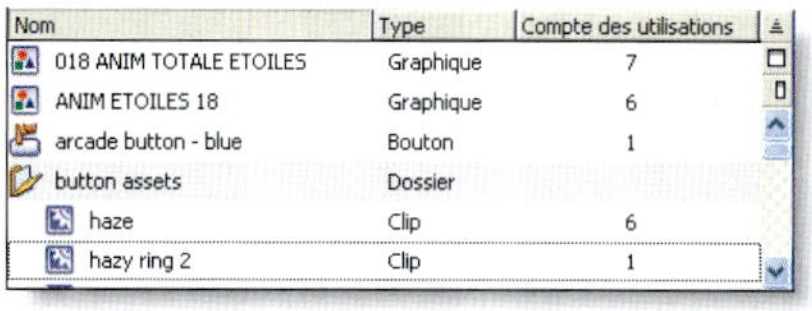

Allez dans le menu du panneau Bibliothèque et activez l'option Tenir à jour le compte des utilisations. Parcourez verticalement la liste de la bibliothèque en vous servant de la barre de déplacement située en bas du panneau. Vous devriez voir indiqué le nombre d'utilisations récentes de chaque actif. Veillez à désactiver cette option après utilisation afin de ne pas utiliser vos capacités mémoire inutilement. Attention, si vous attachez vos clips à l'aide des paramètres de liaison d'ActionScript, ces derniers ne seront pas considérés comme étant utilisés ! Cette fonction ne reconnaît en effet que les actifs physiquement présents dans votre scène.

DÉGRAISSER

Non, il ne s'agit pas d'une opération de chirurgie esthétique (même si certains projets auraient bien besoin d'une petite liposuccion). Si vos fichiers commencent à devenir ingérables, allez dans le menu du panneau Bibliothèque et choisissez « Sélectionner les éléments inutilisés ». Comme son nom l'indique, cela sélectionnera tous les actifs inutilisés de votre bibliothèque, c'est-à-dire tous ceux qui n'ont pas d'occurrence présente dans vos scénarios.

Attention, si vous attachez vos clips à l'aide d'une liaison ActionScript, ces derniers n'étant pas physiquement présents dans votre document, ils ne seront pas considérés comme étant utilisés. Je vous recommande de placer ces actifs dans un dossier spécial de manière à éviter toute manipulation malencontreuse.

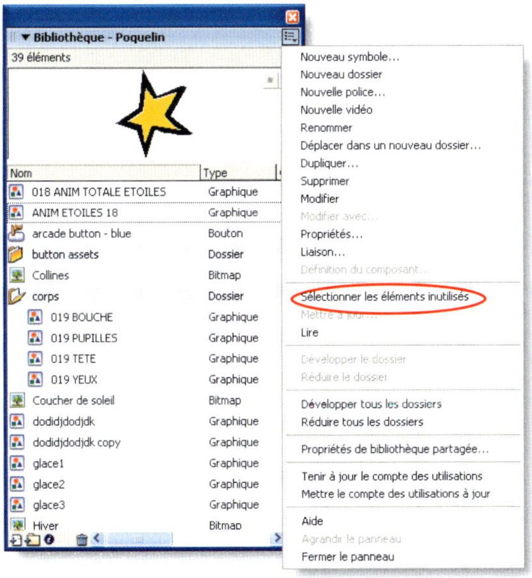

TROP LISSE POUR MOI

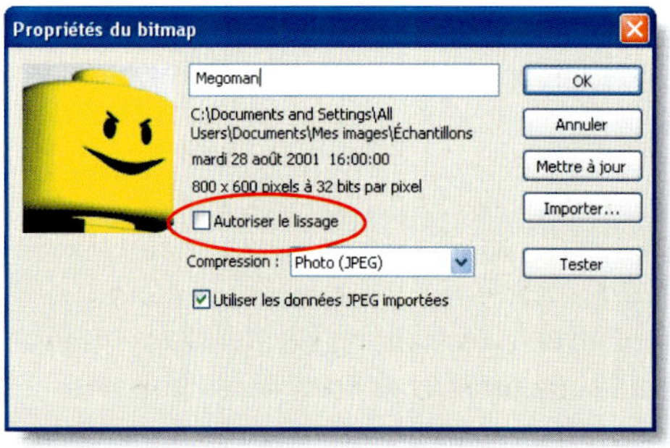

Chaque fois que vous importez une image dans un document, une option secrète est activée sans que vous en soyez informé. Il s'agit du lissage, qui peut dans certains cas nuire à la netteté de vos images, voire les rendre floues. Voici une astuce pour contrôler ce paramètre.

Localisez une image dans votre bibliothèque et double-cliquez dessus. Une boîte de dialogue apparaît, dans laquelle se trouve l'option Autoriser le lissage. Bien qu'elle soit activée par défaut, cette option n'a en fait d'intérêt que pour certaines images GIF dont les bords présentent un aspect crénelé.

Dans la plupart des cas, la différence est quasi imperceptible. Utilisez donc cette option en fonction de vos besoins. Personnellement, je la désactive dès que j'en ai l'occasion.

SILENCE

Il existe au moins deux méthodes pour synchroniser des éléments sonores avec une animation à l'intérieur d'un scénario. Nous avons déjà parlé de la première, qui consiste à employer des sons en flux continu et dont l'inconvénient principal est d'augmenter la taille du fichier final. La seconde méthode permet de forcer tous les types de sons (même les sons d'événement) à être lus en flux continu, tout en réduisant de près de 90 % la taille d'un fichier final.

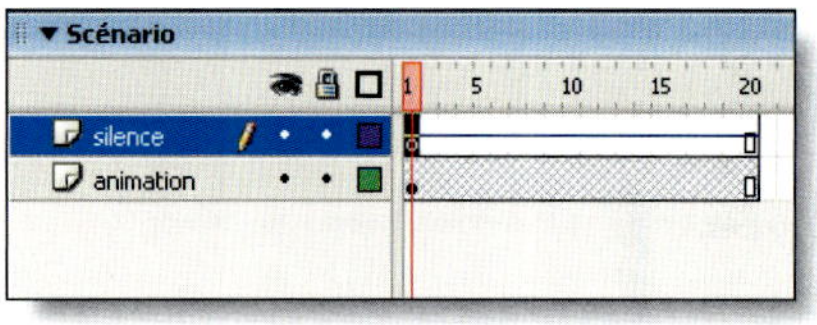

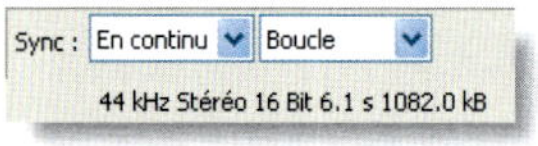

Créez un fichier .wav (ou .aif) silencieux d'une durée de 0.1 seconde et appelez-le null.wav (ou null.aif). Importez-le dans Flash. Ce type de fichier peut être créé dans n'importe quel éditeur audio. Placez ce « silence » sur un calque à part dans le scénario que vous désirez synchroniser. Dans l'inspecteur des propriétés, choisissez l'option de synchronisation En continu et le type de lecture Boucle. Cette astuce permet de synchroniser tous les sons de votre scénario avec votre animation. Tous les sons d'événement passeront également en flux continu.

RÉDUIRE LES COURBES

Si l'on ne fait pas attention, les dessins vectoriels que l'on fait à main levée peuvent vite devenir très complexes. Voici une astuce pour diminuer ce problème.

Sélectionnez une forme de ce type et allez dans Modification > Forme > Optimiser (Ctrl+Alt+Maj+C ou Cmd+Maj+Opt+C sur Mac). Vous lisserez de cette façon la forme sélectionnée en diminuant le nombre de ses courbes. L'intérêt principal de cette technique est qu'elle contribue à réduire la taille du fichier final. L'économie n'est certes pas très importante, mais ajoutez cette astuce à toutes les méthodes d'optimisation que nous avons vues jusqu'à maintenant, et vous obtiendrez des résultats surprenants.

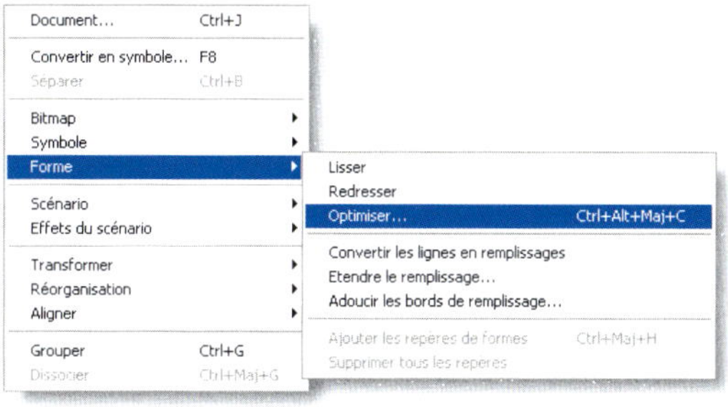

Si vous cochez l'option Appliquer plusieurs passages, le processus se répétera jusqu'au degré d'optimisation maximal.

Une petite mise en garde : plus la valeur de lissage est élevée, plus la version optimisée s'éloignera de la forme originale. Le résultat dépendra du type de contour sélectionné. N'hésitez pas à vous en servir, aussi bien comme un outil d'optimisation que comme un outil de stylisation graphique.

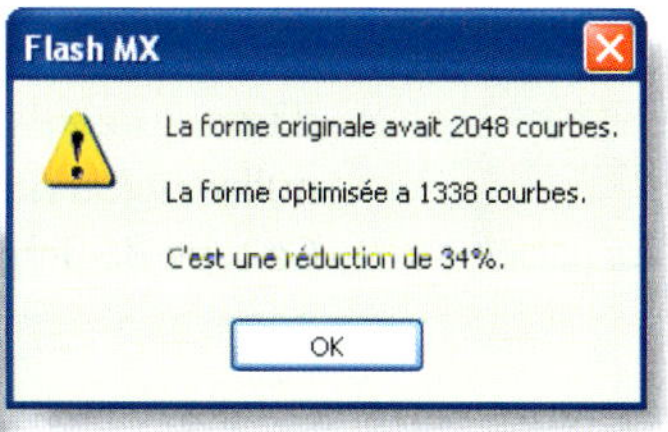

NE SOYEZ PAS CINÉMATIQUE

Taille en utilisant un symbole graphique

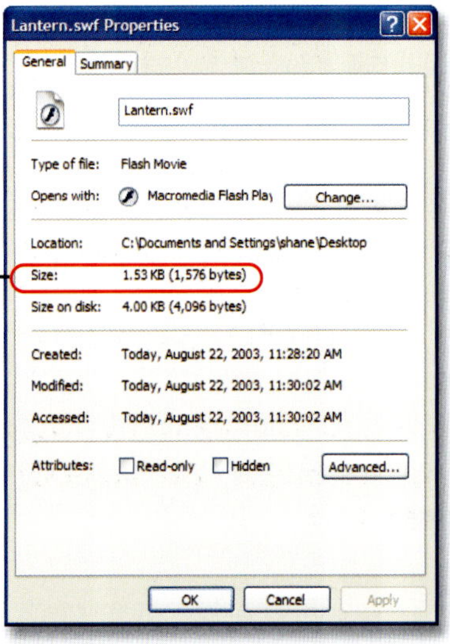

Taille en utilisant un clip

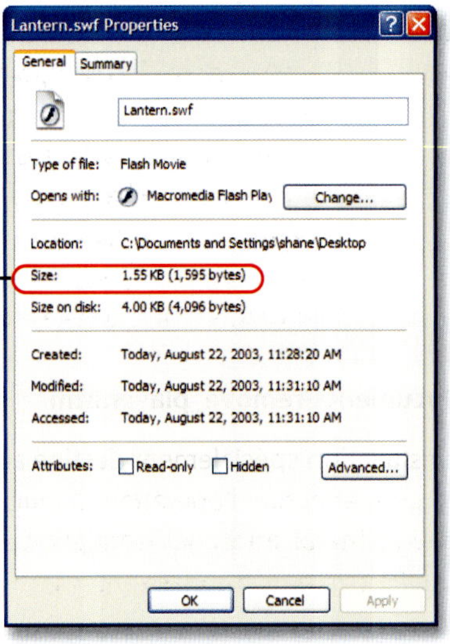

La technique principale pour réduire la taille d'un fichier dans Flash consiste à transformer les objets récurrents en symboles. Mais, ce que l'on oublie souvent de dire, c'est qu'il existe plusieurs types de symboles très différents. A mes débuts, j'avais pour habitude de tout convertir en symboles de clips. Le problème, c'est que ces clips contiennent bien plus de paramètres que les symboles graphiques. Même si les informations contenues dans chaque symbole de clips sont assez limitées en taille, elles constituent une occasion de plus d'augmenter la taille de votre fichier. D'autant qu'on peut en trouver beaucoup dans un seul document.

La solution consiste donc à créer dès que vous le pouvez des symboles graphiques. Logiquement, si vous ne prévoyez pas d'insérer d'animation dans votre symbole, le symbole graphique est plus approprié. De toute façon, cette décision n'a rien de définitif, et vous pourrez toujours convertir vos symboles d'un type à l'autre.

SYNCHRO SON

Vous risquez d'avoir des surprises si vous essayez de synchroniser l'une de vos animations avec un morceau de musique ou n'importe quel autre fichier sonore. Sur votre ordinateur, la synchro sera parfaite, sur une autre machine, le son sera complètement décalé. Essayez

de placer l'animation entière sur un seul scénario, puis placez vos fichiers son sur un calque à part, dans le même scénario. Sélectionnez ensuite l'image clé sur laquelle le son se trouve, allez dans l'inspecteur des propriétés, et choisissez l'option de synchronisation En continu. Cela aura pour effet de forcer l'animation et le son à être lus de façon synchrone. Afin d'obtenir ce résultat, il se peut que certaines images de l'animation soient ignorées.

La seule chose dont vous devez vous soucier, c'est de faire en sorte que le calque du son ait suffisamment d'images pour être lu entièrement. Pensez donc à faire correspondre le nombre d'images avec la durée de la séquence sonore.

EXÉCUTER FLASH

Si vous êtes un utilisateur Flash de longue date, vous avez certainement rencontré quelques problèmes lors de l'utilisation du plug-in du même nom. Ces programmes sont rarement exempts de tous défauts, et celui de Flash ne fait pas exception. Ce qui est ennuyeux, c'est qu'en général il y a peu de chances que ces problèmes puissent être résolus. A force d'être appelé à la rescousse par mes amis et ma famille (qui ne m'appellent plus que par mon petit nom, « Support Technique »), j'ai fini par trouver la solution. La prochaine fois que quelqu'un vous dira : « Quand je vais sur un site Flash, le plug-in n'est pas détecté et rien ne s'affiche. Pourtant, j'ai la dernière version. Que dois-je faire ? », vous l'inviterez à se rendre à l'adresse suivante :
www.macromedia.com/support/flash/ts/documents/remove_player.htm

Macromedia a prévu un programme de désinstallation spécialement destiné au plug-in Flash. Vous trouverez même des instructions pour effectuer l'opération manuellement au cas où le désinstalleur ne fonctionnerait pas. En général, après désinstallation et réinstallation du plug-in, les problèmes disparaissent. Peu de gens connaissent cette astuce, alors, soyez sympa, gardez cela pour vous !

INDEX

INDEX

INDEX

Dépôt légal : octobre 2004
IMPRIMÉ EN FRANCE

Achevé d'imprimer le 14 octobre 2004
sur les presses de l'imprimerie «La Source d'Or»
63200 Marsat
Imprimeur n° 9769